工商管理理论
与经济发展探索

GONGSHANG GUANLI LILUN
YU JINGJI FAZHAN TANSUO

李强　李艳　刘庆彦 ◎著

一本关于工商管理理论
与经济发展方面研究的书

运营管理、质量管理
财务管理、公司治理
创新管理、市场营销渠道建设

中国出版集团
中译出版社

图书在版编目（CIP）数据

工商管理理论与经济发展探索 / 李强，李艳，刘庆
彦著. -- 北京：中译出版社，2024. 6. -- ISBN 978-7-
5001-7836-1

Ⅰ. F203.9；F061.3
中国国家版本馆CIP数据核字第20244P724F号

工商管理理论与经济发展探索
GONGSHANG GUANLI LILUN YU JINGJI FAZHAN TANSUO

著　　者：李　强　李　艳　刘庆彦
策划编辑：于　宇
责任编辑：于　宇
文字编辑：田玉肖
营销编辑：马　萱　钟筱童
出版发行：中译出版社
地　　址：北京市西城区新街口外大街28号102号楼4层
电　　话：（010）68002494（编辑部）
由　　编：100088
电子邮箱：book@ctph.com.cn
网　　址：http://www.ctph.com.cn

印　　刷：北京四海锦诚印刷技术有限公司
经　　销：新华书店
规　　格：710 mm×1000 mm　1/16
印　　张：16.5
字　　数：260千字
版　　次：2025年3月第1版
印　　次：2025年3月第1次

ISBN 978-7-5001-7836-1　　　　定价：68.00元

前　言

在科学技术快速发展的背景下，经济也取得了很大的发展。工商管理是一种现代化管理和运营的手段，在调控市场经济中发挥着巨大的作用。自由经济体系是市场经济的主要特点，此种经济模式下的销售和产品都是由价格决定的，与计划经济不同的是，市场经济需要由国家引导。因此，在市场经济体系下决定产品销售价格和质量的管理措施十分关，对工商管理与经济发展的相互联系与促进进行探讨具有重要意义。

本书是一本关于工商管理理论与经济发展方面研究的书籍。全书首先对工商管理的基础理论进行简要的概述，介绍了工商管理的学科基础、工商管理专业的方向、经济学与管理学的基本原理等内容；其次对工商管理实践的相关问题进行梳理和分析，包括运营管理、质量管理、财务管理、公司治理、创新管理、市场营销渠道建设等多个方面；最后对工商管理理论下经济发展的内容进行探讨。本书力求论述严谨、结构合理、调理清晰，希望能为当前工商管理理论与经济发展相关理论的深入研究提供借鉴。

本书在写作过程中参考了相关领域的诸多著作、论文、教材等，引用了国内外部分文献和相关资料，作者在此一并对作者表示诚挚的谢意和致敬。由于工商管理理论与经济发展等研究的范畴比较广，需要探索的层面比较深，作者在写作的过程中难免会存在不足，对一些相关问题的研究不透彻，恳请前辈、同行及广大读者斧正。

作者

2024 年 3 月

目 录

第一章　工商管理概述

第一节　工商管理的学科基础

一、工商企业管理

（一）工商企业及其分类

1. 工商企业

企业是指以营利为目的，运用劳动力、资本、土地、技术等各种生产要素向市场提供商品或服务，实行自主经营、自负盈亏、独立核算的具有法人资格的社会经济组织。早期的企业较多地出现在工业和商业领域，因此概括地称为工商企业。企业的含义十分丰富，不同学科对企业的内涵有着不同的认识：经济学认为，企业是创造经济利润的机器和工具；社会学认为，企业是人的集合；法学认为，企业是一组契约关系；管理学则认为，企业是为实现赢利而形成的一类组织。

英国经济学家、哲学家亚当·斯密在其经典著作《国富论》中用劳动分工来解释企业出现的原因，劳动分工导致专业化生产，这种专业化生产的优势在企业内部表现得最为明显，劳动分工使原来整体的制造流程被分为各种专门职业，这种专门职业的形成与发展使工人获得了更多的熟练技巧和判断力。各种专门职业的合作生产，使企业能够完成单个人无法完成或无法大量完成的工作。亚当·斯密曾对制针行业进行了观察，发现制针行业的操作环节众多，如果没有分工，一个工人可能一天也制作不出一根针。而当时的工厂将制针分为 18 种操作，由 18 个工人担任，也有些工厂由一个工人兼任两三种操作。这种分工大大提高了劳动生产率，每天平均每人可以生产 4800 枚针，效率的提升是相当惊人的。

企业是社会分工发展的产物。从劳动分工的角度来看，企业这种经济组织将具有专门技能、分属于不同职业的人集中在一个作坊里，利用专门的机器实现某些特殊工艺，实现了专业化生产。企业存在的意义是能够利用劳动分工和专业化的优势促进劳动生产率的提高。随着社会分工的不断发展壮大，企业现在已经成为市场经济活动的主要参与者，构成了市场经济的微观基础。

2. 工商企业的分类

根据我国现行的有关法律条款规定，按照投资人的出资方式和所承担的法律责任不同，企业主要存在三类组织形式：个人独资企业、合伙企业和公司制企业。其中公司制企业是现代企业中最主要和最典型的组织形式。

（1）个人独资企业

个人独资企业是最古老也是最常见的企业法律组织形式，又称个人业主制企业，是由一个自然人投资并承担无限连带责任，全部资产为投资者个人所有的营利性经济组织。这类企业的典型特征是个人出资、自负盈亏，业主对企业债务承担无限责任。当个人独资企业财产不足以清偿债务时，经营者要以个人其他资产予以清偿。这类企业的创设条件最简单。

（2）合伙企业

合伙企业是指由两个以上的人共同出资经营、共享收益、共担风险，并对合伙企业债务承担无限连带责任的营利性组织。合伙企业通常要订立合伙协议，决策要合伙人集体做出，不如个人独资企业自由，但具有一定的规模优势。合伙企业包括普通合伙企业和有限合伙企业两种形式。两者最大的区别在于有两种不同类型的所有者：普通合伙人和有限合伙人。其中，普通合伙人对合伙企业的债务负无限责任，而有限合伙人仅以投资额为限承担有限责任，但一般不拥有对企业的控制权。

（3）公司制企业

公司是现代社会中最主要的企业形式，是以营利为目的，由法定人数以上的投资者出资形成，拥有独立的资产，享有法人财产权，独立从事生产经营活动，依法享有民事权利，承担民事责任，并以其全部财产对公司的债务承担责任的企业法人。与个人独资企业、合伙企业相比，公司制企业最大的特点是仅以其所持股份或出资额为限对公司承担有限责任。公司制企业的主要形式为有限责任公司和股份有限公司。

（二）工商企业管理

人们的劳动专业化分工和相互协作形成各类工商企业，企业中的成员要想实现分工协作，达到预期目标，必须对参与分工协作的成员的行为、利益等进行协调，使成员能够心往一处想、劲往一处使，取得 1+1 > 2 的效果。管理是协作的客观需要，共同劳动涉及的范围越广，管理工作就越复杂。从管理实践来看，企业的寿命极为短暂。对工商企业如此短命的现象，诸多管理学者已做出各自的解释。美国管理学家切斯特·巴纳德曾指出，在西方文明中，有一个正式组织——罗马天主教会——存在了很长时间。有少数大学、极少数的民族政府或正式组织起来的国家超过了 200 年，有些市政当局稍微长寿一些，但其他法人组织很少有超过 100 年历史的。在人类的历史中，显著的事实是协调的失败，协作的失败，组织的失败，组织的解体、崩坏和破坏。管理大师彼得·德鲁克也曾经十分确定地指出，显然，公司是人为建立的机构，因而它不可能长盛不衰。对一个人为建立的机构而言，即使是维持 50 年或一个世纪的短暂时光也谈何容易。因此，天主教意味深长地指出，它的缔造者是上帝而不是人类。由此可见，管理问题是企业短命的根本原因。

工商企业管理就是借助管理这种手段来实现企业赢利并持续经营的目标。工商企业管理与工商行政管理存在着本质区别。工商企业管理定位于具体企业，其目标是提高单个企业的竞争力、改善经营业绩、增加股东回报、为企业决策提供依据。一般来说，在讨论企业管理问题时，我们会站在某个企业的立场上，关心如何解决其所面临的独特问题、如何能够将企业利益最大化，发掘出其核心竞争力。虽然随着时代的发展，企业也开始承担社会责任等工作，但其社会责任决策也要服从营利性这个根本目标。

工商行政管理属于公共管理学科的范畴，是指国家为了建立和维护市场经济秩序，通过市场监督管理和行政执法等机关，运用行政和法律手段，对市场经营主体及其市场行为进行的监督管理。工商行政管理的执行主体是各地的工商行政管理局，其主要职能是监督管理各类市场、依法规范市场交易行为、保护公平竞争、查处经济违法行为、取缔非法经营、维护正常的市场经济秩序。工商行政管理的主要目的是站在政府的角度，保护公平竞争、制止不正当竞争、保护经营者和消费者的合法权益、维护整个市场的公平与效率。

二、工商管理学科

（一）工商管理学科的主要内容

1. 研究对象

管理学科是系统研究管理活动的基本规律和一般方法的科学，主要研究管理者如何有效地管理其所在的组织。不同行业、不同部门、不同性质的组织，其具体的管理方法和内容可能很不相同。一般来说，管理学的研究对象主要包括三类组织：营利性组织、非营利性组织、政府部门。营利性组织的管理即工商管理，非营利性组织的管理即公共事业管理，政府组织管理即行政管理。

工商管理学科是研究营利性组织——企业，包括不同产业、不同性质、不同规模的各种类型企业的生产、经营与管理问题所遵循的基本理论、基本原理和基本方法的学科。具体地说，工商管理学科以工商企业的管理问题为研究对象，以经济学和行为科学为主要理论基础，以统计学、运筹学等数理分析方法和案例分析方法等为主要研究手段，探讨和研究工商企业如何把市场配置给企业的各种可支配资源，如土地、劳力、资金、技术、信息等，最充分、合理地组织和利用起来，以获得最大的经济和社会效益。工商管理学科的研究目的是探索、归纳和总结出管理活动的一般理论、规律和方法，为企业或经济组织的管理决策和管理实践提供管理理论指导与科学依据，培养各类专业管理人才，提高企业经营管理效率，推动企业持续发展，从而促进社会经济的发展。

2. 研究内容

工商管理学科的研究内容主要是企业的经营管理活动，活动的效率、效果，以及与此相关的各类问题。这些问题大致包括：公司治理、生产运营、物流配送、组织行为与人力资源、财务与会计、市场营销与品牌创建、管理信息系统与互联网技术应用、技术创新管理、战略管理、服务管理等有关管理职能问题；企业产品或服务设计、采购、生产、运营、投资、理财、销售、战略发展等管理决策问题；企业作为一个整体与宏观社会、文化、政治、经济等外部环境之间的关系问题；以及企业创业、成长、危机与衰退等组织演进问题。工商管理学科体系包括四个子学科：基础管理学科、职能管理学科、综合管理学科和专门业务管理学科。

（1）基础管理学科

基础管理学科包括管理学原理、管理心理学、管理经济学和组织行为学等。在工商管理专业培养方案中，这些学科的知识通常设置为专业基础课程，目的是为专业课奠定必要的基础，为后续专业学习提供基本理论、工具和方法。专业基础课是大学生学习专业课程、形成专业能力的重要基础，并与专业课程共同构成了大学专业教育的核心课程体系。

（2）职能管理学科

职能管理学科包括生产管理、质量管理、营销管理、人力资源管理、会计学、财务管理、技术创新管理等。这些领域的研究相对比较成熟，在工商管理专业中通常设置为专业核心课程。这些课程的目的是使学生掌握必要的专业基本理论、专业知识和专业技能，了解本专业的前沿科学技术和发展趋势，培养分析解决本专业范围内一般实际问题的能力。工商企业中一般都设置有相关的职能部门专门负责某一职能方面的管理工作。

（3）综合管理学科

综合管理学科包括战略管理、领导科学等。战略管理、领导科学等课程侧重于概念性技能的培养，企业中难以设置相应职能的部门，这些技能对高层管理者来说非常重要。由于高层管理者承担着为企业制定战略、做出重大决策、分配资源等工作，同时对整个企业的绩效负责，因此他们需要纵观全局，分析判断所处环境并能识别其因果关系的概念性技能。

（4）专门业务管理学科

专门业务管理学科包括项目管理、资产管理、房地产管理、电子商务管理、风险管理、会展和赛事管理等。这类学科知识通常以专业选修课的形式进行教授，大学生可以根据自己的兴趣和发展方向自主选择。在实践中，这些领域是近年来发展最快的新兴行业，行业的发展对人才产生了较大的需求，也能够提供较多的就业岗位。

3. 研究基础

工商管理学科的基础理论主要包括经济学理论、行为科学理论、博弈论与决策论等。

首先，企业经营活动和管理决策在很大程度上受到宏观经济的影响，因此，经济学是工商管理学科的基础理论之一。由于经济管理一词的使用频率非常高，经济学与管理学经常被人们认为是大同小异的学科,但实际两者存在很大的差异。

经济学讲求社会整体的效率与公平,以提高社会公共福利为宗旨,关注行业政策和行业结构等宏观层次的问题,为政府制定政策提供依据。管理学虽然也要兼顾社会的整体利益,但其重点却是为企业利益服务,以提高单个企业竞争力、改善经营业绩、增加股东回报为目标。这意味着后者会关心如何面对同样的行业宏观环境建立企业独特的竞争优势,而前者甚至可能试图降低某些企业甚至行业的利润率,以实现公众利益的最大化。管理学通常以个别企业为研究对象,关心的是如何解决其面临的独特问题,以及如何发掘其核心竞争力。

其次,经营管理活动和决策的主体是人,而人的个体或群体心理行为会影响企业的经营活动和管理决策,因此,行为科学同样成为工商管理学科的基础理论之一。管理主要是处理人与人之间的关系,行为科学是一门研究人们行为规律的科学,主要研究如何激发人的工作积极性、提高劳动生产率、改善并协调人与人之间的关系、缓和劳资矛盾。行为科学借助了心理学、社会学、人类学等学科的很多成果,从中寻找对待企业员工的新方法及提高劳动效率的途径。

最后,工商管理学科研究企业各个职能部门的经营管理活动和管理决策,而企业经营管理面临复杂的内部代理问题和激烈的外部市场竞争,因此,博弈论和决策论近年来也逐步成为工商管理学科的基础理论之一。由于工商管理学科内容的复杂性、交叉性、综合性和复杂性特征,各类专业还有自己一些独特的专业理论系统,主要包括财务与会计、生产运营管理、物流与供应链管理、组织行为与人力资源、技术管理、市场营销、企业战略管理等相关理论体系。

4.研究方法

从研究方法看,工商管理学科使用了自然科学、工程技术科学和社会科学研究中的主要方法,包括理论研究方法和应用研究方法。理论研究方法包括统计学、运筹学、数学建模和优化技术等数理分析方法;应用研究方法有案例研究、项目研究、行动研究、模拟研究和实验研究等。此外,随着自然科学、社会科学和信息技术的发展,工商管理还不断地引入其他学科的研究方法,包括心理试验、计算机仿真模拟技术、数据挖掘分析、非线性动力学、多元分析技术等。

（二）工商管理学科的特点

1. 工商管理学是一门综合性学科

工商管理学科是一门综合性的交叉学科。管理活动在各种类型的企业中普遍存在，是对企业中的人、财、物、信息、技术、环境等要素的动态平衡。管理过程的复杂性、动态性和管理对象的多样化决定了管理所要借助的知识、方法和手段的多样化。因而工商管理学的研究也必然涉及众多的学科，主要有哲学、经济学、社会学、心理学、生理学、人类学、伦理学、政治学、法学、数学、计算机科学、系统科学等。

工商管理学科的这一特点对管理人才的知识结构提出了更高的要求。管理的综合性，决定了我们可以从各种角度出发研究管理问题；管理的复杂性和对象的多样化，则要求管理者具有广博的知识，才能对各种各样的管理问题应付自如。

2. 工商管理学是实践性很强的应用科学

工商管理学研究的主要对象是企业管理实践。无论是经济学、计量方法还是行为科学都只是管理研究的工具。理论既来自实践，又对实践起到指导作用。工商管理学是从人类长期实践中总结而成的，同样要去指导人们的管理工作。由于管理过程的复杂性和管理环境的多变性，管理知识在运用时具有较大的技巧性、创造性和灵活性，很难用固定的规则、原理定义或固定下来，因此管理具有很强的实践性。

对工商管理工作来说，越高层的管理，如董事长和CEO的工作，艺术成分越多；越低层的管理，如部门经理或车间主任，甚至是现场调度或质量控制的工作，科学成分越高。管理学科的实践性，决定了学校是培养不出"成品"管理者的。要成为一名合格的管理者，除了掌握管理学的基本知识以外，更重要的是要在管理实践中不断磨炼，积累管理经验，从干中学，干学结合才能真正领悟管理的真谛。

3. 工商管理学是不精确的科学

人们通常把在给定条件下能够得到确定结果的学科称为精确的科学。如数学，只要给出足够的条件或函数关系，按一定的法则进行演算，就能得到确定的结果。工商管理学则不然，它具有不精确性。

例如，企业管理活动中要先进行计划，然后根据员工不断变化的需求调整相应的激励手段，这些可以称为管理原则，但显然，这些原则与数学、物理中的精确描述的定理等区别很大，它们缺乏精确科学中的严密性。主要原因是影响管理的因素众多，无法准确判定因素之间的相互关系。另外，管理主要是与人打交道，人的心理变化、思想情绪等很难准确地控制，无法使用量化方法精确地度量。

尽管如此，管理学虽然不像自然科学那么精确，但它依然符合科学的特征。科学是正确反映客观事物本质和规律的知识体系，是不以人的意志为转移的客观规律。从这一点来说，管理学具备科学的特征，是一门科学，虽然不像自然科学那么精确，但经过几十年的探索、总结，已形成了反映管理过程客观规律的管理理论体系，据此可以解释管理工作存在的各种现象，并且预测未来可能发生的变化。管理学可以用许多自然科学中所用的方法定义、分析和度量各种现象，还可以通过科学的方法进行学习和研究，不同的只是其控制和解释干扰变量的能力较弱，不能像自然科学那样进行严格的实验。

第二节　工商管理专业的方向

一、工商管理专业能力要求

（一）工商管理专业人才培养目标

1. 人才培养目标

为了满足各行各业、各个社会层次的人才需求和不同年龄层次受教育者的学习需求，为社会培养所需要的合格人才，学校需要首先制定培养目标。所谓培养目标，是指依据国家的教育目的和各级各类学校的性质、任务提出的具体培养要求。培养目标的制定以教育目的为出发点，并将教育目的具体化。教育目的是针对所有受教育者提出的，而培养目标需要针对特定的教育对象而提出。

培养目标在制定的过程中需要服从和服务于特定社会领域和特定社会层次的需要，同时也受教育对象所处的学校类型、级别等的影响。我国普通高等教育分为研究生教育、本科教育和专科教育等层次，其中研究生教育又分为博士和硕士两个层次。不同层次的高等教育对人才培养的要求是不一样的。例如，本科教育的培养目标是较好地掌握本专业的基础理论、专业知识和基本技能，具有从事本专业工作的能力和初步的科学研究能力；对硕士研究生的要求是掌握本专业坚实的理论基础和系统的专门知识，具有从事科学研究和独立担负专门技术工作的能力；而博士研究生则要掌握本学科坚实宽广的理论基础和系统深入的专门知识，具有独立从事科学研究的能力，在科学或专门技术上做出创造性成果。

2. 工商管理专业人才培养目标

工商管理专业的应用性很强，主要包括企业的经营战略制定和内部行为管理两个方面，目标是依据管理学、经济学的基本理论，通过运用现代管理的方法和手段来进行有效的企业管理和经营决策，保证企业的生存和发展。从总体上来看，本科阶段工商管理专业的人才培养目标为培养德、智、体、美全面发展，具备人文、科学素养，拥有数学与英语基础，具有较强的工商管理专业知识、思维、能力与素质，能在企事业单位和政府部门从事管理及教学、科研方面工作的工商管理学科的高级专门人才。

具体来说，工商管理专业的本科生，通过大学四年的学习，需要具备创新精神和实践能力，具有较高的英语和计算机应用能力，较深入地掌握工商管理的专业基础理论及管理实践的方法与技巧，具备专业基本素质，适应新经济、知识经济、经济全球化和国际化要求，是面向国际、国内人才市场需求的，能够从事企业管理策划、咨询、教学和培训等的高级管理人才。从实践来看，工商管理专业的本科毕业生大多在毕业后首先从事一些企业的常规性管理工作，依托在学期间的能力培养，借助在企业内部的学习和实践锻炼，经过 3～5 年能够逐渐成长为企业的中高级管理人员和决策者。

（二）工商管理专业学生的能力要求

管理人员所具备的职业能力直接影响企业管理的水平和质量，进而影响企业的长远发展。鉴于此，有必要对工商管理专业人员应具备的能力进行全面的分析，从而为工商管理专业学生未来的学习指明方向。目前，从宽泛的角度来看这些能力主要包括以下八个方面。

1. 马克思主义和中国特色社会主义科学理论知识。包括掌握马克思主义科学理论基础知识，掌握中国特色社会主义科学理论基础知识和基本原理。

2. 学科基础知识、基本理论及专业领域知识。包括掌握工商管理学科专业知识和理论，熟悉应用经济学等相关专业基础知识和基础理论，掌握财务、营销、运营等职能管理的基础知识和理论，掌握全球化、互联网经济背景下企业运营的规则和知识，掌握工商管理工作中基本的管理方法和分析工具。

3. 知识应用能力。包括具有综合应用管理学知识解决工商企业运营管理现实问题的能力；具有定量/定性分析管理决策问题的能力；具有企业内部管理业务操作的能力；具有行业、市场分析与开发的能力；具备综合运用专业知识和分析方法撰写学术论文、研究报告、案例分析或调研报告等的能力。

4. 学习能力。包括掌握有效获取、加工、利用信息的方法，具有追踪本学科的理论前沿和发展动态的能力，掌握恰当的可拓展学习方法与技巧；具备自主学习和自我提升的能力，掌握文献检索、资料查询的技巧与方法，熟练使用统计调研基本方法和软件的能力。

5. 思维能力。包括具有战略视野和问题意识、能多角度辩证地提出见解的能力，具有逻辑推理、独立思考判断的能力，具有创新思维及思维拓展能力。

6. 沟通与合作能力。包括具有运用母语及至少一门外语进行阅读、会话、写作的语言能力，具有团队交流协作能力及策划、组织、协调能力。

7. 职业道德与社会责任感。包括具有规则与法治意识、诚信自律，具有正确的伦理道德价值观能够辨别道德问题并做出正确的回应，具有国家意识和文化自信，尊重世界多元文化、具有全球意识。

8. 健全人格和健康体魄。包括具有积极健康的心理品质和调节管理情绪的能力，具有健康生活、提升自身运动方法和技能的能力。

二、工商管理专业毕业去向

（一）研究生教育

1. 学术型硕士与专业型硕士的区别

（1）培养方向不同

根据我国的有关规定，普通硕士教育以培养教学和科研人才为主，授予学位的类型主要是学术型学位；而专业硕士是具有职业背景的硕士学位，为培养特定职业高层次专门人才而设置。学术型硕士偏重理论和研究，而专业型硕士主要是进入企业发展，就业更灵活，发展空间广阔。

（2）招生条件不同

全日制学术型硕士、全日制专业型硕士和在职专业型硕士的招生考试均是每年12月统考。学术型硕士不需要报考者有一定年限的工作经历，而专业型硕士一般需要一定年限的工作经验。国家2009年新增的1月统考的全日制专业型硕士并不要求工作经验，招生条件跟原来的学术型硕士一样，应届生可以报考。

（3）学制不同

全日制学术型硕士基本上以学习理论为主，学制一般为2～3年。全日制专业型硕士的学制同样是2～3年，但其中要求有不少于半年的实习期。两种类型硕士的在校主干课程基本相同，专业型硕士更强调实践学习和活动。

2. 专业的选择

在选择攻读硕士研究生以后，学生需要根据本科阶段的学习状况，以及自己的兴趣来选择硕士研究生的专业方向。硕士阶段的专业选择非常重要，因为相对本科阶段来说，硕士阶段的学习更加深入而且有针对性，专业是毕业后就业或继续攻读博士学位的基础。硕士研究生的专业选择可以参考国务院学位委员会颁布的《学位授予和人才培养学科目录》。

在确定了专业以后，相应的考试科目也就明确了。一般而言，硕士研究生入学考试包括公共课和专业课，对经济管理类专业而言，公共课是全国统一考试的数学（根据不同的专业会考核数学三或者数学四）和英语，专业课则由所报考院校的相关专业来自行命题。因此，在进行专业和报考院校的选择时，需要进行综合的考量，才会大大提高考取的可能性。

如果是继续在本校攻读本专业的硕士研究生，那么本科阶段的学习对备考而言就显得十分重要，可以大大降低备考中的复习工作量。如果选择了本校的其他专业或者是外校的本专业或其他专业，那么就需要更早地做好复习准备，至少在专业课方面将要投入更多的时间和精力。

对专业硕士而言，目前共有工商管理硕士（MBA）、工程管理硕士（MEM）、林业硕士（MF）、公共管理硕士（MPA）、法律硕士、教育硕士、工程硕士、农业硕士、会计硕士（MPAcc）、审计硕士（MAud）和应用心理硕士（MAP）等可供选择。

3.推荐免试研究生

推荐免试研究生，简称"保研"，是指部分优秀本科生不经过研究生统一考试等程序，通过一个考评形式鉴定学习成绩、综合素质等，在教育部允许的名额范围内，直接由学校保送至本校或其他招生单位攻读研究生。按照教育部门的有关规定，推荐免试研究生一般包括发布保研办法或保研简章、准备和寄送材料、笔试面试、预录取和报名等几个阶段。

推荐免试研究生，既可以报考校内的专业，也可以报考校外专业。推免研究生夏令营是近年来各高校（特别是著名高校）抢夺优质生源的一种方式。高校利用暑假中一周左右的时间，与学生较长时间地接触，包括参观实验室、介绍各导师研究方向、学术交流会等形式，通过多种方式（如笔试、面试、实验测试等）考核学生，以确定是否发放拟录取通知书，改善了以往仅靠10月前后的推荐免试的缺陷。因此，在大学三年级的下学期，具备推荐免试资格的同学就应该密切关注各个高校相关的推免研究生夏令营活动，同时做好多方面的准备工作，提早为自己争取到进入名校优势专业攻读工商管理专业导论硕士研究生的资格。

4.出国攻读硕士学位

目前，全球化的进程不断加快，对一些同学而言，希望能走出国门，到国外的高水平大学攻读硕士学位，丰富自己的经历。

国外大学在硕士研究生的招生中一般采用申请的方式，每个学校的要求不尽相同。在申请的过程中，国外的大学不仅要参考申请者大学阶段的学习成绩、实践活动情况，而且对于英语也有较高的要求。因此，致力于到国外攻读硕士学位的同学，除了多注意收集不同院校的信息外，还要在大学阶段努力学习，取得优良的学习成绩，特别是专业课成绩；而且，还需要认真学习英语，积极备考雅思或者托福，为自己争取一个好的英语成绩。

（二）就业

1.工商管理专业就业前景

工商管理专业是一门基础较宽的学科专业，学科内容范围相对比较广、系统庞杂，既涉及企业经营管理中的计划、组织、领导和控制，又涉及人员、资金和财务的管理。工商管理学学科的理论基础是经济学和管理学，知识构成跨越自然科学、人文科学的不同领域，研究对象涵盖企业经营运作中的财务管理、资金筹措、投资分析、市场营销和资源配置等各个方面。因此，在相对严峻的就业形势下，工商管理的就业方向相比会计、金融等方向性较强的专业，反而拥有更大的选择空间。有专家预测，未来几年工商管理专业的就业前景还是会被看好的。

随着第三产业的兴起，市场经济的快速发展，社会对各类管理人才的需求越来越大，例如，人力资源管理、电子商务、物流管理、旅游和酒店管理、金融管理等都需要管理科学做基础，同时也呼唤职业经理人来进行管理。而工商管理专业的目标就是要培养适应我国工商企业和经济管理部门需要的中高层次综合管理人才。

但是，很多人抱着一毕业就能进企业当管理人员的想法也是不现实的。因为卓越的管理能力要有科学的理念和来自一线实践的支撑，实践能力需要从具体工作和实际操作中来积累。因此，学生在校期间要有意识地多接触社会和企业，利用寒暑假和课余时间，到企业进行锻炼，从基层的工作做起，积累从业经验，锻炼自己的实际操作能力，这样在求职时才会具有竞争力，也为今后从事相关工作或走上管理岗位打下良好的基础。

2. 工商管理专业的就业选择

（1）营销管理类，如市场分析员、销售员、售后服务工程师、销售主管、销售经理、销售总监等。

市场营销岗位入行要求低、高端营销岗位收入丰厚，而且市场需求量大，每年都吸引了大量的管理专业毕业生。相对于其他专业的毕业生，工商管理专业的毕业生在与市场营销相关的市场管理及项目策划领域更能有出色的表现。面对激烈的行业内竞争，销售人员需要具备更为专业的素质和技能，因此需要毕业生和准毕业生能够根据自身的职业定位和兴趣爱好，选择某一个行业的某个领军公司作为切入点，深入研究其销售模式、销售渠道、促销手段及经典的营销案例，并且有意识地培养自己的心理承受能力和沟通能力。

（2）行政管理类，如总经理办公室、行政管理、财务人员等。

行政管理类工作岗位主要负责的内容是公司年度运营方案的策划及推进，运行方案实施情况的监控、评价及持续改进。此类岗位要求对公司的总体运作、竞争对手、国内外大的环境的变化等比较熟悉并具有一定的敏感度。从事该岗位主要对个人的组织能力、沟通能力及常用的统计分析工具有一定的要求，最好能掌握SWOT、标杆管理、企业运营等方面的知识。但是对于初入职场的应届毕业生，由于没有技术背景和管理经验，往往难以胜任。为此，很多企业会考虑安排管理专业的新员工下到基层部门接受实践锻炼，以积累进入管理层所需要的经验。作为走向管理岗位的过渡期，这一阶段的工作会比较庞杂、辛苦，作为初入职场的新人，只有认真观察、踏实做事、不怕辛苦、注重积累，才能为日后的工作积蓄力量。

（3）人力资源管理岗位，如招聘专员、绩效专员、培训专员等。

一般的大中型企业内部都设有人力资源部，主管企业的招聘、员工培训、绩效考核、薪酬管理、人事调度等具体的工作。工商管理专业下设有人力资源管理方向，而且开设了如人力资源管理、组织行为学等课程，也为工商管理专业的毕业生和准毕业生开辟了一条就业渠道。

具有一定工作经验的人力资源岗位的高级管理人员比一般管理人员更容易成长为职业经理人员，因此对于致力于从事这一岗位的工商管理专业的毕业生和准毕业生，不妨多利用实习机会，尽量争取能够进入大公司的人力资源部，熟悉招聘、培训、考核等日常工作流程，以及一些简单而实用的工作技巧。

（4）质量管理岗位，如质量体系工程师、供应商质量工程师、认证工程师等。

一般来说，从事质量管理岗位需要具备一定的技术知识，目前国内该岗位就业前景不错，薪资待遇也还可以。但若要真正从事这一岗位的工作，就须掌握相对丰富的知识，如质量管理体系、3C认证、全面质量管理、统计分析学、供应商管理等。因此，致力于从事质量管理岗位工作的工商管理专业毕业生和准毕业生，首先需要认真学习课程内的理论知识，同时多参加一些制造型企业的实习锻炼，不断地积累经验。

（5）项目管理岗位，如项目管理人员、项目经理等。

项目管理是管理学的一个分支学科，所谓项目管理就是在项目活动中运用专门的知识、技能、工具和方法，使项目能够在有限资源限定条件下，实现或超过设定的需求和期望的过程。项目管理是对一些成功达成一系列目标相关的活动（如任务）的整体监测和管控，包括策划、进度计划和维护组成项目的活动的进展。因此，想要成为一名合格的项目管理人员，不仅需要掌握关于财务规划、人事管理、沟通管理、风险管理、质量、成本管理等的专业知识，还需要成为一个优秀的资源整合者，将最优秀的工程师、专家、供应商的大小老板、品质的专家、产线的专家，甚至于优秀的焊工都变成自己的人脉资源，慢慢路就会越走越宽，机会也会越来越多。

（6）物流管理类岗位，如报关员、跟单员等。

物流是继物资资源、人力资源之后的"第三个利润源"。物流的职能是将产品由其生产地转到消费地，从而创造地点效用。物流管理的好坏将直接影响到企业的产品、服务质量，甚至是企业整体的经济效益。

由于我国物流产业的快速发展，对人才的需求也是急剧上升，物流管理人才已经被列为12类紧缺人才之一，统计数据显示，市场需求量超过600万人。但物流岗位又是一个很注重工作经验的岗位，需要一定的积累。

物流管理的特殊性要求从业人员具备一定的物流、法律、国际贸易等方面的专业知识，对外语的要求也比较高。对于致力于从事物流岗位工作的工商管理专业的毕业生和准毕业生，可以关注一下全国报关员和跟单员的资格认证，有助于熟悉物流流程和增强物流规划意识。

（7）管理咨询类岗位，如管理咨询师。

一般来说，企业在竞争激烈的环境下很难承担决策失败的风险，所以需要专业的外部独立视角来对企业的管理决策做检验，这也是管理咨询行业存在的需求基础。管理咨询师是一种职业，其价值在于其专业的独立分析判断能力，当然在具体业务中往往是管理咨询团队而非个人。

从事管理咨询工作往往需要较强的调查和分析能力，而且需要对相关行业领域有较为深刻的认识，因此本科毕业生独立从事管理咨询工作的机会相对较少。但目前已经有越来越多的本科生进入管理咨询行业，从基础的助理做起，通过参与服务项目提升自身的能力，最终走上管理咨询师的岗位。因此，对于致力于成为管理咨询师的工商管理专业的毕业生和准毕业生，需要不断地加强理论学习，而且要经常进行思维和写作锻炼。

（8）培训岗位，如企业培训师、职业培训师等。

培训师是指能够结合经济发展、技术进步和就业要求，研发针对新职业的培训项目，以及根据企业生产经营需要，掌握并运用现代培训理念和手段，策划开发培训项目，制订实施培训计划，并从事培训咨询和教学活动的人员。

随着我国改革开放的不断发展，催生出大量新型产业，行业的发展势必带动岗位人才的需求，这就促使大批在不同行业内有一定从业经验的人从原岗位升职，通过不同的方式将自己的技能与经验传授给其他人，成为本行业的专职讲师，从而获得回报。

培训师在市场上主要分为两类：企业培训师（TTT）和职业培训师（PTT）。对于致力于成为培训师的工商管理专业的毕业生和准毕业生，大家需要在特定的专长领域内不断地学习研究；而且随着经验的积累，能够根据不同行业、公司的培训需求，有针对性地进行培训课程的开发和调整；最后就是要能够灵活运用各种培训方法和培训工具，讲授培训课程，实现培训目标。

第三节　经济学与管理学原理

一、经济学

（一）学习经济学的意义

经济学不仅是一门基础理论，还是经济学家提供给社会大众的一种改进生活、认识世界的武器。

首先，学习经济学有助于人们做出更好的个人决策。在人的一生中，需要做出各种各样的经济决策。比如，在大学毕业的时候，需要决定是继续在国内读研究生，还是出国留学，或者去工作？在工作之后，要决定如何花费你的收入？多少用于现在的消费？多少用于储蓄？如何用于投资？是买股票还是存在银行？如此等等。真实世界的决策往往还要考虑个人时间和收入的有限性，为了避免决策的失误，我们每个人都需要相关理论的指导。而经济学恰好是有关个人选择的科学，学习经济学有助于我们做出更好的决策。

其次，学习经济学有助于理解纷繁、复杂的社会现象。经济学是一门科学。经济学家通过观测现实经济现象归纳经济规律。经济学家有自己的语言和思维方式。诸如需求、供给、弹性、消费者剩余、机会成本、比较优势、外部性、信息不对称、均衡等，是经济学的基本语言。这些知识帮助我们理解各种社会制度和组织运行的方式。例如，我们需要政府，是因为存在诸如外部性、公共产品这样的场合，依靠市场不能达到资源的有效配置。所以，需要政府来提供市场交易的规则、秩序及公共产品，同时需要政府保护我们的个人财产和人身安全。但政府对市场的过多干预又常常导致供给不足、价格扭曲、资源浪费、垄断横行。政府的政策选择不仅影响整个社会的资源配置效率，而且影响每个公民的福利，所以经济学的学习可以帮助我们思考和分析这些现实世界中的问题。

最后，学习经济学可以为后续学习打下坚实的基础。作为基本理论，微观经济学和宏观经济学是经济管理相关专业重要的基础性课程，直接影响到许多专业课程的掌握程度。学习经济学，可以为我们提供理性的思维方式和实证的分析手段，提高抽象思维和逻辑思维能力。

（二）经济学的主要内容

1. 微观经济学

基于经济人假设，微观经济学的基本架构可以理解为居民和厂商在两个市场（产品市场和要素市场）上相互作用。在产品市场上，居民是产品的购买者，厂商是产品的供给者；在要素市场上，二者的角色换位。居民是理性的，他在收入约束的前提下为了满足自身的需求和效用最大化，对各种商品进行选择；居民选择产品的行为必然会影响商品的价格和数量，市场价格和需求量的变动又成为厂商进行生产决策的信号。厂商同样也是理性的，对单个厂商而言，它进入市场的动机是如何用最小的生产成本生产最大的产量，从而寻求最大的利润。但厂商的决策相对复杂一些，他既要考虑因产量变动引起的成本变动，也要考虑因产量和价格变动引起的收益变动。除此以外，厂商的决策还会影响到生产要素市场上的各种价格，进而影响居民的收入。居民和厂商的决策都通过商品市场和要素市场上的供求关系表现出来，价格是其中的关键。

因此，微观经济学的任务就是研究市场机制及其作用，均衡价格的决定，以及考察市场机制如何通过调节个体行为来取得资源配置的最优条件和途径。但是在现实中，单纯依靠价格引导厂商和居民的行为，又可能会导致对社会不利的结果，从而造成市场失灵。因此，微观经济学还考察了市场机制失灵时，政府如何采取干预行为与措施。概括起来，微观经济学的主要内容包括均衡价格理论、消费行为、生产理论、厂商理论、分配理论和微观经济政策等。

2. 宏观经济学

宏观经济学是从整体上考察国民经济运行及其规律的一门科学，它研究经济总量的决定及其变动。它是用总量分析研究整个国民经济活动以解决资源充分利用的问题，最终是为了实现充分就业、物价稳定、经济持续增长、国际收支平衡这四大目标。

宏观经济学主要包括宏观经济理论、宏观经济政策和宏观经济计量模型。

（1）宏观经济理论

宏观经济理论包括国民收入决定理论、消费函数理论、投资理论、货币理论、失业与通货膨胀理论、经济周期理论、经济增长理论、开发经济理论。

（2）宏观经济政策

宏观经济政策包括经济政策目标、经济政策工具、经济政策机制（经济政策工具如何达到既定的目标）、经济政策效应与运用。

（3）宏观经济计量模型

宏观经济计量模型包括根据各流派理论所建立的不同模型。这些模型可用于理论验证、经济预测、政策制定及政策效应检验。

可以说，现代宏观经济学是为国家干预经济的政策服务的。20世纪中后期，凯恩斯主义宏观经济政策在西方国家得到广泛的应用，在相当大的程度上促进了经济的发展，但与此同时，也带来了各种问题。宏观经济学研究的一个中心问题就是国民收入水平是如何决定的。宏观经济学认为，国民收入的水平是整个社会生产与就业水平的体现。具体内容主要包括经济增长、经济周期波动、失业、通货膨胀、国家财政、国际贸易等方面，涉及国民收入及全社会消费、储蓄、投资及国民收入的比率、货币流通量和流通速度、物价水平、利息率、人口数量及增长率、就业人数和失业率等。

（三）经济学的研究方法

1. 实证分析和规范分析

无论是微观经济学还是宏观经济学，都可以采用实证分析和规范分析的方法。实证分析是指企图超脱或排斥一切价值判断，只研究经济本身的内在规律，并根据这些规律分析和预测人们经济行为的效果。它要回答"是什么"的问题，而不对事物的好坏做出评价。规范分析是指以一定的价值判断为基础，提出某些分析处理经济问题的标准，树立经济理论的前提，作为制定经济政策的依据，并研究如何才能符合这些标准。它要回答"应该是什么"的问题。

　　必须强调指出，经济学研究是由人来进行的，不同的人由于对经济现象和问题分析的价值观念不同，即使都是采用同一实证分析方法，对分析过程中的方法选择和结果分析也会有很大的差异，企图超脱一切价值判断，就客观问题本身去分析其规律性，也不可能把决策人本身的主观因素完全排除在外。另外，在进行规范分析的过程中，如果完全脱离客观现实去进行价值的分析和判断，也只能是使问题的分析过程步入主观臆想的死胡同。

　　因此，实证分析和规范分析是以不同的假设前提为条件的两种不同分析方法。实证经济学与规范经济学之间尽管存在着差异，但二者之间不是绝对的相互排斥。规范经济学研究要以实证经济学为基础，而实证经济学研究也离不开规范经济学的指导。一般来说，越是具体的问题，实证分析的成分越多；而越是高层次，带有决策性的问题，则越具有规范性。在对经济现象分析的过程中需要将这两种分析方法结合起来运用。

　　2. 均衡分析与非均衡分析

　　均衡分析就是假定经济变量中的自变量为已知的、固定不变的，以观察因变量达到均衡状态时所出现的情况及实现均衡的条件。由于在观察过程中，外界条件不断地发生变化，均衡可能是转瞬即逝的一刻，也可能永远达不到，但在均衡分析中，我们只考察达到假想中均衡状态的情况。均衡分析又可以分为局部均衡分析与一般均衡分析。局部均衡分析考察在其他条件不变时单个市场均衡的建立与变动；一般均衡分析考察各个市场之间均衡的建立与变动，它是在各个市场的相互关系中来考察一个市场的均衡问题的。

　　非均衡分析则认为经济现象及其变化的原因是多方面的、复杂的，不能单纯用有关变量之间的均衡与不均衡来加以解释，而主张通过对历史、制度、社会等因素的分析作为基本方法。即使是个体分析，非均衡分析也不强调各种力量相等时的均衡状态，而是强调各种力量不相等时的非均衡状态。微观经济学与宏观经济学运用的主要分析工具都是均衡分析。例如，微观经济学中的均衡分析，是以理性的经济人假设为前提，以实现最优化为目标，主要通过边际分析方法来进行均衡状态分析的。

　　3. 静态分析与动态分析

　　按照分析经济活动时是否考虑时间因素来划分，分析方法可以分为静态分析与动态分析。静态分析不考虑时间因素，不涉及时间因素所引起的变动，不考虑均衡和变动过程，只考察一定时期内各种变量之间的相互关系，因而静态分析是一种状态分析，是对一种事物横断面的分析。动态分析则是引入时间因素，要涉及时间因素所引起的变动，考察各种变量在不同时期的变动情况，因而动态分析又被称为过程分析，是一种时间序列分析。静态分析研究的是经济现象相对静止的状态，而动态分析研究的是经济现象的发展变化过程。

4. 静态均衡分析、比较静态均衡分析、动态均衡分析

静态均衡分析要说明的是各种经济变量达到均衡的条件。比较静态均衡分析要说明从一种均衡状态变动到另一种均衡状态的过程，即原有的条件变动时均衡状态发生了什么相应的变化，并把新旧均衡状态进行比较。动态均衡分析则是在引进时间因素的基础上说明均衡的实际变化过程，说明某一时点上经济变量的变动如何影响下一时点上该经济变量的变动，以及这种变动对整个均衡状态产生的影响。

微观经济学与宏观经济学都以这种分析工具作为分析经济现象和问题的手段与方法。

5. 定性分析与定量分析

定性分析就是分析研究经济现象内在的性质与规律性。具体地说，就是运用归纳、综合及抽象与概括等方法，对获得的各种材料进行思维加工，从而去粗取精、去伪存真、由此及彼、由表及里，达到认识事物本质、揭示其内在规律性的目的。定性分析常被用于对事物相互作用的研究中。它主要是分析和解决研究对象"有没有"或者"是不是"的问题。

定量分析是将所研究的经济现象的有关特征及其变化程度进行量化，然后对取得的数据进行统计学处理，从对事物量变过程的分析中得出结论。从根本上说，定量分析渗透着这样一个观念：世界上一切事物不依赖人的主观意志而存在，是可以被认识的；它们的各种特征都表现为一定的量的存在，或以不同的量的变化表现其变化过程。定量分析是要说明事物或现象是"如何变化的"或"变化过程与结果怎样"的问题。定性分析与定量分析相互补充、相得益彰，具有不可分离的关系，处在统一的连续体之中。在实际经济问题分析过程中，定性分析为定量分析提供基础，定量分析的结果要通过定性分析来解释。

二、管理学原理

（一）课程特点与学习意义

1.管理活动的特点

（1）科学性和艺术性

管理既是一门科学又是一门艺术，是科学性和艺术性的统一。管理首先是一门科学，它是许多管理学者和管理实践者在长期的管理实践中，通过不断地对实践中的客观工作规律进行归纳总结而形成的一系列的基本管理原则和管理理论。管理人员在实际的工作中，综合考虑实际情况，再以这些基本原则或者原理为指导来开展工作，就能取得事半功倍的效果。同样，管理还是一门艺术，管理的艺术性特点要求管理人员在工作中要做到随机应变，既具有灵活性又富于创新。就如同权变理论的观点，没有什么是一成不变的、普遍适用的、最好的管理方法，一切管理活动的开展都应基于特定的情境。

管理的科学性是基础，艺术性是在科学性的基础上发展的，而且随着时间的推移，管理研究的不断深化，以及环境的快速变化，使得管理的科学性和艺术性成分都会不断增多。

（2）一般性

管理学原理是从一般原理、一般情况的角度对管理活动和管理规律进行研究，不涉及管理分支学科的业务和方法的研究。管理学原理是研究所有管理活动中共性原理的基础理论科学，无论是"宏观原理"还是"微观原理"，都需要管理学做基础来加以学习和研究，管理学原理课程是各门具体的或专门的管理学科的共同基础。

（3）多学科性或综合性

从管理内容上看，管理学涉及的领域十分广阔，它需要从不同类型的管理实践中抽象概括出具有普遍意义的管理思想、管理原理和管理方法；从影响管理活动的各种因素上看，除了生产力、生产关系、上层建筑这些基本因素外，还有自然因素、社会因素等；从管理学科与其他学科的相关性上看，它与经济学、社会学、心理学、数学、计算机科学等都有密切的关系，是一门非常综合的学科。

管理学的综合性决定了我们可以从不同的角度出发来看待和研究管理的问

题，管理的复杂性和对象的多样化也要求管理者必须具备广博的知识，才能对各种管理问题应对自如。

（4）实践性

实践性也称实用性，管理学原理所提供的理论与方法都是实践经验的总结与提炼，反过来又可以指导实践。管理活动的复杂性及管理环境的多样性，使得在对管理知识进行运用的时候需要较强的创造性和灵活性。

正是鉴于此，仅凭学校教育是培养不出"成品"管理者的。要想成为一名合格的管理者，除了要在课堂上认真进行理论学习外，还要多多参与实践，不断在实践中进行归纳和总结，积累管理经验，真正地去理解管理的真谛。

（5）社会性

构成管理过程主要因素的管理主体与管理客体，都是社会最有生命力的人，这就决定了管理的社会性；同时管理在很大程度上带有生产关系的特征，因此没有超阶级的管理学，这也体现了管理的社会性。

（6）历史性

管理学原理是对前人的管理实践、管理思想和管理理论的总结、扬弃与发展，割断历史，不了解前人对管理经验的理论总结和历史，就难以很好地理解、把握和运用管理学。

2.学习管理的重要意义

由于人类所拥有和能够利用的资源（人、财、物、信息、时间、技术等）是有限的，而人类的欲望又是无限的，因此就需要借助管理来解决这一固有的矛盾。人们要更多地满足自身的欲望，就需要利用管理来合理地配置和利用资源。

在现代社会中，管理作为有助于实现目标的一种手段，可以说无时无处不在，围绕在我们生活的方方面面。不管人们从事什么职业，都在参与管理，或管理国家，或管理业务，或管理家庭，或管理子女。国家的兴衰，企业的成败，家庭的贫富、幸福，子女的健康、成长，都与管理是否得当有关。虽然我们借助实践也可以学习管理，但难免会犯一些错误、走一些弯路、付出一定的代价。因此，系统地学习管理学原理对我们而言，还是具有十分重要的意义的。

首先，学习管理学可以有助于我们在实践中少走弯路。对个人而言，我们同样面临着所掌握资源的有限性与个人目标追求的无限性之间的矛盾。通过后面的学习我们可以了解，管理学原理中的绝大部分知识和方法同样是适用于自我管理的。因此，学好管理学有助于我们个人目标的实现。

其次，学好管理学有助于我们对社会现象和问题有一个更为客观的认识。面对各式各样、形形色色的社会现象和问题，我们往往只看到了现象的表面，而无法洞悉形成这一现象的根本原因；抑或是身处问题之中，还没能知觉。而通过管理学原理的学习，我们可以练就一双慧眼，透过现象看到本质，这对于我们认识世界、认识自我都是十分重要的。

最后，学好管理学有助于我们更好地适应社会，增强生存技能。管理学原理不仅是我们获得学位的一门必修课程，更是我们获取生存技能的一个途径。一旦我们走入社会，成为某一个组织中的一员，那么不是成为管理者就是成为被管理者。即使是作为一个被管理者，我们也需要了解"老板"的行为方式和组织的运转过程，才能在组织中站稳脚跟。

在当前的环境下，管理必将成为第一生产力。学习管理，不仅是当今社会发展的需要，而且也是我们每一个人在社会中生存和获得发展的根本。为此，我们都需要或多或少地学习一些管理学。

（二）管理学原理的主要内容

1. 管理学原理的内容结构

20世纪初，法国管理实践家、管理学家亨利·法约尔首先提出了管理职能的观点，认为应该通过分析管理职能来研究管理工作。其基本思路是将管理工作看作组织中通过别人或同别人一起完成工作任务的过程，这个过程由若干管理职能构成，然后通过对每个职能进行深入的研究，揭示出管理的原理，使人们明确管理应该做什么，并作为指导管理实践的准则。管理职能的观点自提出以来得到了理论界和实务界的普遍认同，经过发展已经成为现代管理理论分析管理工作的主要框架和方法。为此，我们在学习管理学原理的过程中，也同样遵循管理职能的逻辑框架。除此以外，管理环境作为任何组织和管理者不能脱离的重要情境，也是课程学习中必须了解的。

2. 管理环境

管理环境就是影响管理系统生存和发展的一切要素的总和。任何组织都是在一定环境中生存和发展的。当今时代，全球化浪潮影响着世界各地，通信和信息等技术快速发展，社会正在经历一场巨变，新的组织形态不断涌现。组织要面对动态的、不确定性的外部环境。作为组织的管理者必须首先对这种动态复杂的环境有充分的认识，分析外部环境对管理活动的影响，以实现组织目标。

3. 计划职能

任何管理活动都是始于计划的。为了使管理工作达到效率与效果的统一，必须首先确立明确的目标。只有确立了清楚明确的目标，才能判断什么事情该做、什么事情不该做；而为了提高效率，以较少的投入获得较大的产出，就需要对资源的投入、转化过程等进行必要的研究和安排，为此就需要制订计划，在事前为目标的实现规划路径。因此，计划工作不仅包含目标的设定，还包括目标实现路径的规划，具体来说，分为估量机会、设定目标、制订目标实现的战略方案、形成协调各种资源的活动的具体方案等环节。计划工作是管理活动的首要职能，其他工作只有在计划工作明确了目标和实施路径后才能有目的地进行。

4. 组织职能

在制订了切实可行的计划后，为了使目标得以顺利转化，就需要投入必要的人力、物力、财力等资源去执行既定的计划，这就是组织工作。所谓组织工作就是为了有效地达成计划所确定的目标而进行分工协作，合理地配置各种资源的过程。组织职能可以说是计划工作的延伸，具体来说，包括任务的分解、权责的明确、资源的配置及协作关系的明确等内容。组织工作将直接影响组织运作的效率。

5. 人员配备职能

在对组织结构及其运行机制进行了必要的设计以后，下一步就需要为不同的机构选择适当的人，即进行人员配置。所谓人员配备就是根据组织结构中所规定的职务数量和要求，对所需的人员进行恰当而有效的选择、使用、考评和培训的职能活动，其目的在于以合适的人员去充实组织结构中所规定的各项职务，从而保证组织活动的正常运行，实现组织的预定目标。

6. 领导职能

人是管理活动中最活跃的要素，任何活动的行为主体都是人，因此，指挥和协调计划，以及实施过程中人与人之间的关系、激励和调动人的积极性是管理的基本工作之一。在一个组织中，领导工作就是管理者利用职权和威信施展影响，指导和激励各类人员努力去实现目标的过程。领导工作的重点在于调动人的积极性，协调人与人之间的关系。调动组织中一切可调动的因素，激励他人来协助我们共同去实现组织共同的目标。

7. 控制职能

控制是指在动态的环境中为保证组织既定目标的实现而进行的检查和纠偏活动或过程。控制是保证计划得以实施的重要环节。由于环境的不确定性、组织活动的复杂性和不可避免的管理失误，为了保证有效地实现目标，我们就必须对管理活动进行有效的控制，具体来说，包括确立控制标准、衡量实际业绩、进行差异分析、采取纠正措施等环节。

第二章 运营、质量及财务管理

第一节 运营管理

一、运营管理的产生与发展

（一）科学生产管理雏形形成时期

1. 泰勒的科学管理

泰勒主要是研究方法的，研究怎么干，主要是工作研究，而且，往往是针对个人进行研究。他最著名的是四个实验。泰勒在大量试验的基础上，逐渐形成了他的科学管理思想。其代表作是《工场管理》和《科学管理原理》。

泰勒的贡献主要体现在以下三个方面：首先，从研究内容上来看，他主要聚焦于工厂内部的生产管理，或者叫作业管理；其次，研究目的是提高劳动生产率；最后，研究重点是工作方法、工作条件和工作定额的标准化和科学化。由此，我们认为，泰勒在历史上是第一位将管理从经验上升为科学的大师，注重效率的优化思想和调查研究的科学方法。

2. 吉尔布雷斯夫妇的动作研究

弗兰克·吉尔布雷斯是一位工程师和管理学家，是科学管理运动的先驱者之一，在动作研究方面有突出的成就，被称为"动作研究之父"。莉莲·吉尔布雷斯是弗兰克的妻子，是一位心理学女博士，她把心理学的成果应用于动作研究，关心工作中人的因素，被誉为美国"管理学的第一夫人"。吉尔布雷斯夫妇将研究聚焦于工人疲劳方面，提出了节约动作的 10 个原则，这些原则至今仍用于操作和动作的改进与优化。

3. 福特的装配流水线

20 世纪初，亨利·福特在自己的汽车工厂内安装了第一条汽车组装流水线。

由于采用了专业化分工和流水作业，使生产率大幅提高，同时又由于汽车零部件的标准化，使生产成本大幅降低。福特首创的流水线生产方式，代表了一种大批量的、规模经济的生产模式，至今这种生产方式仍以高效率、标准化，以及低库存在制品的优点被广泛应用于汽车工业、电子行业和家用电器等行业。

4. 哈里斯的经济订货批量

20世纪初，美国的哈里斯在研究物资采购批量与费用关系时，提出了库存管理的数学模型，发现两类费用与其有关：第一类是存储费，包括存货所占用的资金的利息、占用仓库费用、库存耗损等与订货批量有关的费用，且批量越大，存储费越高；第二类是购置费，包括订货的手续费、采购人员差旅费、通信费等与订货次数有关的费用。订货次数增加，购置费增加。而在年物资需求稳定的条件下，订货次数与订货批量成反比关系。这两类费用一个与批量成正比关系，一个成反比关系，这两类费用叠加，总费用存在一个最低点。该点即经济订货批量。

5. 统计质量控制之父沃特·阿曼德·的控制图与道奇的抽样检验

此段中未提及，且段首缺少内容这是将数学方法应用在质量管理中，控制图开辟了质量管理的第二个时代。由于这种方法使用的是数理统计和概率论的知识，提出这个图之后，由于使用比较复杂、现场员工不会使用，因此也叫专家管理，实际上并没有得到普及使用。同一时代提出将数理统计方法应用到质量管理领域的还有贝尔电话研究所的道奇和罗米格，他们一起提出了在破坏性检验情况下采用"抽样检验表"和最早的抽样检验方案。这3人成为统计质量管理理论的奠基人，将质量管理理论带入了统计质量控制阶段。

6. 梅奥的霍桑实验

20世纪20年代，美国哈佛大学教授梅奥率领一个研究小组到美国西屋电气公司的霍桑工厂进行了一系列的试验和观察。霍桑工厂的娱乐设施、医疗制度和养老金制度都比较完善，但生产率不高。为查找原因，梅奥开展了四个阶段的实验，即照明实验、福利实验、访谈实验、群体实验。这些研究得出三个重要结论：①工人是"社会人"，而不是"经济人"。②社会和心理因素对工作效率有更大的影响。③组织应重视工作团体中非正式组织的存在及其作用。

梅奥的这些研究奠定了一个新的理论体系人际关系学说，即后来的行为科学，也为运营管理注入了新的元素。

（二）复杂数学方法应用时期

1. 运筹学的诞生

以美国和欧洲学者为代表，包括众多数学家、心理学家和经济学家，相继提出了各种数量模型，如数学规划、对策论、排队论、库存模型等，促成了运筹学的创立与发展。之后，研究和改进数量方法的工作仍在进行，人们相继提出了预测技术、项目管理中的计划评审技术和关键路线法、MRP 等。

2. 行为学派的发展

行为学派在此期间得到了进一步的发展，早期称为人际关系学派，到这个时候才正式命名为行为学派。具体来说，它主要是从人的需要、欲望、动机、目的等心理因素的角度研究人的行为规律，特别是研究人与人之间的关系、个人与集体之间的关系，并借助这种规律性的认识来预测和控制人的行为，以实现提高工作效率、达到组织的目标。这个时候有很多人做出了贡献，例如，马斯洛的需求层次理论指出，主管人员必须因地制宜地对待人们的各种需求，著有《人类动机的理论》；赫兹伯格的双因素理论，强调主管人员必须抓住能促使职工满意的因素，著有《工作的激励因素》；还有麦格雷戈的"X–Y 理论"X 理论是对"经济人"假设的概括，而 Y 理论的根据是"社会人""自我实现人"的假设。

（三）计算机应用时期

1. 物料需求计划（MRP）

我们知道，第一台电子计算机于 1946 年 2 月 10 日在美国问世，而真正的计算机商用是在 20 世纪 60 年代，这个时候，物料需求计划（MRP）就得以实现了。20 世纪 70 年代制造业的重大突破就是在生产计划与控制中运用了物料需求计划，即通过计算机软硬件将企业的各部门联系在一起，共同完成复杂产品的制造。

2. 服务业中的大量生产

服务业通常是直接面对不同的顾客，提供一对一的个性化服务，如同制造业中的单件小批生产。所谓单件小批生产是指企业生产的产品品种繁多，每个品种的产量小，生产具有非重复性特点，企业以通用设备为主，采用工艺原则的设备布局，员工的生产效率低，生产计划与组织工作复杂，经济性差。而与之相对应的是大量生产，其特点是品种少、每个品种的产量大、采用以服务对象为原则的流水线或生产线的设备布局、多功能高效的专用设备居多、生产效率高、生产计划编制简单、经济性好。

（四）现代理论普及的时代

进入 20 世纪 80 年代，计算机的应用逐渐普及，互联网的出现改变了人们的工作、学习和生活方式。许多新理论和方法，诸如 MRP Ⅱ 到 ERP、ISO 9000、丰田生产方式（TPS）、威廉·大内的 Z 理论、高德拉特的约束理论、供应链管理、Internet 与电子商务及计算机集成制造系统等不断涌现，丰富了运营管理理论体系。

（五）运营管理的新发展

1. 企业社会责任归位

企业社会责任是指企业在创造利润、对股东和员工承担法律责任的同时，还要承担对消费者、社区和环境的责任。企业社会责任涉及方面较广泛，例如环境污染和资源破坏、非法食品添加剂等都属于社会责任问题。如今，越来越多的企业开始关注到公众和社会的利益，认真履行社会责任。

像惠普这样的世界顶尖公司已经把对全球公民责任的承诺与公司运营联系起来。在全球范围内，惠普根据对业务、技术和社会的重要性确定了其社会责任的三个战略重点：环境可持续性、隐私和社会投资。每年，惠普都会评估客户需要和发展趋势，据此制定全球社会责任战略。创新、管理、社会责任、产品与服务构成了惠普这一品牌的四大支柱，企业社会责任已经转化为企业的竞争力。

2. 运营战略正在并越来越受重视

20 世纪 70 年代初，哈佛商学院的威克姆·斯金纳提出了运营战略的概念。运营战略可总结为如何通过运营管理赢得组织的竞争优势。其构成要素包括低成本、高质量、准时交货。现在，越来越多的组织认识到了运营战略对其生存和发展的重要性，认识到了运营战略对企业发展战略的支撑作用和对运营策略的引领作用。可以预见，在 21 世纪以后的年代里，运营战略将越来越受到管理层的重视。

通用电气是世界上最大的多元化服务型公司，同时也是高质量、高科技工业和消费产品的提供者。通用电气致力于通过多项技术和服务为顾客创造"更美好的生活"。众所周知，通用电气通过四大战略获得了数十年的高速增长：全球化战略、服务战略、质量要求和电子商务。这四大战略有的涉及服务管理，有的涉及质量控制，有的涉及流程变革。通用电气已经把运营战略提升到公司战略的层次。从这点上足见其对运营战略的重视。

3. 工业互联网及其对运营管理的重构

"工业互联网"的概念最早由通用电气于 2012 年提出。随后，通用电气、IBM、思科、英特尔、AT&T 五家行业龙头联手组建了工业互联网联盟（Industrial Internet Consortium, IIC）。经过 IIC 的努力，工业互联网这一概念被逐渐推广开来。工业互联网是指主体、设施和产品互联互通，以共享工业生产全流程的各种资源要素，实现全流程的数字化、网络化、智能化的一种开放的通信网络。

如果说第一次工业革命是蒸汽机时代，第二次工业革命是电气化时代，第三次工业革命是信息化时代，那么第四次工业革命就是智能化时代。人们普遍认为第四次工业革命发端于 2012—2013 年。2012 年，通用电气发布《工业互联网：打破智能与机器的边界》白皮书。2013 年 4 月，在德国汉诺威举行了规模空前的工业博览会，为期五天的展会中，"工业 4.0"的概念受到了特别关注。

带有智能化的标志，第四次工业革命目前还没有到来。不过，工业互联网和工业 4.0 的构建、发展和应用，确实在加速第四次工业革命的到来。传统产业正在被重新定义，人工智能、清洁能源、量子信息、移动互联、物联网、大数据、云计算等新兴产业的真实应用场景越来越多地呈现在我们面前。

以工业互联网为基础，企业价值取向的重新定位就有了可能，组织结构的重构变得更为现实，企业运营体系的重构就有了保障，产品研发方式的创新变得更为容易，生产过程控制、物流配送与顾客服务等创新解决方案可以更快地被提出。

事实上，以下运营管理正在或将要实现：①顾客个性化需求的满足，能够直接从顾客那里获取个性化需求，并通过设计与制造的大规模定制予以实现；②柔性化的制造，能够更好地响应来自内外部的各种变化，需求管理、设计变更、过程管理、维护更新等变得更灵活；③智能化的运营管理，实现人、设备、产品的互联互通，对价值链节点企业数据，以及市场数据、销售数据、采购数据、研发数据、工艺技术数据、设备数据、生产过程实时数据产品与服务数据、物流配送数据等进行深度的挖掘，以给出更加科学的运营管理方案。

二、课程特点与主要内容

（一）运营管理的特点

1. 范围广

运营管理作为工商管理专业主干课程之一，涵盖范围较广，既包括制造型企业的生产管理，又包括服务型企业的运作管理，涉及企业管理领域较多。且运营管理还是一门实践性、应用性很强的课程，强调理论和实践的结合，具有一定的深度和广度。

2. 柔性化

运营管理的多样化和高效率是相矛盾的，因此，在生产管理运营多样化前提下，努力搞好专业化生产管理运营，实现多样化和专业化的有机统一，也是现代运营追求的方向，供应链管理成为运营管理的重要内容。

3. 信息化

由信息技术引起的一系列管理模式和管理方法上的变革，成为运营的重要研究内容。近 30 年来出现的计算机辅助设计（CAD）、计算机辅助制造（CAM）、计算机集成制造系统（CIMS）、物料需求计划（MRP）、制造资源计划（MRPI）及企业资源计划（ERP）等，在企业生产运营中得到了广泛应用。

（二）运营管理的主要内容

运营管理的主要内容包括运营管理战略的制定、运营系统的设计、运营系统的运行、运营系统的改善。

1. 运营管理战略的制定

企业战略是企业为求得生存和发展，在较长时期内生产经营活动的发展方向和关系全局问题的谋划。这种谋划包括企业的宗旨、目标、总体战略、经营战略和职能策略。运营管理过程决定了企业的产品和服务的成本、质量、多样性、交付时间和对环境的影响，这将对企业竞争力产生直接的影响。运营管理战略是在企业战略指导下制定的，它是企业总体战略成功的保证。

2. 运营系统的设计

在运营管理战略确定后，就要分步实施。首先要设计和构建运营系统，涉及生产力三要素，即劳动工具、劳动对象和劳动者，具体讲就是企业选址、设施布局、产品和服务设计、工作设计。

3. 运营系统的运行

运营系统构建后，随之就是系统的运行，以实现企业的生产运作战略和生产经营目标。这主要包括不同层次的生产运作计划编制、作业排序、物料采购与库存控制等。

4. 运营系统的改善

伴随着运营系统的运行，涉及很多与之相关的工作，诸如质量和设备管理等。另外，很多新的理论与方法的出现，如丰田生产方式、约束理论等，也在不断地改进和完善现有的运营系统。

三、课程培养目标与学习意义

（一）运营管理的培养目标

课程主要讲授运营管理的经典理论和应用，也结合运营管理的新热点，讲授运营管理的新技术、新发展、新成果。具体来说，从通过运营管理赢得竞争优势到运营系统的规划与设计、运营系统的运行与控制，再到运营系统的更新与改善，构成一个产品生产和服务提供的完整运营系统。通过本课程学习，学生将全面、完整地了解产品生产和服务提供系统的构成与运作流程，了解企业如何制定运营战略并获得市场竞争优势，掌握企业运营管理的理论和方法，建立持续改进的管理理念，灵活地运用运营管理改善的工具，不断提高企业运营的效率与效益。

（二）学习运营管理的意义

对企业来说，其竞争优势固然是企业综合实力和整体素质的集中体现，但是这些优势一旦失去高效的运营系统和先进的运营管理做支持，也只能是一种瞬间或者非常脆弱的"优势"，其结果必然使企业很快陷入竞争的劣势。因此，运营管理是现代企业发展的重要基石。对工商管理专业的学生来说，无论未来身处哪一技能岗位、专业特长是什么，学习运营管理的基本知识都是职业发展道路不可缺少的一部分。

第二节　质量管理

一、质量管理的产生与发展

人类自从有了生产活动，也就有了质量问题。因为不论物品多么简单，生产方式多么原始，都存在一个能否满足特定用途的问题。随着人类对产品需求的多样化和生产力的发展，人类的质量意识逐渐苏醒。质量的优劣慢慢成为商品交换中的一个重要因素。为了保证质量，就需要对生产原材料、劳动工具、生产者的劳动技巧等提出相应的要求。从某种意义上说，这就是质量管理。质量管理相对其他学科来说，历史比较短。真正科学意义上的质量管理是从 20 世纪初才开始的，它也是工业革命的一个产物。质量管理发展阶段的划分，不同的专家有不同的看法。一般来看，质量管理经历了三个发展阶段：第一个阶段是质量检验阶段；第二个阶段是统计质量控制阶段；第三个阶段是全面质量管理阶段。

（一）质量检验阶段

第一个阶段是质量检验阶段。从 20 世纪初到 20 世纪 30 年代，代表人物是科学管理之父泰勒。这个阶段的显著特点是专职检验、三权分立。

20 世纪以前，生产方式主要是小作坊形式，手工艺人参与工艺品生产的全过程。那时的手工艺人既是操作者又是检验者，制造和检验的职能都集中在操作者身上，由于他们对自己制作的工艺品的自豪感和对自己名声的看重，所以通常以目视为主要方式来检查工艺品。这个时期被称为"操作者的质量管理"。

到了 20 世纪初的时候，科学管理的奠基人泰勒提出了在生产中应该将计划与执行生产与检验分开的主张。于是，在一些工厂中建立了"工长制"，将产品质量检验的职能从操作者身上分离出来，转交由工长行使对产品质量的检验权。这个转变强化了质量检验的职能，形成了所谓的"工长的质量管理"。

随着科学技术和生产力的发展，企业的生产规模不断扩大，管理分工的概念就被提了出来。在管理分工概念的影响下，一些工厂设立了专职的检验部门并配备专职的检验人员来对产品质量进行检验。也就是说，在工厂里，要有一个专人或者一个专门的部门来负责检验。不论是出厂的，还是在每个生产零部件的车间里，都要有这样的人或部门来检验，负责把关质量。这个在以前是没有的，以前是计划与职能分开，把工人管的事情转交给工长。可是工长管的事很多，一旦忙起来，就不管检验只管生产了。随着生产规模不断扩大，这种做法显然已行不通，所以需要设立一个专人，或是设立一个专职的检验部门，对生产出来的产品进行质量检验，鉴别合格品或废次品。这样一来，不管有多忙，都不会忽视质量检验，这样才能保证生产的零部件进入下一道工序之前，都是合格的。质量检验的职能从工长转移给了质量检验员，称为"检验员的质量管理"。

所以，质量检验阶段最终实现了设计、制造、检验的"三权分立"。有人制定质量标准（立法），有人按照事先制定的标准进行生产（行政），还有人专门负责鉴定所制造的产品是否符合质量标准（司法）。

这个阶段的主要特征是事后把关。专门的质量检验部门和专职的质量检验员，使用专门的检验工具，对产品进行检验，这对保证产品质量起到了把关的作用。

然而，它也存在着许多不足，主要表现在：①对产品质量的检验只有检验部门负责，没有其他管理部门和全体员工的参与，尤其是直接操作者不参与质量检验和管理，就容易与检验人员产生矛盾，不利于产品质量的提高。②主要采取全数检验，不仅检验工作量大，检验周期长，而且检验费用高。③由于是事后检验，没有在制造过程中起到预防和控制作用，即使检验出废品，也已是"既成事实"，质量问题造成的损失很难挽回。也就是说，产品都造完了再去检验它，合格就合格了，不合格就不合格了、完全没有控制的意思在里面。④全数检验在技术上有时是不可能的，如破坏性检验，判断质量与保留产品之间发生了矛盾。

"事后检验"存在的不足，使得这种质量管理方式逐渐不能适应经济发展的要求，促使人们不断地探索新的检验方法。

（二）统计质量控制阶段

第二个阶段是统计质量控制阶段，这个阶段产生于 20 世纪 30 年代，代表人物是休哈特。主要特点是从单纯靠质量检验把关，发展到工序控制，突出了质量的预防控制与事后检验相结合的管理方式。

　　早在 20 世纪 20 年代，一些发达国家就相继制定并发布了公差标准，以保证批量产品的互换性和质量的一致性。同时，一些著名的统计学家和质量管理专家注意到质量检验的缺点，并开始设法运用概率论和数理统计的方法去解决这些问题。

　　当时，美国贝尔电话研究所的工程师休哈特提出了统计过程控制理论，并首创了质量控制图，用于解决事后把关的不足。后来，他应西屋电气公司的要求，加入霍桑工厂关于加强和改善检验工作的调查研究，提出用六西格玛的方法预防废品。之后，贝尔研究所成立了一个检验工厂小组，休哈特和美国学者道奇、罗米格、戴明都在这个小组，这个小组的成果之一就是提出了统计抽样检验法，并设计了可以运用的抽样检验表，解决了全数检验和破坏性检验所带来的问题。但是，由于 30 年代资本主义国家爆发了严重的经济危机，而运用这些数理统计方法需要大量的计算工作，所以，这些新方法和新理论并没有得到足够的重视。

　　直到 20 世纪四五十年代，由于战时的需要，美国大批民用公司改为生产军需品。当时面临的问题是，因为不能预防废品的发生，而且受民用公司技术和生产能力的限制，生产出来的军需品不仅合格率低，而且质量很不稳定，严重地影响了战时军用物资的供给。为了解决这个问题，美国政府和国防部先后制定了三个战时质量控制标准：AWSZ 1.1—1941—— 质量管理指南、AWSZ 1.2—1941——数据分析用控制图法、AWSZ 1.3—1942—— 工序控制图法。这三个标准是世界上最早的质量管理标准。这些标准的提出和应用，标志着质量管理开始进入统计质量管理阶段。后来因为这些标准的应用，确实提高了产品的质量，于是就普及飞机、通信、电子、军工等行业。

　　相比质量检验阶段，统计质量控制阶段无论是在理论上，还是实践上，都发生了一次飞跃。首先，在这个阶段树立了"事先控制，预防废品"的质量理念，把事后把关变为预先控制，在很大程度上提高了产品的出厂合格率；其次，采用抽样检验的方法，很好地解决了全数检验和破坏性检验无法实施的问题；最后，由日本提出的易于普及的"质量控制七工具"具有大众化、通俗化和简单化的特点，结合组织管理工作，效果更好。

　　虽然统计质量控制减少了不合格品的数量，降低了生产费用，但是也存在一些不足：①仍然以满足产品标准为目的，而不是以满足用户的需要为目的；②偏重于工序管理，而没有对产品质量形成的整个过程进行控制；③统计技术难度较大，主要靠专家和技术人员，难以调动广大工人参与质量管理的积极性：④质量管理与组织管理未密切结合起来，质量管理仅限于教学方法，常被领导人员忽视。

由于这些问题，统计质量控制也无法适应现代工业生产发展的需要，而且，在这个过程中，人们已逐渐认识到，产品质量的形成不仅和生产制造过程有关，还与其他许多过程、环节和因素有关。只有把影响质量的所有因素统统纳入质量管理的范畴，并保持系统、协调的运作，才能确保产品的质量。

所以，在新的社会历史背景和经济发展形势的推动下，全面质量管理的理论应运而生。

（三）全面质量管理阶段

第三个阶段是全面质量管理阶段，主要产生于 20 世纪 60 年代。20 世纪 50 年代以后科学技术蓬勃发展，市场竞争越来越激烈，产品结构也越来越复杂，人们对于质量要求更高了，而且越来越重视人的因素。保护消费者权益运动也逐渐兴起。仅仅依赖质量检验的统计技术无法保证并提高产品的质量，仅仅把质量职能完全交给专门的质量控制工程师和技术人员，难以适应市场的竞争和变化。在此背景之下，我们就进入了全面质量管理阶段。代表人物比较多，有美国的戴明、朱兰、费根堡姆、克劳斯比，以及日本的石川馨等。

这个阶段的显著特点是"三全一多样"。就是全面的质量管理、全过程的质量管理和全员的质量管理。所谓全面的质量管理，是说组织的方方面面都存在质量问题，必须进行质量管理。比如，有人说人力资源管理部门与产品质量没有什么关系，表面看好像是没有什么直接关系，但是人力资源管理部门的职责是员工招聘，员工质量不行就不会有好的产品质量。这就是全面，每一个方面都有质量责任，都需要进行相应的质量管理。所谓全过程的质量管理，是指产品是过程的结果，这个过程有大过程、有小过程，是多个过程的联动，所以每个过程都必须进行质量的管控，这就全过程的质量管理。还有全员的，每一位员工都有自己的质量责任，都必须尽职尽责把控好自己岗位上的质量。这就是全员的质量管理。这是"三全"。"一多样"就是我们采取的方式方法多种多样，只要它是有效的，能够把质量控制住，那就是最好的。这就是"三全一多样"。

以上是质量管理发展的三个阶段，也是普遍的一种分法。宋明顺在第三版的《质量管理学》中，又给出了第四个阶段 —— 质量治理阶段。

（四）质量治理阶段

进入 20 世纪 80 年代，随着全球经济一体化的快速发展，产生了一些新的质量管理方法和模式。以 ISO 9001 标准为代表的质量管理体系认证的兴起，致使质量认证蓬勃发展，有许多专家声称质量管理已进入"质量认证"阶段；基于对消费者质量安全的保护和国家经济利益的保护，许多国家政府加大了对产品质量的监管力度，创新了一些质量监管方法和质量监管制度，有部分学者认为质量管理进入了"质量监管"阶段；随着瑞典、美国推行国家顾客满意度调查和评价，全球兴起了从企业到国家层面开展以顾客满意为中心的质量管理活动，有些学者认为质量管理进入了"顾客管理"阶段；1987 年美国国家质量奖设立，许多国家政府纷纷效仿，设立的省、州、市、县、区级政府质量奖更是不计其数，有的学者认为质量管理进入了"质量促进"阶段。无论是"质量认证"阶段、"质量监管"阶段、"顾客管理"阶段还是"质量促进"阶段，所涉及的质量管理方法和模式的实施主体不再是企业自己，而主要是企业之外的组织和机构，这表明质量提升和保证活动正从以企业独自为主的质量管理阶段发展到多元主体共治的质量治理阶段，质量认证、质量监管、顾客满意、政府质量奖等，都是质量治理的方法和手段。

二、课程特点与主要内容

（一）质量管理的特点

1. 综合性

质量管理是系统工程、行为科学、控制论、数学、计算机技术、哲学等自然科学和社会科学相互渗透形成的一门学科，它也就先天地带有综合性的特点。一是研究对象十分广泛、复杂。包括微观质量管理和宏观质量管理。微观质量管理主要从企业角度研究组织如何保证和提高质量；宏观质量管理主要从国民经济和全社会的角度，研究政府和社会如何对企业的产品质量、服务质量进行有效的统筹管理和监督控制。研究对象的复杂性和广泛性决定了质量管理的内容体系必然具有综合性特征。二是理论依据和基础具有多元性、广泛性和交叉性。质量管理是管理科学与自然科学、技术科学结合的一门科学，是一门涉及面广泛的交叉学科。

2. 实践性

质量管理的一个重要特点就是实用性和可操作性。无论是新老七种工具、实验设计、抽样检验、过程控制等技术管理方法，还是全面质量管理、质量管理体系认证、六西格玛管理和顾客满意度测评等软管理方法，都具有相应的实施步骤。

3. 二重性

质量管理是一门管理科学，因此也具有管理的二重性，具有自然属性和社会属性。自然属性就是质量管理的一般规律；由于制度不同、地区和行业不同、各企业情况不同，质量管理又有所差别，这就是质量管理的社会属性。

（二）质量管理的主要内容

1. 质量管理的研究对象

质量管理的直接研究对象从大的方面来讲，主要分为硬件产品（如汽车、家电等）、软件、流程性材料（如水泥、化纤、润滑油等）、服务（如宾馆和饭店的服务）。目前，人们将这些统称为产品。从另一方面可分为有形产品（如软硬件产品）、服务、系统（如经济系统、发电与供电系统、管理系统等）。质量管理工作就是为了提高或改进产品、服务和系统运行的质量，以使顾客满意，为顾客创造价值，因此，质量管理也研究与此目标有关的人、系统、环境等方面的内容。具体来讲，质量管理的研究对象包括：①影响产品、服务和系统运行质量的相关因素的识别与分析；②人的行为、心理、特点和素质对产品、服务与系统的影响程度、影响方式、影响途径；③产品、服务与系统的形成过程和流程；④分析、评价、预测、设计、控制、改进质量的方法与工具；⑤质量的度量、评价和预测；⑥质量的形成规律、过程和发展趋势；⑦质量文化的建立、质量管理体系、质量管理制度、质量管理运行机制等方面的研究。

2. 质量管理的主要内容

质量管理的主要内容，包含四个部分：①基础知识部分，包括基本概念和术语、质量的产生、形成实现过程、质量管理大师们，以及他们的贡献、质量管理发展历程、质量管理体系；②质量管理职能部分，包括质量策划、质量评价、质量控制和质量改进；③质量管理方法与工具部分，包括"老七种工具""新七种工具"、质量功能展开、质量统计技术；④卓越质量管理部分，包括卓越质量、质量成本管理、六西格玛管理、顾客满意管理等。

三、课程培养目标与学习意义

（一）质量管理的培养目标

通过本课程的学习，学生理解现代质量管理观点，掌握和应用质量管理领域里行之有效的常用工具和分析方法，具体包括：①理解质量管理和质量管理体系的基本术语、基本原理，正确认识现代质量观点和质量管理活动。②熟悉质量大师们的贡献。③熟悉质量管理职能，熟练掌握和应用质量策划、评价、控制和改进，并能够应用。④理解抽样检验理论、统计质量控制原理，掌握统计质量管理的"老七种工具""新七种工具"和质量功能展开，并能结合管理实践灵活运用。⑤正确认识卓越质量管理，掌握六西格玛管理的原理、理解顾客满意度理论，熟悉质量成本管理理论方法，熟练地掌握和应用基于成本的质量经济学分析和基于质量损失函数的质量经济性分析。

（二）学习质量管理的意义

1.满足社会发展的需求

一方面，人类的发展、社会的进步使产品变得越来越复杂、功能多样化，但如果没有优良的质量，再好的产品也发挥不出其应有的功能。另一方面，随着社会分工的细化，服务领域已成为人们不可避免地要接触的方面，服务质量的高低将直接影响到人们的生活质量与社会的稳定。

2.促进科技的进步、社会的发展

一方面，科技的进步、社会的发展离不开优质的质量管理与环境。只有进行优质的质量管理工作，才可造就优良的工作与生活环境，而且科技的进步只有建立在优质的基础工作上才可行。另一方面，庞大的系统只要一个方面，甚至一个小的方面的不足或缺陷，都必然会导致整个系统的运行失败。

3.提高投入的效率、功效和节约资源

优质的产品质量，不仅可以满足人们或社会的需求，而且可以大大地节约投入、提高投入的功效、节约资源。

4. 寻找质量管理本身的规律，指导科学与技术的发展

学习质量管理，可以了解质量管理本身的发展规律、原理和已有知识，通过对这些知识的学习，可指导人们解决在生活与工作中遇到的各种质量问题。

5. 提高质量是社会发展的百年大计

没有质量的产品不但毫无意义，而且会给社会带来负面影响。优质的产品质量可使人们充分享受科技进步与社会发展带来的好处，进而节约资源和提高人们的生活质量，这是造福子孙后代的工作。

6. 质量是人类社会发展追求的永恒主题

社会的发展必将朝着美好的方向进行，追求优质的产品、满意的服务、优良的系统运行状态必然是永恒不变的理想与目标。

第三节　财务管理与会计

一、财务管理

（一）财务管理课程的特点和意义

1. 财务管理课程的特点

财务管理课程的性质属于管理学范畴，是一门以微观经济学为理论基础、以资本市场为课程背景、以现代企业为对象，阐述财务管理的基本理论和方法的应用性学科，是工商管理本科专业的必修课程。

财务管理是一门理论性与实务性比较强的学科，如筹资决策、投资决策的内容，既要求学生理解和掌握其相关的筹资和投资理论知识、方法，又要求学生具备筹资决策分析、投资决策分析运用的能力，能根据实际情况灵活运用这些理论知识、方法，解决实际中存在的问题。

财务管理的课程内容体系包括理论教学和实践教学两部分。理论教学涉及融资决策、投资决策、利润分配决策、运营资金管理等方面，实践教学包括课堂实践、课外实践和校外实践，各部分相互联系，是一个完整的体系。

2.学习财务管理课程的重要意义

（1）学生通过学习和掌握财务管理，为将来从事财务管理的相关工作奠定基础

对工商管理专业的学生来说，财务管理学是必修的一门课程。学生通过学习和掌握财务管理，对财务管理的目标、意义、手段等方面将有更加深入的认识，掌握组织财务活动的基本方法和基本技能，并尝试利用所学到的理论知识进行分析和研究，可以说初步对财务管理工作入门，再加上其他相关专业知识，为将来顺利从事财务管理及综合管理类工作奠定了基础。

（2）财务管理是企业管理工作的重要组成部分

财务管理是企业的重要职能之一，以利润最大化为最终目标的企业，其目标的实现是以良好的财务管理为基础的。以财务管理为中心，要求企业不仅重视资本的营利性，即尽可能多地获得长期、稳定、实在的利润，而且要重视资本的流动性，即保持最佳的资本结构，提高资本利用率和资本利润率。学习财务管理有利于工商管理学生了解企业的财务活动，为进行科学的管理决策打下坚实的基础。

（二）财务管理的内容框架

1.筹资管理

资金是企业的血液，是企业设立、生存和发展的财务保障，是企业开展生产经营业务活动的基本前提。任何一个企业，为了形成生产经营能力、保证生产经营正常运行，必须持有一定数量的资金。在正常情况下，企业资金的需求来源于两个基本目的：满足经营运转的资金需要、满足投资发展的资金需要。企业创立时，要按照规划的生产经营规模，核定长期资本需要量和流动资金需要量；企业正常运营时，要根据年度经营计划和资金周转水平，核定维持营业活动的日常资金需求量；企业扩张发展时，要根据生产经营扩张规模或对外投资对大额资金的需求，安排专项的资金。由此，就产生了筹资管理的概念。

筹资管理是指企业根据其生产经营、对外投资和调整资本结构的需要，通过筹资渠道和资本（金）市场，运用筹资方式，经济、有效地筹集企业所需的资本（金）的财务行为。筹资的方式主要有筹措股权资金和筹措债务资金。筹资管理的目的是满足公司资金需求、降低资金成本、增加公司的利益、减少相关风险。

2. 投资管理

投资管理狭义上是一项针对证券的金融服务，广义上还包括实体商业投资、加盟连锁、创新项目投资管理等，以投资者利益出发并达到投资目标。投资者可以是机构譬如保险公司、退休基金及公司或者是私人投资者。

所谓投资，一般是指把资金投入将来可能赢利的经营管理服务中去的行为。企业的投资必须以财务管理的目标为标准，遵循国家相关的财务管理规定，有效地配置资金，合理地使用资金，强化财务预算和财务监督，使资金的使用既合理又合法。

3. 运营资金管理

运营资金管理是对企业流动资产及流动负债的管理。一个企业要维持正常的运转就必须拥有适量的运营资金，因此，运营资金管理是企业财务管理的重要组成部分。

运营资金，从会计的角度看，是指流动资产与流动负债的净额。如果流动资产等于流动负债，则占用在流动资产上的资金是由流动负债融资；如果流动资产大于流动负债，则与此相对应的"净流动资产"要以长期负债或所有者权益的一定份额为其资金来源。从财务角度看，运营资金应该是流动资产与流动负债关系的总和，在这里"总和"不是数额的加总，而是关系的反映，这有利于财务人员意识到运对营资金的管理要注意流动资产与流动负债这两个方面的问题。

流动资产是指可以在一年以内或者超过一年的一个营业周期内实现变现或运用的资产。流动资产具有占用时间短、周转快、易变现等特点。企业拥有较多的流动资产，可在一定程度上降低财务风险。流动资产在资产负债表上主要包括以下项目：货币资金、短期投资、应收票据、应收账款和存货。

流动负债是指需要在一年内或者超过一年的一个营业周期内偿还的债务。流动负债又称短期融资，具有成本低、偿还期短的特点，必须认真地进行管理；否则，将使企业承受较大的风险。流动负债主要包括以下项目：短期借款、应付票据、应付账款、应付工资、应付税金及未交利润等。

4. 收益与分配管理

收益与分配管理是对企业收益与分配的主要活动及其形成的财务关系的组织与调节，是企业将一定时期内所创造的经营成果合理地在企业内、外部各利益相关者之间进行有效分配的过程。企业的收益分配有广义和狭义两种概念。广义的收益分配是指对企业的收入和净利润进行分配，包含两个层次的内容：第一层次是对企业收入的分配；第二层次是对企业净利润的分配。狭义的收益分配则仅仅是指对企业净利润的分配。

企业通过经营活动取得收入后，要按照补偿成本、缴纳所得税、提取公积金、向投资者分配利润等顺序进行收益分配。对企业来说，收益分配不仅是资产保值、保证简单再生产的手段，同时也是资产增值、实现扩大再生产的工具。收益分配可以满足国家政治职能与组织经济职能的需要，是处理所有者、经营者等各方面物质利益关系的基本手段。

二、会计学

（一）会计学的特点及作用

1. 会计学的特点

会计是以货币为主要的计量单位，反映和监督一个单位经济活动的一种经济管理活动。其特点主要包括两个方面：一是以货币计量为基本形式，二是连续、系统和完整地对经济活动进行核算和监督。

在商品经济条件下，一切商品都有价值，社会再生产过程中，商品的生产、交换、分配和消费等经济活动，都是通过货币计量来综合反映的，会计离不开计算，要计算就需要运用一定的计量尺度。计量尺度主要有三类，分别是实物量单位、劳动量单位和价值量单位，由于实物计量单位存在着较大的差异性和劳动计量单位存在着复杂性的特点，这两种计量单位都不能对一定主体的经济活动进行综合的计量，而以货币为计量单位，能克服实物量单位和劳动量单位的缺陷。货币作为一般等价物，能综合反映一定主体的经济活动。因此，现代会计的一个重要特征就是以货币计量为基本形式。

会计的另一个主要特点就是对经济活动的核算监督具有连续性、系统性、完整性。也就是说，会计作为一种管理活动不是时有时无的，而是连续、系统、完整地对经济活动进行核算和监督。连续性是指会计对一定主体的经济活动进行不间断的确认、计量、记录和报告。系统性是指会计核算必须用科学的方法，对一定主体的经济活动既要进行相互联系的记录，又要进行科学的分类提供总括及详细的会计信息，以求得分门别类的经济指标。完整性是指在核算中凡是会计进行记录和计算的事项，都要毫无遗漏地加以记录和计算，不允许任意取舍，这样才能获得真实全面的反映经济活动的综合性指标。

2. 会计的作用

在我国，会计是按照国家的财经法规、会计准则和会计制度进行会计核算，提供以财务数据为主的经济信息，并利用取得的经济信息对会计主体的经济业务进行监督、控制以提高经济效益，并服务于会计主体内、外部的各有关方。从不同的角度分析会计的作用，可以对会计的作用有更全面的认识。

从企业角度分析，会计信息的形成可以加强经济核算，为企业经营者提供数据，保证企业投入资产的安全和完整，对管理者绩效的反映及其报酬的取得、债务契约的签订、投资者的回报及维护企业形象等多方面都有重要作用。

从个人角度分析，通过会计信息，投资者可以形成对企业的监督，为投资者提供财务报告，以便其进行正确的投资决策。投资者最关注的莫过于该企业的财务状况，企业能否取得利润直接关系到其能否取得相应的投资回报。

从政府角度分析，政府可以根据会计报表的汇总信息进行有效的宏观调控，决定资源和利益的分配，使国家经济健康、有序的发展。

3. 学习会计学的重要意义

学习会计学对于工商管理专业的学生具有重要的意义。首先，应明确会计学与工商管理专业之间的关系。工商管理是研究营利性组织经营活动规律，以及企业管理的理论、方法与技术的学科。因此，工商管理专业涉及的范围非常广，包括经济学和管理学的多门课程，但一般均会将会计学作为工商管理专业的基础课程。所以，从课程角度而言，会计学是工商管理专业的基础课程，它也是其他课程，例如财务管理、财务分析等课程的基础。学好会计学，具备扎实的会计学基础，有利于培养学生牢固的专业功底。另外，从学生毕业后的职业选择结果来看，许多学生从事了会计职业岗位，或与会计工作相关的一些岗位。会计学的学科知识对于工商管理专业学生未来的职业发展也具有非常重要的作用。

（二）会计学的主要内容

1. 会计学的内容结构

会计是经济管理中的重要组成部分，它是以货币计量为基本形式，对会计主体（企业、事业、机关、团体等单位）的经济活动，进行核算和监督的一种管理活动。会计是一种管理活动，这说明了会计的本质；对经济活动进行核算和监督，是会计的职能。会计学主要包括以下两个方面的内容：一是会计学基本概念，主要包括会计核算基础、会计要素与会计等式、账户设置；二是会计核算过程，主要包括企业基本经济业务。会计凭证、会计账簿、成本计算、财产清查和财务会计报告。

2. 会计学的基本概念

（1）会计核算基础

会计核算基础主要包括会计基本假设、会计信息质量特征、收付实现制与权责发生制。

会计基本假设即会计核算的基本前提，是指为了保证会计工作的正常进行和会计信息的质量，对会计核算的范围、内容、基本程序和方法所做的合理设定。会计基本假设是人们在长期的会计实践中逐步认识和总结形成的。结合我国实际情况，企业在组织会计核算时，应遵循的会计基本假设包括会计主体假设、持续经营假设、会计分期假设和货币计量假设。

会计信息质量要求是财务报告中所提供的会计信息对使用者决策有用所应具备的基本特征，包括可靠性、相关性、可理解性、可比性、实质重于形式、重要性、谨慎性和及时性。

由于会计分期的假设，产生了本期与非本期的区别，所以会计核算基础就有收付实现制和权责发生制的区别。收付实现制是指以实际收到或付出款项作为确认收入或费用的依据。在这种会计基础下，凡在本期实际收到的现金（或银行存款），不论款项是否属于本期，均作为本期收入处理；凡在本期实际以现金（或银行存款）付出的费用，不论其是否在本期收入中得到补偿，均作为本期费用处理。权责发生制又称应收应付制或应计制，它与收付实现制相对，在这种会计基础下，凡属于本期已经实现的收入和已经发生或应当负担的费用，无论款项是否收付，均应作为当期的收入与费用；凡不属于本期的收入和费用，即使款项已经收付也不应作为当期的收入与费用。

（2）会计要素与会计等式

会计要素是对会计对象的基本分类，是会计对象的具体化，是反映会计主体的财务状况和经营成果的基本单位。企业会计要素分为六大类，即资产、负债、所有者权益、收入、费用和利润。其中，资产、负债和所有者权益三类会计要素主要反映企业的财务状况，财务状况是指企业在一定日期的资产及权益情况，是资金运动相对静止状态时的表现，所以资产、负债和所有者权益又称为静态会计要素；收入、费用和利润三类会计要素主要反映企业的经营成果，经营成果是指企业在一定时期内从事生产经营活动所取得的最终成果，是资金运动显著变动状态的主要体现，所以收入、费用和利润又称为动态会计要素。

在企业的生产经营过程中，各项会计要素相互联系，它们之间客观上存在着一定的数量恒等关系。用数学方程式表示的会计要素之间的等量关系，称为会计等式，会计等式主要包括静态等式和动态等式。静态等式是指由三个静态会计要素形成的会计等式，即资产 = 负债 + 所有者权益，这是最基本的会计等式。动态等式是指由三个动态会计要素形成的会计等式，即收入 - 费用 = 利润。

（3）账户设置

账户设置主要包括会计科目、账户和复式记账法三个方面。

会计科目是对会计要素按照经济内容所做的进一步分类。每一个会计科目都要明确反映特定的经济内容。例如，资产要素中要进一步划分为流动资产、固定资产等，因为它们具有不同的经济内容。流动资产各个组成部分也有不同的经济内容，相应地分为"库存现金""银行存款""应收账款""原材料""产成品"等，由此产生了"库存现金""银行存款""应收账款""原材料""产成品"等会计科目。设置会计科目，可以对会计对象的具体内容进行科学的分类，便于会计分类，反映和监督企业的经济活动，为编制凭证、账簿和报表提供依据，从而有利于会计信息的收集、分析和汇总，提高会计工作的质量和效率。

设置会计科目只是解决了会计数据的分类，而会计数据的分类记录则需要通过设置账户来完成。账户是根据会计科目设置的，用以分类记录并初步加工有关数据的工具。例如，根据"库存现金""银行存款"科目，可以设置"库存现金"账户、"银行存款"账户，用以记录库存现金和银行存款的收款、付款和结存数据；根据"产成品"科目，可以设置"产成品"账户，用以记录产成品的收入、发出和结存数据。可见只有设置账户才能按照会计科目分门别类地记录有关分类数据，以便进一步加工处理，形成更全面、更系统的会计信息。可以说，账户是建立会计核算系统的基础。

将发生的各项经济业务记录会计账户中，还必须采用一定的记账方法。目前采用的记账方法为复式记账法。复式记账法是以资产与权益平衡关系作为记账基础的对每一笔经济业务都要以相等的金额在两个以上相互联系的账户中进行登记，系统地反映资金运动变化及其结果的一种记账方法。采用复式记账法能全面反映每一笔经济业务的来龙去脉，能全面反映会计主体的全部经济活动，便于检查账户记录的正确性。迄今为止，国际通用的复式记账方法为借贷记账法。

3. 会计核算过程

会计核算过程是指企业根据发生的基本经济业务，填制或取得原始凭证，按照设置的会计科目和账户，运用复式记账法，填制记账凭证。根据填制的记账凭证，按照预先设置的账户，采用复式记账法对交易或事项登记账簿。在登记账簿的基础上，根据账簿和其他相关资料，对生产经营过程中发生的各项费用进行归集和分配，计算产品成本；并采用财产清查的方法对企业财产物资的实有数进行清查盘点，将清查盘点结果与账簿记录相核对，以保证账实相符；最后根据账簿资料编制财务会计报告。

（1）企业基本经济业务

企业基本经济业务主要包括以下五种：筹资业务、采购业务、生产业务、销售业务和利润的形成与核算。

企业的生产经营过程是以生产过程为中心，实现供应过程、生产过程和销售过程三者的统一。首先，企业为了保证生产过程的进行，需要筹集资金购置生产经营必需的原材料、固定资产等，并将其投入生产过程中；其次，通过生产过程，对劳动资料进行加工，把各项资产投入生产，制造出满足社会需要的各种产品；最后，在销售过程中，通过销售产品，以实现收入补偿生产耗费、收回货币资金或产生债权。另外，在销售过程中还会发生各种诸如包装、广告等销售费用，需要计算并及时缴纳各种销售税金，并结转销售成本。供应过程 - 生产过程 - 销售过程，构成企业的生产经营活动，三个过程周而复始、循环往复。

对于企业利润的实现，一部分要以所得税的形式上缴国家，另一部分即税后利润，要按照规定的程序进行合理的分配。通过利润分配，一部分资金要退出企业，另一部分直接以公积金等形式继续参与企业的资金周转。上述业务综合在一起，形成了企业的全部会计核算内容。

（2）会计凭证

会计凭证是记录经济业务事项发生或完成情况，明确经济责任的书面证明，也是登记会计账簿的依据。各单位每天都要发生大量的经济业务，为了正确、真实地记录和反映经济业务的发生和完成情况，保证会计核算资料的客观性、合法性，任何单位在处理任何经济业务时，都必须由执行和完成该项经济业务的有关人员，从单位外部取得或自行填制有关凭证，以书面形式记录和证明所发生的经济业务性质、内容、数量、金额等，并在凭证上签名或盖章。任何会计凭证都必须经过有关人员的严格审核、确认无误后，才能作为登记会计账簿的依据。

会计凭证按照编制的程序和用途不同，分为原始凭证和记账凭证两种。原始凭证又称单据，是在经济业务发生或完成时取得或填制的，用以记录或证明经济业务的发生或完成情况的原始凭据，是会计核算的重要原始资料。记账凭证又称记账凭单，是会计人员根据审核无误的原始凭证，对经济业务按其性质加以归类，并据以确定会计分录后所填制的会计凭证，是登记会计账簿的直接依据。

（3）会计账簿

会计账簿是以会计凭证为依据，运用复式记账的方法，对发生的交易、事项按照先后顺序，分门别类地记入有关账簿的一种专门方法。会计账簿简称账簿，是由具有一定格式、互相有联系的若干账页组成。

为了满足经营管理的需要，企业所使用的账簿种类较多、用途和形式各异，相互之间构成了严密的账簿体系。会计账簿的设置包括确定账簿的种类，设计账页的格式、内容和规定账簿登记的方法等。各单位应根据经济业务的特点和管理要求，科学、合理地设置账簿。在登记账簿时，要依据会计凭证进行登记，书写要规范、账页登记要完整、内容登记齐全，避免记账遗漏或重复登账。

（4）成本计算

成本计算是指在生产经营过程中，按照一定的成本计算对象归集和分配各种费用支出，以确定各成本计算对象的总成本和单位成本的一种专门方法。

成本计算要遵循成本计算的原则，严格执行国家规定的成本开支范围和费用开支标准，正确划分各种支出及费用的界限，根据生产特点和管理要求，采用适当的成本计算方法和成本计算组织形式，按照确定成本计算对象，确定成本计算期，确定成本项目，收集成本计算资料，按成本项目归集、分配生产费用，编制成本计算表的成本计算步骤进行成本计算。

企业在生产过程中，要分别计算材料采购成本、产品生产成本和产品销售成本。在计算各种成本时，都要按照成本计算对象，在有关的成本项目中归集和分配费用；要分清直接费用和间接费用，直接费用应直接计入，间接费用应选择一个合理的分配标准，经计算分配计入各有关成本计算对象。

（5）财产清查

财产清查是指通过对实物、现金进行盘点，对银行存款和债权、债务进行核对，确定财产的实存数额，并查明实存数额与账存数额是否相符的一种专门的会计核算方法。

财产清查的盘存制度，是指通过对财产物资的实物盘查、核对来确定其实际结存情况的一种制度。在会计实务中，盘存制度一般有永续盘存制和实地盘存制两种。

永续盘存制又称账面盘存制，是指以账簿记录为依据来确定财产物资账面结存数量的一种方法。这种制度的特点是平时对各项财产物资的增加数和减少数，都要根据会计凭证连续计入有关账簿，并随时结出账面结存数量。

实地盘存制是指在期末以具体盘点实物的结果为依据来确定财产物资结存数量的一种方法。采用这种方法，平时在账簿中只登记财产物资的增加数，不登记减少数。到了期末，对各项财产物资进行盘点，再根据实地盘点所得的实存数来倒挤出本期的减少数，然后完成账面减少和结存的记录，使账实相符。

财产清查是一项涉及面广、业务量较大的会计工作，为了提高清查效率，保证清查工作质量，必须采取科学、合理的方法，对不同的清查内容采用不同的财产清查方法。

（6）财务会计报告

财务会计报告是企业对外提供的反映企业某一特定日期财务状况和某一会计期间经营成果、现金流量等会计信息的文件，包括会计报表、会计报表附注及其他应当在财务会计报告中披露的相关信息和资料。

会计报表又称财务报表，是根据日常核算资料编制的反映企事业单位一定时期财务状况和经营成果等情况的总结性表格文件。会计报表至少应当包括资产负债表、利润表、现金流量表、所有者权益变动表和附注。

资产负债表是反映企业某一特定日期财务状况的会计报表。它是根据"资产＝负债＋所有者权益"这一会计等式，依照一定的分类标准和顺序，将企业在一定日期的全部资产、负债和所有者权益项目进行适当的分类、汇总、排列后编制而成的。

利润表又称损益表，是反映企业在一定会计期间经营成果的报表。利润表的编制是依据"收入－费用＝利润"这一公式。利润表的格式主要有多步式和单步式两种。按照我国会计准则的规定，我国企业的利润表采用多步式。

现金流量表是指反映企业在一定会计期间现金和现金等价物流入和流出的报表，属于动态报表。

所有者权益变动表是指反映所有者权益（股份公司为股东权益）各组成部分当期增减变动情况的报表。

报表附注是对在资产负债表、利润表、现金流量表和所有者权益变动表等报表中列示项目的文字描述或明细资料，以及对未能在这些报表中列示项目的说明等。

第三章　数字化管理

第一节　数字化的内涵与作用

一、数字化的含义

"数字化"一词产生于 20 世纪 70 年代，英文为 Digitization。所谓数字化，就是在国民经济部门和社会活动各领域采用现代信息技术，充分、有效地开发和利用各种信息资源，使社会各单位和全体公众都能在任何时间、任何地点，通过各种媒体享用和相互传递所需要的任何信息，以提高工作效率，促进现代化的发展，提高人民生活质量，增强综合国力和国际竞争力。简单地说，数字化就是指信息在经济活动中广泛被采用的过程，在技术层次上体现为信息技术的推广和使用，在知识层次上体现为信息资源的开发和利用，在产业层次上体现为信息产业的增长。经过几代人的传承，"数字化"这个词已经在全球范围内被广泛使用也得到了人们的赞同，可以说"数字化"是一个代表全球化、具有鲜明时代特色的象征。联合国教科文组织出版的《知识社会》中就对数字化做出过解释："数字化既是一个技术的进程，又是一个社会的进程。它要求在产品或服务的生产过程中实现管理流程、组织机构、生产技能以及生产工具的变革。"这个经典阐述不仅说明了数字化代表了科学技术的发展，而且也是一个社会发展的产物，是一个社会在发展变革中必不可少的。一方面，数字化在一定层面上代表了这个时代的生产力，因为数字化意味着有新的技术和更加便捷的生产工具的出现，生产力因此而得到提高；另一方面，数字化还会导致生产关系的变革，数字化下新思想、新技术、新设备的出现，必然要求对原有的组织流程和管理方式进行改变，促使其进入一个更加理想的发展轨道。

数字化是人类社会发展阶段中一个更高级的阶段，我们比较熟悉的可能就是数字化所带来的数字化，它与人们的生活和工作息息相关，为我们创造了一个数字世界、虚拟世界，不管是文字、数据、图片、视频、语音等都可以在这个虚拟世界中发挥巨大的作用，我们既可以将现实社会映射到虚拟世界，又可以将虚拟世界经过加工、整合转换为现实社会，两者互为交换、相互补充。其实，数字化可以有很多分类，按照数字化所牵扯到的领域可以分为宏观数字化和微观数字化。宏观数字化包括国家数字化，是指国家在工业、农业、国防等各个方面的数字化建设；产业数字化是指在制造业、金融业等现行主要行业的数字化；社会数字化是指在教育、医疗、文化等方面的数字化。微观数字化就是我们接下来所要研究的企业数字化，在这里，下文中所讲的数字化主要就是指企业数字化，研究的问题就是企业数字化与管理之间的关系。

企业数字化还没有一个公认的定义，有观点认为，企业数字化是企业运用信息技术和先进管理方法对企业产品进行再设计，对产品生命周期进行优化，包括对产品需求和市场结构的分析、品牌的策划、产品的细分、研发等，以使企业对市场的适应性和把握性更强，并最终赢得市场。我们认为这种观点不够全面，企业数字化不应该只关注产品，企业数字化应该是以最先进的理论为指导，在企业的生产、经营、管理中综合运用现代化信息技术，最大限度地把企业内外的各种资源调动起来，提高企业的生产、提升企业的经营能力、变革管理，促进企业的组织重构、业务重组，实现企业的数字化运营，获得高的经济效益和核心竞争力。企业数字化具有以下特点。

1. 数字化是以管理为基础的，而不是以信息科学技术为根本的，通常所说的网络技术、高科技等都是实现数字化的手段，组织的领导者应该区别开什么是本什么是末，让数字化更好地促进管理。

2. 数字化所包含的内容是不断变化更新的，因此数字化对于管理的作用也是随时改变的，管理思想和管理方式要随数字化的更新而更新。

3. 数字化在管理中的一个最重要的作用就是实现信息的共享，通过数字化独有的特点把组织所需要的信息准确无误地传送到领导者手中，领导者再对传送来的信息进行分析和整合，为组织做出正确的决策。

4. 数字化建设是一项全面的、系统的工程，涉及到管理的各个方面，无论是计划、组织、领导、控制等都会涉及，而且包括组织战略、财务、客户关系等方面，领导者要综合协调各个方面，实现组织内外有机的结合。

数字化与管理各方面结合，主要表现为以下五种典型的形式：数据数字化，组织不仅可以把组织内部的经营数据、赢利水平、费用控制，以及人事资料、规章制度等信息输入电脑，还可以把市场调查、产品定位分析、竞争对手预测、供应商信息等企业与外部的联系状况存入电脑，实现数据的网络化和云存储；生产过程数字化，是指把先进的信息技术应用到企业的生产制造过程中，用智能化、自动化控制生产系统，解脱以往主要靠人来操控的系统，这样不仅能够提高生产效率，而且产品的标准化和质量也提高了；设计数字化，主要是指对产品和组织流程的设计，如现在比较普遍使用的计算机辅助设计（CAD）系统，实现了产品网络化虚拟设计，既节省了成本又可提高设计的质量；市场经营数字化，数字化的时代打破了传统的企业经营地域性的限制，特别是电子商务的兴起，企业可以通过网络平台与世界各地的商家合作，拉近了企业与客户之间的距离，企业可以通过客户的反馈及时地对经营方式和产品等做出调整；管理数字化，这是一个向管理要效率的时代，那么管理除了要以先进的理论为指导外，必须实现数字化，从根本上解决效率问题，比如组织可以应用辅助决策系统（DSS）、企业资源计划系统（ERP）以及供应链管理系统（SCM）等，提高决策水平，真正实现从管理中提高效率。

二、数字化的作用和影响

（一）数字化对组织外部环境的影响

1. 数字化环境的形成

数字化的发展，尤其是网络的发展，使人与人之间变得越来越近，世界变得越来越小。同时，企业所面临的竞争也在无形中被变大，大多数企业已经接受了数字化时代的竞争，投入数字化建设中，这也促进了数字化环境的形成。它们已经认识到自己所处的不仅是经济环境，而且是数字化环境与经济环境相结合的统一体。

2. 行业竞争结构的变化

波特的五力模型给出了决定一个行业竞争程度的五种因素，分别为现有竞争者的竞争、潜在进入者的威胁、替代品的威胁、买方讨价还价能力和卖方讨价还价能力。这五种因素的影响越大，行业的竞争程度越大。数字化既给企业带来机遇也带来挑战，机遇是企业可以利用数字化提高自身的竞争力，挑战是在数字化下对于以上几个因素的作用力无疑被增加了。信息的传递和共享，使各个行业的整体透明性越来越高，竞争者与潜在进入者都对市场有了更大的把握，随时根据市场和对手的变化采取应对措施，很多企业面临被淘汰的危险。另外，客户和供应商也在随时观测整个行业的动向，信息传递越来越对称，提高了他们讨价还价的能力，企业由利润主导逐渐转向顾客主导的经营方式。

3. 外部需求行为的改变

数字化已经是大势所趋，网络已经走进寻常百姓家。电子商务的兴起不仅给企业带来新的发展机会，也极大地方便了人们的生活，网络已经不再是年轻人独有的标签，已经成为大多数人生活的必需品，他们已从传统的消费方式转变到网络消费方式，需求行为发生了很大改变。

4. 组织间合作方式的改变

数字化为组织合作开辟了新的渠道，组织间的交往不再只是靠签订合同，线下沟通洽谈，通过线上广泛的信息流，组织更容易找到自己合适的合作对象，以虚拟组织的方式存在，既简化了流程、缩短了交易的时间，又可以更快地把自己的价值链延伸到其他合作组织中。

第二节　数字化企业内部管理

一、数字化与管理决策

（一）现代管理决策面临的挑战

1. 决策要求的质量更高

传统的决策质量相对比较低，决策的方式也比较粗放，不管是对决策前的市场调查还是决策时的数据分析，都相对比较模糊，不够具体，方向也不是很明确。数字化下各个组织和企业对市场的行情和自己产品的定位都有了更深层次的了解，那么必然对起着至关重要作用的决策提出更高的要求，决策不应该只是管理者自己的事情，而应该集聚所有组织人员的智慧，改变以往以组织经济利益为前提的决策标准，更多地考虑长远战略，建立起以品牌为中心、以客户为主导的决策标准，努力提高决策的质量。

2.决策涉及的因素更多

决策本身就是一个涉及多方面因素的行为，就如平常去商场买一台电冰箱一样，在买之前你先要去不同的商家询问，要考虑这几个商家的位置是否方便自己，然后要考虑电冰箱的价格高低、是否省电、容量大小、制冷能力、售后服务等，还要向自己的亲朋好友咨询建议，最终综合各方面因素决定是否要买。在数字化下，这个小例子当中要考虑的因素可能还要有是否能够自动控温、开关门能否感应开灯、能否遥控等，充分说明了数字化导致决策要考虑的因素增多。对一个组织来说更是如此，数字化下资源更加丰富、信息更加复杂，做出一项正确的决策要参考众多的因素。

3.决策速度要求更快

现在的社会已经不是"大鱼吃小鱼"的时代，而是"快鱼吃慢鱼"的时代，一个决策缓慢行动迟缓的组织早晚是要被市场淘汰的。以往对于信息的收集、数据的分析明显过于缓慢，而面对筛选出来的众多可能性方案，又要经过漫长的验证和预测才能确定最后采取哪一种，即使这样能够得到最佳的方案，但是等到实施时可能外界情况又发生了变化或者别人早就抢先自己一步赢得了市场，这样的决策是没有用处的，组织事事落后于别人，缺乏自己的判断力。所以在保证质量的前提下，迅速做出决策是关键。

4.决策失误的代价更大

现代管理的各个职能之间已经形成了有机的结合，计划方案的制订往往和组织流程的安排同时进行，企业当中的采购、生产、销售、服务变得越来越密切，某一环节出现问题会带来连锁反应，迅速波及其他环节。而且由于各方面执行的速度都很快，一旦决策命令下达，整个组织可能都运作起来了，如果这个时候发现决策失误，那么修正决策就意味着改变整个组织的行为，所造成的损失可能是以前的几倍，所以决策失误所带来的代价是非常大的。

（二）数字化对管理决策的影响

1.数字化对管理决策的预测导向作用

数字化对管理的预测导向作用主要体现为电子计算机能够汇聚大量的信息，

通过对这些信息进行有针对性的筛选、整理、综合，找出那些对企业做出决策有帮助的信息，在进行决策时通过综合筛选的信息对决策的结果进行预测，提前预知达到的目标是否符合既定的要求，在决策中遇到难以选择的问题时，还可以把信息转换为数字、图表等直观性的内容，可以对决策起到引导和促进的作用，尽量做到胸中有数，避免盲目性和主观性造成决策失误。

2.数字化对管理决策的验证改进作用

组织不可能一开始就能够做出所有的决策，也不可能保证所有的决策都是正确无误的，那么就需要在组织运行中随时检查决策的正确性，确保组织按照最初的意愿运行。数字化所带来的庞大信息群，不仅可以持续不断地收集、监测市场和组织运行的情况，还可以快速准确地将信息反馈给组织，为组织提供许多有指导意义和参考价值的信息，决策者通过将这些反馈信息与之前预测的情况进行对比来验证当初的决策是否正确，对决策中存在的问题和模糊的地方进行改进，完善管理决策，然后再实施改进后的决策，投入下一轮的验证、改进中，这是在数字化背景下对管理决策质量的重大提升。

3.数字化对管理决策的稳定、连续作用

数字化时代相对传统时代来说在提供信息方面更加完整、全面，一般不会因为信息的缺失而导致决策的不稳定性。虽然数字化导致管理决策所考虑的因素变多，但是同样也使做出的决策更具有针对性，这样的决策一经做出，就会转入对决策的信息跟踪阶段，特别是对于影响决策的关键因素，通过及时的反馈，避免组织运行出现大的动荡，确保了管理决策的稳定性和长期连续性。

4.数字化使管理决策低成本、高效率

数据和信息将在企业的发展中起到越来越重要的作用，数字化时代、大数据时代的到来使企业能够把足够多有用的信息和数据保存起来，对它们进行归纳整理、分门别类的存储，而且强大的搜索功能能够迅速、精确地找到所需要的信息，为管理决策的做出节省了大量的人力成本、时间成本。同时，对于一些程序化决策，通过计算机程序的运行可以完美实现，减少了决策者在一些不必要的事情上分散精力、浪费时间，还可以提高决策的效率，这样就可以集中精力应对更多的不确定性决策。另外，决策的方式应该更加民主，因为数字化下组织成员的眼界更加开阔，可以为组织提供众多有价值的信息供决策者参考，在一定程度上提高了员工的参与度也提高了决策的效率。

综合来说，数字化使得管理决策可供选择的方案增多，检查评价和反馈处理的效果也更加明显；决策的过程更加科学化和客观性，可执行性也更强；数字化下的决策更多的是群体决策、理性决策、非程序化决策、非确定型决策以及满意化决策。决策更多借助决策支持系统的帮助来实现，所谓决策支持系统是建立在数据库信息流上的智能决策系统。它可以提供给决策者所需要的信息、数据、资料，协助决策者发现并界定问题以确定组织的目标，同时帮助拟订备选方案，按照决策者的要求进行智能筛选、判断，计算出每种方案所需的各种成本及可能达到的效果，最后确定方案。在决策实施之后进入信息跟踪反馈阶段，通过人机对话的沟通检验决策者的假设和要求是否正确，从而实现支持决策的目的。可以说数字化不仅使决策的质量和效率提高，而且提高了决策的艺术性。

二、数字化与管理组织

（一）数字化对组织环境的影响

组织是一个开放的系统，要想完成组织目标，组织就需要与组织环境进行信息和物质的交换，没有一个组织是完全封闭的，也没有一个组织是不受环境影响的。一个能快速适应环境、对环境变化能够及时地做出反应的组织，必然是一个成功的组织，然而面对复杂多变的环境，组织也不是无能为力的，至少组织可以通过特定的条件加快与组织环境的联系，提升它们之间的信息和物质交换的速度，而数字化就是其中一种特定的条件。一方面，随着现代科技的高速发展和信息传播的加快，使行业内的进入壁垒越来越少，一旦出现利润较高的行业，就会迅速地招来进入者，而且他们借助信息科学技术，能够迅速追赶上现有者，抢占一定的市场份额。再加上先进技术的应用，特别是计算机辅助设计系统（CAD）、计算机集成制造系统（CIMS）、全能制造（HM）、全球制造（GM）等技术的引入，企业可以轻松地模仿竞争对手的产品，并且还能增加新功能，这导致替代品层出不穷，使企业所处的环境更加复杂。随着数字化的发展，顾客对各种产品的了解更加深入，不断出新的产品也使顾客眼花缭乱，他们在挑选产品的时候不仅提出了更高要求而且个性化的需求越来越多，对同类产品的对比和判断致使他们议价的能力不断提高。另一方面，供应商的议价能力在逐渐下降，这是因为数字化带来的低转换成本，使企业可以在可控成本之内任意挑选供应商，减少了对他们的依赖，同时，市场上专业化的生产越来越多，供应商之间竞争激烈，使他们的竞争能力降低了。

数字化使各方面的信息更加透明，信息的不对称性越来越小，这在一定程度上增加了组织环境的复杂性和不稳定性。企业应该充分利用数字化带来的有利一面，加强与其他企业和客户之间的信息共享，提高自己与组织环境的交换能力，以谋求相对稳定的组织环境。

（二）数字化对组织战略的影响

数字化的发展不仅影响了组织所处的环境，而且影响的范围已经扩展到组织战略的制定。一方面，组织良好战略的制定是数字化得以顺利展开的前提条件，没有战略方面的支持数字化得不到快速发展。另一方面，数字化已经成为组织战略制定的有力工具，没有数字化的帮助，组织很难制定出正确的战略。

早期数字化的应用主要是日常的业务处理、数据分析、存储资料等，随着不断地发展，这已经远远达不到组织对数字化的要求了。企业已经进入知识管理阶段，数字化也走进组织战略制定的层面。组织战略的制定要综合 SWOT 分析中的几个因素，透彻地分析组织外部的机会、威胁与组织自身的优势、劣势，充分掌握必要的信息，以减少战略制定过程中的不确定性，数字化是减少这种不确定性的主要手段。数字化对战略的影响按照战略分类的不同表现在两个方面。首先，是对一般战略的影响，纵向一体化战略和相关多元化战略是两种经常使用的战略。纵向一体化战略是指企业在原有生产的基础上，向上游原料供应扩展与向下游销售服务扩展的战略，相关多元化战略是指企业进入与现在业务相关联的行业，能够共用生产资料和设备等，以谋求更多的利润。然而这两种战略的实施给管理带来了极大困难。数字化的实施解决了这个难题，它带来的扁平化组织能够加大管理幅度，减少管理层级，将组织冗杂的机构去掉、不专业的工作外包，促进了一体化战略的实施，而相关多元化战略则更多地转变为集中化战略。其次，是对竞争战略的影响，主要论述对总成本领先战略和差异化战略的作用。总成本领先战略的核心就是以低于竞争对手的成本来抢占竞争优势，数字化对成本的影响主要是先进技术的应用带来的高效率，以及为避免企业收集资料而浪费的时间成本、管理成本等，从采购到销售一系列的自动化，为总成本战略的实施奠定了基础。差异化战略是数字化的必然结果，数字化之下的竞争更加激烈，企业可以反过来应用数字化，实现市场的精确细分、产品附加功能的设计、个性化产品等。

（三）数字化对组织规模的影响

数字化对组织规模的影响可以从实体组织规模和虚拟组织规模两个方面来分析。在传统的实体组织规模中，一方面，企业会因为组织规模的扩大而实现规模经济，企业的产出和利润随着生产要素投入的递增而增加，企业的成本随着投入要素的递增而减少。但是产出的增长并不是无限的，达到一定平衡点之后再投入生产要素就会形成规模不经济，成本逐渐上升。另一方面，组织规模变大之后，组织应对环境变化的能力急剧降低，可能会因为新产品的更新换代而浪费原有的设备、技术等，这大大增加了企业承担成本的风险。在数字化的环境下，这些问题得到不同程度的解决。随着高科技在企业的应用，企业的生产设备、制造设备等都采用柔性技术，控制操作采用可安装的程序执行，缓解了企业因规模扩大而承担成本的压力。从组织内部运行来看，数字化采用的网络及科技使组织内的协调和沟通更加便利、生产和服务更加规范，成本也相应降低。但是数字化所面临的环境多变、竞争加剧，企业规模的大小还要综合考虑转换成本、外部交易费用、管理费用等。

虚拟组织是伴随数字化而来的，是实体组织的延续。虚拟组织有两层含义，第一层含义是形式上的虚拟，是指企业员工打破了空间地域的限制，利用互联网来沟通合作，为组织工作，他们可能分布在不同地域，但是都有一个共同的组织目标。数字化能够促使这种虚拟组织规模不断变大。第二层含义是内容上的虚拟，是指多家相互独立的企业之间通过信息技术联系起来的临时性组织，它们之间相互信任、合作，发挥自己的核心优势，共享技术、信息，分摊成本，共同研发产品并推向市场。一旦项目完成，该组织就自然解体，这样的虚拟组织可能比实体组织大几倍，它们形成的战略联盟，实现了资源的最佳配置，使每个企业都能提高竞争力。

（四）数字化对组织结构的影响

数字化对组织结构的影响是多方面的，可以从数字化对组织环境、组织战略、组织规模三个方面的影响探讨对组织结构造成的变化。一方面，数字化使组织环境变得更加复杂，面临的不确定性增多，组织要想提高自己的反应速度和应变能力，就必须增加组织结构的柔性，使之能适应不同的状况。另一方面，数字化带来整合性和共享性，改变了以往部门之间的合作方式，组织结构更加趋向于一种扁平化、网络化的发展方向，极大地减少了一些没有必要的部门和职位，使组织的反应速度得到很大提高。组织战略的正确制定需要准确的、快速的信息支持，而扁平化组织对于信息的保真性更好，组织自然就会减少一些机构和部门，以求获得更加准确的信息。但是扁平化组织的工作效率和信息传输速度没有高耸型组织结构快，随着数字化水平的提高，逐步走向网络型组织结构，具有多个信息传输中心，既提高了信息传输的准确性又提高了传输速度。数字化导致的组织规模的扩大，必然会导致组织结构权力的重新划分，数字化下管理幅度增大，信息流动速度也加快，就要求赋予下级管理者更多的职权，降低上级对组织的控制，以往那种直线制、职能制的组织结构已经不能应对复杂的工作了。

数字化下组织结构的重组、再造对组织的发展起到至关重要的作用。比如数字化所带来的业务流程重组，它可以利用数字化减少或替代流程中的人力，将流程双方直接联系起来，减少中间过程，能够快速地跨地区传输和分享信息，密切监控流程的状态、输入和输出，随时精简不必要的环节和机构，将非结构化的流程转变为结构化流程，实现内外部资源的有效整合。

三、数字化与人力资源管理

（一）数字化对绩效管理的影响

一般来说，人力资源管理中最困难的就是对于绩效的考核，一方面，绩效考核所涉及的因素非常多，对于一些细节和规则的制定非常烦琐，既要考虑组织的实际情况，又要参考组织成员的个人状况，有哪一条没有涉及或者设计得不合理，都会导致考核的不完整，引来员工的不满。另一方面，绩效考核主要是对人的考核，每个人都十分关注，对自己的考核结果非常敏感，常常根据自己的主观判断与组织做出的评判进行比较，稍有不合意就会引来怨言。而通过数字化建设，特别是建立绩效管理子系统，可以显著提高绩效考核的可信性和正确性。在该系统中应该包含所有绩效管理的内容、详细的绩效考核细则和参数标准、员工任务记录、6P 标准管理、绩效考核评估等。比如企业中常用的平衡计分卡，它将传统的财务评价与非财务的经营性评价综合起来考核，以企业经营成功的关键因素为标准，建立的一种包含财务绩效、顾客服务、内部业务流程、组织学习和成长能力的考核方法，在没有数字化的时候，要想收集到这些信息并做出正确的分析是非常困难的，但是应用数字化，只须让各个部门把该类信息上传到绩效管理子系统中，系统按照设定好的程序对数据进行分析，按照不同的权重进行自动化加权计算得到每个人的绩效考核结果。每个人可以用自己的账号登录内部网络查看自己的评价结果，针对不同的方面进行相应的改进。数字化使考核更加公平、公正，既能节省时间又能提高员工的满意度。

（二）数字化对薪酬管理的影响

经过合理的绩效考核之后，薪酬管理便有了评判的基础和标准，通过将绩效考核得出的结果输入薪酬计算公式中，系统便能快速得出员工在绩效中该得的报酬，相比以前人工计算的方式，既节省了时间又保证了准确性。同时，数字化带给薪酬管理的不仅是绩效结果的便利性，也非常容易地就实现了薪酬管理的多样化。现在企业中的薪酬应该力求多样化、丰富化，可以充分利用数字化设定薪酬预测公式、员工福利测算模块等，让员工参与到自己薪酬的管理中，比如企业可以设定多种福利，员工根据自己现在的需求情况合理地选择自己的福利，制订自己在一定时期内的薪酬计划，按照传统的做法，人力资源部门的工作量是非常大的，很难实现。但是通过数字化，员工可通过薪酬管理子系统设定好的项目进行选取。

（三）数字化对组织培训的影响

数字化对组织培训的影响主要体现在培训的方式和培训的内容上。计算机和网络的发展使人们之间的沟通方式发生了极大变化，网络社交、媒体教学、在线授课等培训方式比比皆是，极大地方便了员工的学习和培训。企业可以摆脱以往开会式的培训方式，利用网上视频教学和在线培训的方式开展培训，不仅使培训更加有趣，容易被人们接受，而且不再受地域的限制，给了员工很大的自由空间和思维想象空间。在培训的内容上，企业不仅可以把自己的企业文化、理念、经营方式以计算机虚拟的形式表现出来，还可以参考同行业不同企业的优秀文化，让员工全方面地了解，提高他们的应变能力。企业可以利用数字化建立培训资源管理，包括培训的图书、视频、音像，每次培训的主题、内容，以及培训的讲师和培训考核题库等，这样既可以有利于员工查询资料，也为组织节省了培训的费用。同时，新员工入职培训的时候，可以参考这些信息，为新的培训奠定基础。

数字化的人力资源管理应该通过一定的技术手段帮助员工制订他们个性化的职业发展规划，企业可以预先设定职业发展预测系统，从招聘员工开始就帮助他们规划。在招聘阶段，企业不能只是为了招人而招人，而是要招到合适的人，运用网络，加大企业的文化和理念宣传，增加网络笔试的步骤，可以是技能方面的考试，也可以是素质方面的考试，这样既可以省掉以后的部分培训也可以筛选出合适的人。在工作中员工要定时在系统里输入工作感受和满意度，企业要根据这些变化来合理地安排他们的职位，减少令员工不满意的因素。这样员工一步步认识自己，最终制订出自己的职业发展计划，提高他们的工作激情和满意度。

四、数字化与企业文化

（一）数字化对企业物质文化的影响

所谓企业物质文化主要是指企业生产制造、产品设计、管理沟通等所使用的设备和设施，它是一个企业最表层的文化，也是相对来说最容易变革的文化。企业数字化的实施首先作用的就是物质文化。第一，数字化的建设必然会革陈除旧、更换企业的设备，如一些主要靠人工控制的生产设备和产品开发工具等，以网络和软件程序为主的设备成为主流。第二，通过数字化设备企业之间的沟通不再局限于面对面的形式，即时通信工具、远程视频、在线指导等工具的应用，丰富了企业沟通的渠道。另外，网络技术的发展，促使许多企业转向电子商务及手机移动端的服务，企业带来了新的营销渠道和利润增长点。第三，企业通过计算机和网络技术可以随时监测市场和顾客的变化，应用各种预测软件数据作为参考，及时对变化情况做出反应，在必要的时候还可以和其他企业形成虚拟组织。第四，实施数字化的企业在基础设施上进行了革新，那么必然要求企业中具有应用这些设备的优秀人才。数字化加强了内部组织人员学习新知识的能力和应变的能力，促进了他们自我上进、自我发展。

（二）数字化对企业行为文化的变革

企业的行为文化是企业组织人员各种行为所形成的文化，不是指一个组织成员的个别行为，而是组织之内一种共同的行为，其他个别不同的行为也会因为这种共同的行为习惯而受到不同程度的影响。这种行为习惯主要包括日常行为和工作行为两个方面。数字化使员工的日常行为发生了很大的变化，他们可以利用互联网进行聊天娱乐，增加员工之间互动的机会，邀请志同道合的朋友讨论问题，在下班之后可以上网浏览企业的动态信息和市场行情的变化，可以关注各大新闻媒体的报道，及时了解行业内外及国家政策发生的变化等，利用数字化员工既能娱乐又能学习到有用的东西。当企业推行新技术或者新模式的时候，企业内员工的工作方式、工作行为便要相应做出调整和改变。数字化的建设是一项系统和全面的工程，每个人都要认真对待，及时转变自己的思考方式和行为习惯，推动数字化的建设。比如，企业推行实施ERP系统，这是与传统企业经营方式完全不同的，企业的人力资源管理、采购、库存管理、生产计划、财务管理等都需要由计算机来操控，只有很少的人工进行参与，员工不得不改变以前熟悉的工作行为，由原来工作的随意性、主观性过渡到数字化环境下的规范性、科学性，开始学习新的工作方法。

（三）数字化对企业制度文化的变革

企业制度文化包含三个方面，企业组织机构、企业领导体制、企业管理制度。企业组织机构的设定是达成组织目标完成组织任务的保证，没有各个组织机构之间的良好配合与合作，企业是无法正常运行的。传统企业中组织机构的设置一般比较多，导致组织效率的低下，通过数字化，企业的组织机构越来越少，去除了一些功能类似的部门，逐渐向着扁平化、网络化发展，加快了组织运行的速度。在处理紧急情况时企业还可以成立基于网络的虚拟组织，减少单设机构的费用和麻烦。企业领导体制是随着组织机构的变化而变化的，数字化下的领导者应该更多地授权给下属，让他们充分利用数字化所带来的便利性和科学性进行工作事务的决策、计划和控制等。企业最下层的员工可能离最高管理者只有两个层级的间隔，增加了他们直接对话的机会。领导者可以利用网络联系组织内的成员，分派任务下达命令。企业管理制度是为了确保企业良好运行所制定的各种规章条例和奖惩措施等。数字化环境下员工的行为方式和思维习惯都发生了变化，企业要重新制定管理制度适应这种变化。管理制度一般是对人的一种行为约束，所以管理者首先要引导组织成员的行为，减少他们对新制度的不适感。

（四）数字化对企业精神文化的变革

企业的精神文化包括的内容非常广泛，像企业价值观、企业精神、企业使命、企业经营理念、企业道德观念等。精神文化是其他三种文化的升华也对它们形成指导，它受到文化背景、社会环境的影响比较大，处于企业文化的核心地位。在数字化时代，要想彻底对企业文化实施变革就必须引领精神文化变革，推动其他文化的进一步变革。数字化时代各种新的经营理念相继出现，企业要想不被市场淘汰，就要努力更新自己的经营方式，引进先进的生产技术和设备，形成数字化的经营新理念。企业的价值观也要随之调整，数字化环境下的企业不再是一个只想着赢利的组织，要时刻关注市场和顾客的需求，以满足他们的需求为主、以顾客为主导、以服务社会为目标。企业要打破以往单打独斗的方式，增加与其他企业间的合作和交流，在企业内部创造一种学习型组织，实现自我学习、自我赶超。数字化营造了一种奋发向上的精神氛围，加速了企业精神文化的变革。

（五）数字化对组织内部的影响

1. 管理思想的更新

数字化所带来的不仅是技术和生产方式的变化，也改变了人们的思考方式和行为观念。在一个组织中则主要体现在管理思想的变化，可以想象从以前的工业社会到现在的数字化社会，有过多少管理理念是应运而生的，虽然有些管理理念现在仍然在使用，但是我们要结合数字化社会的特点加以创新和改革，使它们更好地为我们服务，成为行动的指导方针。比如数字化下所产生的虚拟组织、学习型组织等管理思想，都是时代的产物，是以现代计算机和网络的发展为前提。

2. 组织结构的变革

传统的组织结构随着组织规模的扩大已经不能够适应组织的发展，在传统方式下，组织人员增加就要相应地扩充机构，或者因为管理幅度的限制而导致组织层级过多，这些都桎梏了组织的成长。数字化下使传统的等级组织逐步向全员参与、水平组织、模块组织等新型组织方式转变，管理幅度也冲破了传统管理模式的限制，垂直的层级中所存在的众多中间层也可以适当取消，因为上级可以通过数字化下所建立的新型组织直接向下属宣布决策、分派任务，组织朝向扁平化方向发展。

3. 增强管理功能

运用信息技术进行管理已经成为现代管理的重要途径。通过数字化可以把各种管理职能进行结合，最大限度地发挥出每项职能的作用，促进组织业务的良性重组，而不是把每个职能都孤立开来。通过数字化还可以增强每项职能的作用，在原有功能的基础上进行扩展，比如网络营销，不仅包括销售产品，还要包括维护品牌、客户反馈、售后服务等方面。

4. 管理方式的改变

管理方式本身就是随外部环境和内部状况的变化而变化的，在领导职能中讲过没有一种最佳的领导方式，最好的领导方式是权变的领导方式，是因情境不同而变化的。管理方式虽然不完全等同于领导方式，但是和领导方式一样，都必须随情境的不同而变化。数字化下的管理方式要更加多变、更加具有艺术性，管理者和下属的距离变得越来越近，组织内部的沟通和协调已经不再受地域和时间的限制。

（六）数字化对组织发展的作用

1. 降低企业成本，提高竞争力

数字化与组织各方面的活动相结合，不仅优化了组织的结构，而且显著降低了组织的经济成本。组织运用计算机辅助设计和制造技术可以大大减少在新产品研发和设计上的费用，同时在后续产品更新和换代时，大幅度降低了对现有产品进行修改和增添新性能的成本；在生产制造上，新技术下的柔性生产线可以适应多种产品的生产，库存控制的数控化，可以实现最优的存货量，不仅减少了存货量而且降低了管理费用；在组织计划的制订、决策的选择和激励措施、沟通渠道、反馈方式，以及人员、财务控制上，采用计算机和网络技术既可以提高质量又能够提高效率，降低了管理成本；在组织之间的合作上，通过电子商务可以迅速、准确地找到自己的合作伙伴，打破了地域上的限制，降低了组织的机会成本和交易成本。组织成本的下降实质上是新技术的广泛应用和对信息的开发、整合所导致的，它将随组织规模的扩大产生管理规模效应，提高组织的持久竞争力。

2. 加快产品和技术创新，提高差异化

由于信息传递的广泛性和快速性，使全球的知识、技术得到跨国别、跨地域的流动，一个国家或者组织研发出了某种新科技、新事物，其他国家或组织可以迅速地跟上它们的步伐进行革新创造。在企业层面，因为数字化导致企业与供应商和客户的联系加深，沟通形式的多样化可以更完整、更准确地表达双方的要求，组织与他们建立了高效、快速的联系，从而对市场和消费者动态有了更快、更大的把握。通过将这些动态变化迅速、准确地提交给决策者，针对他们的要求及时地对产品进行再设计和创新，生产出能够满足消费者需求的产品，并且提高产品的差异化特点，防止竞争对手模仿。

3. 提高组织的服务水平

组织的服务水平体现在两个方面：一是为组织内部人员服务的水平，二是为组织外部人员服务的水平。现代管理强调人是一种宝贵的资源而非实现组织目标的工具，把员工看作合作伙伴而非发号施令的对象。那么要想提高组织的服务水平，必须先提高为组织成员服务的水平，只有他们满意了才能提供令别人满意的工作。数字化下使对组织成员的关怀和激励更加多样化，领导者可能仅仅通过一封电子邮件就可以调动起员工的工作激情，一场视频会议也可以给员工很大的自由空间，这些都会令员工感到满意。在为组织外部人员服务上，传统的面对面方式、电话咨询、服务网点等已经不能满足人们的需求，而互联网的应用使企业可以应用更多的即时通信工具对客户的反馈进行回应，还有电子邮件问询及网络的自助式在线服务等，都提高了组织的服务水平。

很明显，数字化对组织发展的作用远不止这些，可以说，它将发挥越来越重要的作用，对管理工作的影响也将越来越大，必将成为提升组织竞争力的主要来源。

第三节　数字化企业外部管理

一、数字化与供应链管理

（一）供应链的含义和特征

供应链是围绕核心企业，通过对信息流、物流、资金流的控制，从采购原材料开始，制成中间产品及最终产品，最后由销售网络把产品送到消费者手中的将供应商、制造商、分销商、零售商直到最终用户连成一个整体的功能网络结构模式。它是一个范围更广的企业结构模式，包含所有加盟的节点企业，从原材料的供应开始，经过供应链中不同企业的制造加工、组装、分销等过程直到最终用户。它不仅是一条连接供应商到用户的物料链、信息链、资金链，而且是一条增值链，物料在供应链上因为加工、包装、运输等过程而增加其价值，给相关企业都带来利益。供应链是从产品的原材料开始到制成品销售完毕结束，其间要经过供应商、生产商、销售商等多个过程，每一个过程当中的企业都是一个节点，正是这些节点导致了供应链的鲜明特征。

1. 复杂性

供应链所涉及的不是一个企业，而是由不同行业、不同种类的企业构成的，从这种构成方式上就能显现出供应链的复杂性，另外，构成元素的多样性必然会带来管理的难度，增加管理的复杂性，特别是要围绕一个核心企业展开活动，要协调上下游企业的各种相关工作，相比协调一个企业内部的关系要复杂得多。

2. 动态性

动态性，一方面，表现在供应链中的各个企业并不是固定不变，核心企业可能会根据市场的变化和需求随时选择新的合作伙伴，即使是非核心企业也可能因为自己业务发展的要求，而退出供应链，导致了供应链是在不断变化和更新的动态中。另一方面，供应链中的某一个企业内部可能会发生变化、改革，不仅改变了该企业的组织结构、业务经营方式，而且也影响了供应链中其他企业的业务，使之适应该企业的变化，这种动态性变化是经常发生的。

3. 以用户需求为主导

供应链中的企业与企业、企业与顾客之间的关系实际上就是供应与需求的关系。制造商对原料供应商来说就是用户，经销商对制造商来说就是用户，顾客对经销商来说就是用户，用户具有何种需求就决定了企业要生产什么产品。同时，用户需求是促使供应链正常运行的保证，供应链中的信息流、物流、资金流等都是在用户需求下发生的。

4. 交叉重叠性

交叉重叠性主要是因为企业经营业务的多样性和需求的复杂性决定的。一个企业经营的业务往往有多种，可能一种业务处在一条供应链上，而另一种业务处在另一条供应链上，或者企业经营一种业务，而这种业务处在多条供应链上。需求的复杂性致使企业要与多个不同的组织进行合作，在同一条供应链中可能也会发生交叉的现象。

供应链管理的基本理念是符合企业发展要求的，它倡导一种面向顾客、以需求为主导、运用现代化技术和手段实现企业之间的双赢甚至是多赢的理念。

（二）数字化对供应链管理的影响

1. 供应链各环节的变化

数字化的实施对供应链流动的各个环节产生了重大变化，在供应链战略的实施上，通过对企业内外环境信息的广泛收集，与各个企业充分商讨，确定每个企业应该如何在恰当的时间以恰当的方式为整个供应链做出贡献，实现资源的充分利用；在分销渠道上，数字化带来了高效率的营销渠道，供应链企业之间可以共享客户资源，营销的方式也逐渐由线下转到线上；利用数字化带来的先进技术，可以实现对库存和物流的跟踪管理，企业不需要备留更多的产品，根据网络传来的及时信息合理地控制库存，争取实现零库存管理，最大限度地减少企业的成本；良好的信息传输，使制造商也能够对市场的需求和产品的动态有了更多的把握，他们不仅可以利用互联网直接寻找经销商，而且可以直接寻找最终客户，以前制造商的这种交易成本太大，难以实现与消费者的直接沟通，数字化拉近了他们之间的距离，改变了产品和服务的流通方式，在一定程度上冲击着传统供应链的构成，经销商可能面临着越来越大的挑战，不仅要与其他经销商之间展开竞争，而且要与制造商展开竞争，将使整个供应链的供需产生变化；数字化对供应链的输出端即顾客来说，不管是对产品的质量还是产品的附加功能都有了更高的要求，顾客不仅关注于产品本身，而且对产品的制造流程、如何配送等必要的信息也更加关注。

2. 实现信息共享

这里的信息共享主要是指供应链内部信息的共享。网络虽然方便人们收集信息和传递信息，但是在庞大的信息数据库中找到真正对企业有价值的信息还是很困难的，特别是网络上充斥着虚假信息，让企业难辨真伪。所以在供应链内部便形成了信息共享，这些信息都是每个企业经过认真整理、分析之后的数据，解决了信息不确定性的问题。比如，在供应链系统中可以应用 XML 技术，建立私有网络系统，集成各个企业内部的信息和它们收集到的信息。供应链中的各个企业利用这些信息进行协作，可以把供应商、制造商、经销商、设计师、营销人员等利用网络技术集结起来，共同设计产品，这种网络协作设计极大地节省了成本也降低了设计的复杂性，保证在最短的时间内设计出具有个性化、能够满足顾客的产品。

3. 供应链特征发生变化

供应链是在数字化的支持下才建立起来的，随着数字化的发展，供应链的特征也发生了变化。数字化使各个企业的信息更加透明，每个企业与顾客的距离也更加接近，一个企业具有的供应商和客户都比以前增多。供应链的动态性和交叉重叠性都更大，以顾客需求为主导的方式不断得到加强。在线合作中已经形成了虚拟供应链，这是充分利用数字化在网上进行合作，参与这种虚拟供应链的企业能够以最快的速度共享产品、库存、物流等情况，然后根据所得到的信息调整自己的计划，不断提高自己的竞争力。

数字化环境下，供应链将以满足客户个性化需求为主，可伸缩性和弹性将越来越大。应该注重企业间和跨行业的价值链建设，建立起新型的供应链系统。

二、数字化与客户关系

（一）客户关系管理的含义以及流程

客户关系管理（CRM）是现代管理思想的新发展与数字化技术相结合而出现的，它注重企业与客户之间长期关系的建立，把客户作为企业经营的中心。传统的企业经营往往只注重企业利益的多少，即使注意到了客户关系的重要性，也没有把这种理念贯彻到整个企业。客户关系管理的核心思想是把客户作为企业发展的基础，是企业的一种宝贵财产，通过提供给顾客满意的产品和服务，分析每一位顾客的个性化需求，给予他们属于自己的个性化定制，提高他们的客户忠诚度和满意度，保证顾客具有终身价值从而促进企业长期稳定的发展。企业应该把客户关系管理作为组织的一种管理机制，应用于企业的采购、生产、制造、人事、营销、售后等各个方面，协助他们及时了解客户的需求与他们建立良好的合作伙伴关系。可以说客户关系管理既是企业组织管理客户的手段和方法，也是一套完整地、系统地实现管理、销售、客户关怀、客户服务流程自动化的软件和硬件系统。客户关系管理的流程通常包括四个阶段：一是信息管理阶段，客户关系管理系统从企业所从事的业务、ERP 系统、MIS 系统，以及在供应链中共享的信息中提取有关的客户信息，对这些信息分门别类进行整理、归纳，这个阶段也可以称为信息挖掘阶段；二是客户价值衡量阶段，对搜集到的信息用数据挖掘工具进行处理，更精确地找到对企业有价值的信息，然后给这些信息建立一个独立的档案进行保存。三是活动管理阶段，也是客户信息利用阶段，比如企业要推出新产品和新服务，那么就需要仔细分析这些信息，针对不同年龄段、不同消费水平等有目的地做出营销策略。四是实施管理阶段，针对第三阶段所做出的分析和制定的策略，对特定人群实施具体的活动，如电话通知、短信提醒、邮件通知、网站信息等方式。这四个阶段是相互联系的，通过活动之后收集到的信息又回到了第一阶段，为下一次管理做好准备。

（二）数字化对客户关系管理的作用

1. 提升客户服务质量

数字化能够及时了解客户的动态和需求，分析他们对现有产品的态度和新产品的反应，对于有意见或者反应异常的客户要细致分析，通过计算机图表、数据的帮助，找出原因所在，并且及时地与顾客进行沟通，让他们真正了解产品和服务。然后进一步观测顾客的变化，根据顾客行为在图表上的反应和走势，预测出他们以后的行为，也为企业下一步为他们制订合理的销售计划做好基础和准备。另外，企业要以拥有的客户信息为主，用计算机软件设定程序和参数，实现客户群体的细分。这种群体细分要比以往客户细分得更深入，借助计算机可以邀请客户进行网上模拟购物测试及个性需求等测试，更加透彻地了解顾客，切实满足他们真正的需求，提高个性化服务，培养顾客的忠诚度。

2. 引导顾客消费

传统的消费方式是买方主导，或者是卖方主导，商家把制造的产品拿到市场上，顾客如果有需求就去买。数字化时代的市场竞争越来越激烈，如果企业不能先发制人，引导顾客进行消费，那么很难实现大的发展。引导顾客进行消费，并不是强迫顾客进行消费，而是激发起顾客的潜在需求，满足他们的这些潜在需求。客户关系管理是能够激发顾客潜在需求的方法之一，通过客户关系的良好建立，企业对顾客越来越了解，知道他们需要什么样的产品和服务，而顾客在接受企业良好的产品和服务的过程中越来越信任企业，愿意和企业合作，企业每推出新的产品和服务顾客都会关注。这样就会慢慢激发顾客的潜在需求，增加企业的销售额，同时也提高顾客对企业的满意度。

3. 实现虚拟客户关系

数字化时代人们之间的交往方式和沟通方式都发生了很大的改变，特别是网络购物、电子商务的崛起，彻底改变了人们传统的消费观念和习惯，这对企业来说既是机遇又是挑战。企业必须充分认识到这种必然的趋势，在市场中快速抢占份额。企业主要涉及 B2B 和 B2C 两种模式，它们是企业经营的主要方式。在进入电子商务之后，企业不需要与客户进行面对面的交流，他们的需求也主要是靠网络搜索来实现，所以在电子商务中如何进行客户关系管理是非常重要的，这在一定程度上决定了企业是否能长久地生存下去。在电子商务中，企业与顾客的交流方式主要是在线聊天工具或者邮件传递等，企业一定要掌握网络沟通技巧，比如适当地掌握网络用语等，这是有利于双方建立关系的。在顾客网上下完订单之后，就等于把自己的个人信息都交给了企业，这时候就是企业收集信息的阶段，对信息的分析和整理大致上和传统的客户关系管理流程一样，所不同的是最后一个阶段是具体活动的实施阶段。网络客户遍布不同的地区，企业很难把他们全都召集在一起参加具体的活动，但是数字化可以实现在线为顾客一对一的个性化设计和服务，以及新产品免费邮寄试用等，通过这种网络联络的手段建立起虚拟的客户关系，是数字化主导下客户关系管理的新发展。

客户关系管理将成为一个企业增加销售额、扩大生产、持久发展的保障，利用数字化及客户关系管理系统，将会使企业科学、有效地对客户做出分析，采取有针对性的措施，提供更加满意、更加周到的服务，真正实现以客户为主导的经营理念。

第四章　公司的治理与创新管理

第一节 人力资源管理与组织行为学

一、人力资源管理

（一）人力资源管理的意义

1. 人力资源管理是重要的管理职能

人力资源管理从人事管理蜕变升华而来，其战略重要性不断地得到验证和提升。21 世纪的竞争归根结底是人才的竞争，因此，企业加强人才的开发和培训，完善人力资源管理，能帮助企业获得更强的竞争实力，拥有高素质、优秀的人才能够源源不断地给企业注入新鲜的活力和推动力。

通用电气的杰克·韦尔奇就非常重视人力资源的战略职能。在韦尔奇任职期间，通用电气确立了只做行业第一的战略方针，针对公司业务进行了一系列兼并重组，在人事结构上杰克·韦尔奇也不断进行调整，提升人力资源部的战略地位。最有代表性的事件是在通用洽谈收购事宜时，杰克·韦尔奇都会带人力资源部经理随行，就企业相关人事问题进行了解，评估是否具有收购可行性。

2. 人力资源是组织竞争力的重要来源

随着社会化大生产和知识经济的到来，人力资源的作用日益明显。企业要想在竞争中脱颖而出，人力资源管理的作用必须得到重视，其在创造公司持续竞争力方面具有十分重要的作用。现代社会，信息化速度不断提升，企业的营销手段、商业模式、产品技术等很容易被模仿，而人力资源是一种无形资产，不像资本投资、专利技术等容易被模仿和抄袭，人力资源可以蕴含在组织中，以一种难以被对手模仿的方式为企业持续创造价值。

3.学习人力资源管理有助于个人职业生涯的发展

大学生在毕业后往往要加入某个具体的组织来开始自己的职业生涯。学习人力资源管理，可以帮助个人学会从企业视角来看待招聘配置、培训开发、绩效评估、职业生涯设计及薪酬福利等人力资源工作，将个人发展与企业要求匹配起来，为日后的职业发展奠定良好的基础。因此，学习人力资源管理可以为大学生开阔新的视野和增加理解力，更好地管理自己的职业生涯。

（二）人力资源管理的主要内容

1.人力资源管理的内容结构

人力资源管理是指根据企业发展战略的要求，有计划地对人力资源进行合理配置，通过对企业中员工的招聘、培训、使用、考核、激励、调整等一系列过程，调动员工的积极性，发挥员工的潜能，为企业创造价值。人力资源管理主要包括人力资源规划、招募与配置、培训与开发、绩效评估管理、薪酬与激励、员工关系管理等内容。

2.人力资源规划

人力资源规划包括环境分析、人力资源需求预测、人力资源供给分析、人力资源规划的编制实施等内容。

环境分析是人力资源规划的第一个阶段，目的是搞清企业所面对的内外部环境，为后续的人力资源规划编制打下基础。社会化大生产和知识经济的到来，使得企业外部环境变化速度更快，进而对企业人力资源工作产生直接的影响。例如，环境中快速变化的技术迫使组织雇用那些拥有以前并不为组织所需要的技能的员工。

人力资源需求预测是指在环境分析的基础上，预测组织下一步需要多少员工、需要哪种类型的员工。人力资源需求预测受到许多因素的影响，与组织的整体战略目标、组织结构设置和职位设置、管理体制等密切相关，所以需要对组织战略规划等进行深入的分析，一般调查项目包括组织结构设置及机构设置、现有员工工作情况及定额配置、未来生产计划及生产因素的可能变动情况等。

人力资源供给分析是指对现有员工进行供给分析，了解组织人员数量多少、质量如何、能否满足未来企业发展需求等。进行人力资源供给分析，首先要确定内部人力资源供给预测，对于内部人力资源，除了关注当下员工情况，更要预测在将来随着企业发展、外部环境变动等情况，经过升迁、内部流动、离职后，组织内人力资源能否满足企业需求。

人力资源规划的编制实施是指在人力资源需求和供给分析之后，进行的人力资源规划的具体方案。人力资源规划一般包括基础性的人力资源规划和业务性的人力资源行动计划，各个计划要充分考虑平衡的问题，一旦偏离平衡就要进行相关的调整，员工短缺就需要进行招募或者培训工作，员工过剩就要进行解除劳动合同、裁员、提前退休等措施。在人力资源规划方案实施过程中，还要有相关控制措施，主要包括建立完善的人力资源管理系统、人力资源供应控制、降低人力资源成本等。

3. 招募与配置

通过人力资源规划，企业对员工有需求之后，需要进行招募与配置，具体包括工作分析、员工招募、人员录用。

工作分析是对组织中某个特定工作职务的目的、任务或职责、权力、隶属关系、工作条件、任职资格等相关信息进行收集与分析，确定工作的任务和性质，以及哪些类型的人员适合此类工作。工作分析的结果是形成工作描述与工作说明。这些信息决定了组织需要招聘和雇佣什么样的人来从事此项工作，可以说工作分析是招聘、培训、薪酬激励、绩效评估等流程的基础。

员工招募是根据人力资源规划和工作分析的结果，明确企业需要的人才类型和制订相应的职位空缺计划，以及通过何种手段来完成人才的招聘，是组织从外部吸收人力资源的过程。员工招募对企业意义重大，不仅可以保证组织发展所需的人力资源，还会为组织增添新生力量，注入新的管理思想，为组织增强活力。招募一般包括招募计划的制订与审批、招聘信息的发布，应聘者申请、选拔、审查等流程。

人员录用是在一系列面试及人员素质测评甄选后，做出录用决策，进行新员工入职引导。做出录用决策要保证信息准确可靠、资料分析方法正确、招聘程序科学、能力与岗位匹配等。招聘过程中一系列甄选活动就是为了对应聘者进行判断，做出对应聘者接受或者拒绝的决定。做出录用决定后，需要对新员工做入职引导，让新员工尽快了解企业、融入团队，进入工作状态。

4. 培训与开发

培训和开发是试图给员工提供信息、技能，使员工理解组织及其目标，并提升员工管理水平的过程。一般包括上岗引导、培训活动、管理人员开发。

上岗引导是把新员工引入企业，让员工获得完成工作必需的信息。上岗引导培训是使新员工融入企业的一个必要环节，它向员工灌输企业的价值观和行为模式，有助于减少雇员上岗初期的不安感。上岗引导也可以有多种形式，如进行新员工的入职培训、入职面谈，还可以同时发放员工手册等。

培训活动是向员工传授完成工作所需技能，使员工行为与企业价值观相融合的过程。培训具有很强的应用导向性，是为解决实际问题而建立的过程，可以说技能的提高是培训需要完成的，而行为方式、人际能力、认知能力等的提升是培训计划的更高目标。培训方式存在多种类型，如案例研究、讨论交流、角色扮演、心理测试、小组活动等。一个完整的培训过程包括需求确定、目标设置、计划拟订、活动进行及总结评价。

管理人员开发是指通过传授知识、转变观念或提高技能来改善当前管理工作绩效的活动。包括企业内教学计划，比如授课、辅导和轮流作业等；专业教学计划，如大学开设的管理人员 MBA 课程教学计划。管理人员开发之所以重要是因为内部提升已成为管理人才的主要来源。通过管理人员开发，使现有员工或者管理人员可以顺利胜任更高职位，更好地提升对组织的忠诚度，为组织做贡献。

5. 绩效评估管理

绩效评估是企业根据员工的职位说明，对员工的工作业绩进行考察和评估。一般包括绩效评估标准、绩效评估方法和绩效评估实施。

绩效评估标准是对员工工作绩效的数量和质量进行检测的准则。评估标准按不同角度有不同分类。评估标准的编制应科学、合理，使得局部标准和整体标准一致，各要素、各环节保持协调配套。

绩效评估方法是对员工进行绩效评估所使用的工具手段。绩效评估方法多样，根据评估侧重点的不同可以选择不同的评估方法，如针对个人的客观性评估方法和与他人做对比的多人评估方法。经常使用的评价方法包括 360 度评估、关键绩效指标、排序法、配对比较法等。

绩效评估实施是对绩效方案进行实际执行的过程。绩效评估实施要明确绩效评估的实施者、评估的时间、评估的信度和效度等。影响绩效评估的因素很多，包括评估者的判断、与被评估者的关系、评估标准和方法及组织环境等，所以绩效评估的实施要综合多种因素进行考量，保证实施效果。

6. 薪酬与激励

薪酬是员工为企业做出贡献而获得的直接或间接的货币收入，包括基本工资、奖金、津贴、福利等。薪酬与激励包括薪酬体系的规划和薪酬体系的设计。

薪酬体系的规划包括总体规划和分类计划，分类计划是总体计划的分解和细化，对总体规划的执行起细化作用。进行薪酬体系规划是为了适应外部环境，增强企业凝聚力，保证内部公平和分配的计划性及控制企业人力资源成本。

薪酬体系的设计是针对不同的人员层次所进行的薪资方案的制订。一般分为普通管理人员薪酬设计、业务人员及其他人员薪酬设计、职务消费及高级管理人员薪酬激励。各个方案设计的确定原则和侧重点不同，薪酬体系会呈现不同的形式。例如，对业务人员会制定业务提成，高级管理人员会进行股权激励。薪酬可以说是人力资源管理活动中最受关注的部分，随着市场经济的发展，人们也在不断地摸索薪酬制度新的方法，使体系设计可以符合劳动力市场价值规律，充分调动员工积极性。

7. 员工关系管理

员工关系是由于雇佣行为产生的一种社会关系。由于经济、政治、法律制度、文化环境及微观层面行业、企业不同，员工关系会表现出顺从、竞争、冲突、合作等形式。员工关系一词源于西方人力资源管理体系，早期由于劳资矛盾激烈，影响企业正常运营，给企业带来了损失。在双方的交流博弈中，管理层认识到缓解劳资矛盾、让员工参与经营管理的重要性，之后随着社会法律制度等不断完善，管理层对员工关系的重视程度也越来越高。

员工关系管理，从广义上讲，是各级管理人员和人力资源职能管理人员，通过拟定和实施各项人力资源政策和管理行为，以及其他的管理沟通手段，调节企业与员工、员工与员工之间的相互关系，从而实现组织的目标并确保为员工、社会增值。狭义上讲就是企业和员工之间的沟通管理，这种沟通多采用柔性的、非强制性的手段，以提高员工满意度，支持企业目标的实现。

二、组织行为学

（一）组织行为学的主要内容

1. 组织行为学的内容结构

分工协作是组织运行的必要手段，组织运行的过程就是通过分工协作共同完成组织既定目标的过程。而组织成员的行为是个体、群体、组织系统交互影响的结果。组织行为学就是以组织系统内部个体、群体、组织及其关系作为主要研究对象的学科。

组织行为学主要研究三个层次的问题，即个体行为、群体行为和组织系统，以及这三个层次之间的相互联系、相互作用。具体来说，第一，研究组织对其成员心理和工作行为的影响，如组织对于员工价值观的影响，以及对员工工作绩效、流动率、工作态度等行为的影响；第二，研究组织成员的工作行为方式及其绩效对整个组织效能和绩效的影响；第三，研究组织对环境的适应性行为和持续发展问题。

2. 组织中个体行为的研究

对组织行为学的研究，一般都要从个体心理和行为的研究开始。个体的研究在组织行为学中占有重要地位。因为个体是群体的细胞，个体心理与行为是群体心理与行为、组织心理与行为的基础。个体进入组织时带有明显的差异性，即人与人之间存在不同的个性特征。个体差异可以是生理的、心理的和情感方面的。个体带着各自的特点，如性别、个性特征、年龄、基本能力、价值观等加入组织，形成独特的个体。这些个体之间的差异影响着员工在工作中的表现，如工作绩效、工作满意度、流动率和缺勤率等。同时，这些特点会在组织的长期工作和学习中得到改变和发展，进而对员工的行为和组织的有效性产生进一步的影响。因此，组织行为学中研究个体是为了让员工的个性朝着组织所期望的方向发展，同时达到个体工作的满意度。

行为是个体的外在表现，而认知则是发生在个体内部的、影响外在行为的内在加工过程。个体的社会知觉、归因、印象等认知活动会直接影响到个人决策和组织决策。此外，个体的态度和价值观是影响人的行为的深层因素，如果组织的核心价值观能够得到员工的认同，对组织的长远发展会产生积极的影响。我们要在分析个体能力、气质、性格等心理特征的基础之上，分析个人的心理过程，如认知、态度、价值观对个体行为和组织的影响。

人的行为模式是由以下过程形成的：内外刺激引发需要，需要引起动机，动机产生目标导向，目标最终支配行为。组织管理的一个重要内容就是使员工产生和维持与组织目标一致的工作积极性，而员工的工作积极性又源于其需求和目标的满足程度。因此，管理者要了解员工的需要和动机，借此来激励员工。激励的实质就是如何使个体为实现组织目标付出高水平的努力，且努力的结果又能满足个体的需要。如此循环往复，才能实现组织与员工的双赢，进而不断地提高员工个人绩效和组织绩效，最终实现组织目标并使组织能够长远发展。

因此，我们要学习个体间差异的相关内容，包括人格和情绪、知觉、归因和态度，以及在学习激励理论的基础上研究激励的技术和方法。

3. 组织中群体行为的研究

组织行为学不是孤立地研究一个组织中的个体、群体和组织的心理和行为，而是按照系统的研究方法，基于系统理论的观点，将组织看作一个系统，其中存在着众多群体构成的各个子系统，各个子系统相互联系、密不可分。群体中每个成员的行为都可能影响群体中的其他成员，或是被其他成员所影响。换句话说，人在群体中的行为比个人单独活动要复杂得多。因此，研究群体形成、群体规范、群体决策等，对认识群体现象和群体心理规律及对组织管理有着重要意义。

工作团队的出现是企业组织结构和员工工作方式的根本变革，是企业管理哲学的根本转向，即从控制、集权和个人分工转向自主、授权和协同。随着全球化的发展，企业的内外环境急剧变化，传统层级控制的科层组织已经难以应对这些挑战，而工作团队具备灵活、高效的特征，能有效应对这些复杂多变的情况。因此，研究工作团队的构成要素、基本类型、建立过程、运行方式等，对于企业的长远发展和变革异常重要。

任何群体的工作都不是由某个个体独立完成的，需要有若干个体分工合作才能实现目标。在这个过程中，涉及人员分配、资源配置、指挥协调等问题，需要有一个处于中心位置的领导者将这些无序的工作整合和统筹。领导者个人特质、领导风格和行为、对权力的理解和运用、对环境的应变和掌握都会在影响组织成员和提高绩效方面发挥重要作用。

沟通贯穿组织的全过程，可以说沟通无处不在。组织成员之间的相互了解、上下级之间的反馈、部门之间的横向协调、与外部利益相关者的合作和博弈等，都以信息沟通为前提和基础，有效的沟通是实现组织目标的可靠保障。从某种意义上说，缺乏有效的沟通是抑制一个群体取得成功绩效的关键因素，因为沟通不畅会阻碍组织的正常运行，导致管理的混乱，甚至影响组织的生存与发展。因此，管理者必须掌握有效沟通的技巧，以便更好地做出决策和有效地实施决策。

然而，沟通和交往难免会造成冲突，这是组织运行过程中的常态。冲突也是任何组织必须面对的问题，是组织行为中一个重要研究领域。组织内外部存在着不同层次、不同类型、不同需求的交往，有同事之间、上下级之间、部门与部门之间、跨组织之间的交往，由于组织结构因素、个体差异、利益取向的存在，这种交往关系可能导致合作，也可能导致分歧、争论和对抗。后者就是通常所说的"冲突"。如何解决和利用冲突即冲突管理是管理者必须面对和解决的问题。

因此，在组织行为学中将会学习群体行为的基础，研究群体决策及影响群体绩效的因素；学习如何建设高效的工作团队，研究领导方式和领导工作的有效性；学习人际关系和沟通，研究群体冲突及其解决办法，从而帮助管理者和员工更好地理解和改进他们在其中发挥作用的群体。

4. 组织系统的研究

组织的运行离不开与之相匹配的框架和结构，越是庞大的组织对组织结构的要求就越高，人与人之间的关系就更加需要管理。这就要求组织结构能合理地规划人员分工、职责和职权、层级、幅度，同时又能兼顾战略目标及外部环境稳定性等因素。可见组织结构的设计是一项复杂而关键的工程。不同的组织结构各有差异，不同的组织结构会对员工的工作态度和行为产生影响。

组织设计是指对组织结构进行规划、构建和变革，以便确保组织目标的有效实现。在设计组织结构时需要注意基础的理论和概念：专业化与部门化、职责与职权、层次与幅度、直线与参谋等。组织行为学中将学习这些影响组织结构设计的关键因素、不同的组织结构对员工行为有何影响、组织结构的基本类型和具体内容，以及如何进行组织结构设计，同时提出若干组织结构设计的方案。

每个组织都会经历变革，而且也必须变革，将大部分时间与资源用在维持现状上的企业，是不可能在如今这种不确定环境中获得成功的。只有进行持续不断的组织变革、完善自身结构及功能、改变员工态度和行为、提炼和维持核心竞争力，才能确保组织适应内外部环境的变化，延长生命周期，从而永续经营、生生不息。组织变革与发展是组织行为学中的重要内容。

组织具有协调和控制的功能，又具有层次结构、权力关系等，同时，它们也有个性，有的组织灵活，有的组织呆板。当组织形成了某种"个性"以后，它就成为影响其成员态度与行为的重要因素。因此，组织文化的构成、产生、维系和变革、员工对组织文化的学习等方面的内容，将有助于解释和预测员工的心理与行为。

第二节　技术与创业创新管理

一、技术创新管理

（一）技术创新管理的特点

1.技术创新管理是基于技术的活动

技术创新管理与非技术创新管理的区别在于基本手段，技术创新管理是基于技术的活动，而不是基于管理、组织、制度的变动。这里的"技术"是一种广义概念，它应包含三个层次：一是根据自然科学原理和生产实践经验而发展成的各种工艺流程、加工方法、劳动技能和诀窍等；二是将这些流程、方法、技能和诀窍等付诸实现的相应的生产工具和其他物质装备；三是适应现代劳动分工和生产规模等要求的，对生产系统中所有资源（包括人、财、物、信息）进行有效组织与管理的知识经验与方法。

2.技术创新管理对"技术"变动的程度有较大的弹性

从技术的发展来看，既存在技术的根本性变动，也存在技术的渐进、微小的弱变化。技术创新管理在概念的外延上，不仅包括新产品、新工艺，也包括对产品、工艺的改进；在实现方式上，既可以是在研究开发获得新知识、新技术的基础上实现创新管理，也可以将已有技术进行新组合而实现创新管理。而且技术创新管理的效益高低不能直接仅用技术变动的强弱和大小来衡量，它还与市场的销售量及市场份额、单件产品或服务的收益率等因素有关。

3.技术创新管理是技术与经济相结合的概念

与技术发明（创造）不同，技术创新管理不是纯技术活动，而是技术与经济结合的活动，从本质上讲，技术创新管理是一种以技术为手段实现经济目的的活动。技术创新管理的关键在于商业化，检验技术创新管理成功与否的基本标准是商业价值（有时也包含社会价值）。

（二）技术创新管理的主要内容

技术创新管理的内容包括技术创新管理理论、决策、过程管理和要素管理。技术创新基本理论包括技术创新概念、分类、过程、技术创新进化理论、技术创新壁垒论、技术、技术成长、技术轨道和广义轨道理论等。

技术创新决策贯穿技术创新管理的各个部分，既有战略层次的决策，也有战术层次的决策，包括技术预测与评价、技术创新战略分析基础、技术创新的战略选择、技术创新决策的评估方法。技术预测与评价让决策的长期技术发展趋势与环境更为明确，技术创新战略分析基础为决策者了解产业环境和企业内部要素分析提供理论和分析方法，技术创新战略选择为战略层次的决策提供思路，技术创新决策的评估方法为战术决策提供工具。

技术创新过程管理为企业实施技术创新提供管理工具和方法，主要包括外部技术获取、创意开发方法、新产品开发、服务创新管理、技术创业管理和技术创新项目管理。技术创新要素管理主要包括技术创新的信息与知识管理、能力基础和组织管理。

这些内容是围绕技术创新活动组织的，由两条线贯穿：一条循着技术创新活动延伸由决策和过程管理篇构成；另一条贯穿于技术创新活动各环节之中，由要素管理篇构成。

（三）技术创新管理的培养目标

学生学习技术创新管理之后，应能达到以下培养目标：①掌握技术创新管理的基本概念、基本理论、基本方法与技术，如技术创新管理的概念、特点、作用、技术创新管理的重要性，如何加强企业技术创新管理风险管理，我国企业技术创新管理的发展现状及原因等；②了解技术创新管理的新进展，了解大数据与人工智能等高新技术在技术创新领域的运用；③通过案例分析、项目模拟等方式，培养学生理论联系实际、运用技术创新管理的理论和方法解决实际问题的实操能力，以及组织协调、团队协作与沟通能力。

（四）学习技术创新管理的意义

1. 有利于企业提高对市场环境的适应能力

通过学习技术创新管理，能够使企业对市场环境变化有较强的应对能力，从而提高企业对市场环境的适应能力，增加企业对市场环境变化的承受力。创新管理能力主要由三个方面反映：创新管理战略、创新管理机制、创新管理速度。技术创新管理战略决定和统率企业创新管理的具体行为。企业能否正确地选择并贯彻实施良好的创新管理战略，其能否顺利推进技术创新管理是赢得创新管理收益的先决条件。企业要在正确地分析自身的内部条件和外部环境的基础上，做出企业技术创新管理总体目标部署，并为实现创新管理目标而做出具体谋划和根本对策，高度重视自己的技术创新管理速度，缩短与发达国家企业的差距。

2. 有利于切实加大企业技术创新管理的投入，促进企业转型升级

大量的资金投入是企业技术创新管理活动的必备条件。经费投入多少在很大程度上决定技术创新管理活动的空间规模和时间的持续性，是反映企业技术创新管理实力的重要标志之一。加大企业技术创新管理投入的具体做法有加强企业的自有投入、增加企业的技术创新管理积累、加大企业直接融资力度、利用资本市场推动企业技术创新管理。

3. 有利于培养和造就一支具有敏锐的创新管理意识、会管理、敬业精神强的企业家队伍

企业家不同于普通管理者，能够及时感觉和捕捉住各种机会，并能够采取创新管理行为获取创新管理利润。企业家的作用贯穿整个企业的技术创新管理过程中，企业家常常是技术创新管理活动的倡导者，技术观念的创新管理者，技术手段创新管理的投资者，技术创新管理成果的采用与推广者，技术创新管理活动的组织者。企业家通过权力、感召力和创新管理精神，培育和建立有利于技术创新管理活动场所的文化氛围，通过自己卓越的管理才能，创造性地利用企业资源开拓商品市场，组织和管理企业技术创新管理活动。

4. 有利于提升企业的研究开发能力

学习技术创新管理有利于继续推动建立健全技术开发机构和高水平的技术开发中心。可以对企业的研究开发条件进行改善，并吸收独立科研院所和高等学校的科研力量以多种形式投入企业技术创新管理中来，以抓好重大关键技术的攻关，带动创新管理性的研究开发；也可以对引进技术要在消化吸收的基础上进行二次开发，以提高自主开发和创新管理能力。同时，还要按照市场经济的要求，大力开发有知识产权的生产技术和有较高附加价值的名牌产品、新产品，成为进入市场的有力武器。

5.有利于提高企业的制造能力

大量培养技术熟练的"蓝领工人"，提高企业的设备先进性，使企业的制造能力和创新管理能力适应。

6.有利于加强企业的营销能力

系统地学习技术创新管理，有利于努力开发适销对路、节能降耗、降低成本、提高附加值的产品，并以产品为龙头，带动相关技术的发展；努力发展和保护知识产权，加强工业性实验，促进应用和推广新技术的积极性；提高市场开拓能力，通过大量的市场调研制定正确、可行的市场营销战略，建立起快速的市场反应网络体系，并与国际标准接轨，采用现代化的管理方式，大幅度地提高企业市场预测和快速反应能力，促进创新管理产品的市场化。

二、创业管理

（一）创业管理的特点

1.创业管理是"以生存为目标"的管理

新事业的首要任务是从无到有，把自己的产品或服务卖出去，掘到第一桶金，从而在市场上找到立足点，使自己生存下来。在创业阶段，生存是第一位的，一切围绕生存运作，一切危及生存的做法都应避免。最忌讳的是在创业阶段提出不切实际的扩张目标，盲目铺摊子、上规模，结果只能是"企而不立，跨而不行"。

2.创业管理是"主要依靠自有资金创造自由现金流"的管理

现金对企业来说就像是人的血液，企业可以承受暂时的亏损，但不能承受现金流的中断，这也是创业为什么强调"赚钱"而不是"赢利"的原因。什么是企业的自由现金流呢？就是不包括融资、不包括资本支出，以及不包括纳税和利息支出的经营活动净现金流。自由现金流一旦出现赤字，企业将发生偿债危机，可能导致破产。自由现金流的大小直接反映企业的赚钱能力，它不仅是创业阶段也是成长阶段管理的重点，区别在于对创业管理来说，由于融资条件苛刻，只能主要依靠自有资金运作来创造自由现金流，从而管理难度更大。

3.创业管理是充分调动"所有的人做所有的事"的团队管理

新企业在初创时，尽管建立了正式的部门结构，但很少有按正式组织方式运作的。典型的情况是，虽然有名义上的分工，但运作起来是哪里急、哪里紧、哪需要，就要往哪里去。这种看似"混乱"，实际是一种高度"有序"的状态。每个人都清楚组织的目标和自己应当如何为组织目标做贡献，没有人计较得失，没有人计较越权或越级，相互之间只有角色的划分，没有职位的区别，这才叫作团队。这种运作方式培养出的团队精神、奉献精神和忠诚，即使将来事业发展了、组织规范化了，这种精神仍然存在，成为企业的文化。在创业阶段，创业者必须尽力使新事业部门成为真正的团队，否则是很难成功的。

4.创业管理是一种"经理人亲自深入运作细节"的管理

经历过创业的经理人大都有过这样的体验：曾经直接向顾客推销过产品，亲自与供应商谈判过折扣点，亲自到车间里追踪过顾客急要的订单，在库房里卸过货、装过车，跑过银行，催过账，策划过新产品方案，制订过工资计划，被经销商骗过，让顾客当面训斥过等。这才叫创业，要不一切怎么会从无到有？由于对经营全过程的细节了如指掌，才使得生意越做越精。

管理是彻底奉行"顾客至上，诚信为本"的管理创业的第一步，就是把企业的产品或服务卖给顾客，这是一种惊险的跨越，如果不是顾客肯付钱，怎么收回成本，更遑论利润。企业是出自生存的需要把顾客当作衣食父母的。经历过创业艰难的企业家和经理人，一生都会把顾客放在第一位，可以说是铭心刻骨。再有，谁会借钱给没听说过的企业？谁会买没听说过的企业的东西？谁会加入没听说过的企业？企业靠什么迈出这三步？靠的是诚信，也只有靠诚信。所以，一个企业的核心价值观不是后人杜撰的，是创业阶段自然形成的。创业管理是在塑造一个企业。

（二）创业管理的主要内容

创业导论包括创业与创业精神和创业机会的识别与评估。关于"创业"，一个常用的定义是：创业是一个发现和捕获机会并由此创造出新颖的产品、服务或实现其潜在价值的过程。创业必须贡献出时间和付出努力（心理与生理），承担相应的财务、精神和社会的风险，并获得金钱的回报、个人的满足和独立自主。

创业类型可以从动机、渠道、主体和项目等不同的角度进行分类。从动机角度看，创业分为机会型创业与生存型创业；按新企业建立的渠道分类，可以分为自主型创业和企业内创业；按创业主体分类，可以分为大学生创业、失业者创业和兼职者创业；按创业项目分类，可以分为传统技能型、高新技术型和知识服务型。创业过程一般包括四个阶段：识别与评估市场机会、准备并撰写创业计划；获取创业所需资源、管理新创企业。

创业精神的本质是一种创新活动的行为过程，而非指企业家的人格特质。创业精神的主要含义为创新，也就是创业者通过创新的手段，将资源更为有效地利用，为市场创造出新的价值。虽然创业常常是以开创新公司的方式产生，但创业精神不一定只存在于新事业中。一些成熟的组织，只要创新活动仍然旺盛，这个组织依然具备创业精神。

创业机会首先来自创意。产生创意的途径主要从市场缺失中、顾客不满中、法规变化中、专利公告中、偶然和意外中发现机会。

企业创建包括创业计划书、创业融资和成立新企业。对一位创业者来说，如何将自己的产品或技术向公众推介，如何吸引风险投资家们的眼球，主要取决于创业计划书。创业计划书，又叫商业计划书，是一份全方位的项目策划书。它从企业内部的人员、制度、管理，以及企业的产品、营销、市场等各个方面对即将展开的商业项目进行可行性分析。创业计划书是企业融资成功的重要因素之一。

创业融资是指创业者为了将某种创意转化为商业现实，根据未来新创企业经营策略与发展需要，经过科学的预测和决策，通过不同的渠道，采用不同的方式向风险投资者或债权人筹集资本，组织创业启动资本的一种经济行为。创业融资是为了解决企业成立前后的创业启动资金问题，是创业者的第一次融资，也是最重要的一次融资。

在创建新企业之前，创业者应该事先确定企业的法律组织形式。一个新创企业可以选择不同的组织形式，或者由个体独立创办单一业主制企业和一人有限责任公司，或者由几个人创办合伙制企业，或者成立法人公司制企业。成立新企业是指对已具备法定条件、完成申请程序的公司由主管机关发给经营执照从而取得公司法人资格的过程，公司成立日期就是营业执照的签发日期。

创业团队是两个以上具有一定利益关系的、拥有所创建企业所有权或处于高层主管位置并共同承担创建和领导新企业责任的人所组成的工作群体。团队创业有助于创业的成功和新事业的发展。

企业文化是企业在成长过程中，逐步生成和发展起来的日趋稳定的独特的价值观，以及以此为核心而形成的行为规范、道德准则、群体意识、风俗习惯等。企业文化的优良与否对于企业的生存发展有着重大的影响，而企业文化需要很长时间才能形成，一旦形成又趋向于稳定不变。

企业的运营管理包括企业组织设计与人力资源管理、技术创新与产品开发、市场开发与营销策略、会计报表与财务管理。

生命周期理论是经济学与管理学理论中最普遍的假设之一。产品、技术、产业或事业都有一个从产生到消亡的周期，如同人的寿命一样，企业的创建与成长过程也存在生命周期规律。由于创业企业平均寿命短，如何做强、做久就成了许多创业者共同关心的问题。对企业生命周期的研究首先体现在企业成长阶段的划分上。就成长阶段的划分，最基础也最常见的划分是将企业创立与发展过程划分为四个阶段，分别是培育期、成长期、成熟期和衰退期。

企业尽管有生命周期，但随着转型的实现，可以持续地经营下去；而人的寿命是有限的，特别是随着生理上的衰老及精力的下降，就会难以继续经营企业，这时就需要将企业传承下去，使创业者创建的事业得以保持和延续下去。企业传承的主要方式可选择子女（或家人）继承、管理层收购、员工持股计划等。

（三）创业管理的培养目标

学生学习创业管理之后，应能达到以下培养目标：①系统掌握创业管理的基本概念、基本理论、基本策略和方法。②了解创业管理研究的新成果、新理论、新领域和新观念。③具有较强的分析问题、解决问题的能力，能够将理论与实践结合起来，针对创业管理案例或实践，正确地运用创业管理理论和方法给出基本的解决方案。

（四）创业管理的研究意义

20世纪80年代之前，企业管理以大公司为核心，是大公司主导的管理范式。但80年代以后，传统的管理范式受到严重的挑战，伴随从工业社会向信息社会的转型，速度、创新、知识、创造力显得日益重要。著名创业管理学家、哈佛商学院教授斯蒂芬森认为，自20世纪80年代以来，那些长盛不衰的大公司轻而易举地被击溃，迫切需要创新和创业精神。创业管理大师拉里·法雷尔则断言："发展创业型经济是打赢21世纪这场全球经济战争的关键。"这就与传统的企业管理理念发生了冲突。用传统方法管理大公司的新事业并不能奏效；并且，用传统的方法管理新创企业将导致极其糟糕的结果。在知识经济和信息化时代，面对全球化竞争激烈程度的日益加剧，企业既要创造满足原有需求的新方法，又要创造新的需求，这就必须进行管理转型。

创业管理属于企业管理活动的范畴，但又不同于传统的企业管理，是一种具有综合性的、不确定的、动态的管理，是更加复杂的企业管理工作。传统管理通常针对企业运营各方面的具体问题，是单一的、确定的、静态的。而创业管理则需要创造性地运用管理理论，同时能够综合运用多学科知识解释和总结创业活动规律，促使人们像企业家那样思考和行动。

因此，系统地学习创业管理相关知识，不仅能够培育和开发大学生的创新精神和创业素质，而且可以培养和提高人的生存能力、竞争能力和可持续发展能力，成为社会所需要的高素质复合型人才。

第三节　公司治理与管理信息

一、公司治理

（一）公司治理的概念

公司治理的研究对象是各国经济中的企业制度安排问题。公司治理的概念，有狭义和广义之分。公司治理狭义上指的是在企业的所有权与管理权分离的条件下，投资者与上市公司之间的利益分配与控制关系；广义的公司治理是关于企业组织方式、控制机制、利益分配的所有法律、机构和制度的安排，不仅是企业与其所有者之间的关系，还包括企业与所有利益相关者（顾客、供应商等）之间的关系。

（二）公司治理的发展趋势

1. 全球化

（1）金融市场全球化

金融市场是提高公司治理水平的重要力量。在大多数金融市场发育比较良好的国家国际化投资现象比较普遍。同时，非金融机构意识到扩大投资范围会降低资本成本和金融风险。公司的投资者和所有者都希望在国际市场上融资，扩大公司的知名度和影响力。机构和国际投资者还坚持要求公司遵守国际公司治理规范，提高公司透明度，使公司的运营更加合规。因此，很多公司管理者既要遵守国内的法律和政策，也要提高公司治理水平与国际资本市场相匹配。

（2）产品市场化

随着企业外部环境竞争的加剧，公司为了提高运营效率必须改进公司治理水平和方法，包括利益相关者（员工、消费者和供应商等）与企业相互作用方式、公司融资方式（是否收到投资者和资本市场的认可）、投资产出（科研经费投入）与未来发展等。有效的发展战略方法的制定及实施，可以提高公司的生产效率和竞争优势。

（3）法律制度的趋同

不同的国家对于公司治理及资本市场监管的规则不同。随着全球化进程的加快，很多法律和制度呈现趋同发展趋势。很多发展中国家借鉴发达国家的成功案例和规章制度，在提升公司治理水平、财务透明度、投资者利益保护等众诸多方面制定了很多相关的规定和法律。

2. 网络治理

网络经济是以经济全球化为背景，以现代电子信息技术为基础，以国际互联网为载体，以电子商务为主导的新经济模式，互联网可以实现信息、资金和物资的快速流动，给大众的生活和生产带来巨大的便利，有效地促进国家经济持续增长。网络经济使公司面临的内外部环境更加复杂和不确定，因此公司治理的方法和策略等都发生了很大的变化，如网文的所有权、公司产权虚拟化、治理决策的分散化、居家办公等，这些都是提升公司治理水平需要面对的新问题。

网络治理的关系契约基础不仅使网络治理的研究边界相对模糊，而且内容较多。网络治理的内涵取决于经济组织特别是企业网络组织影响经济主体决策行为的条件、方式和价值创造机制。网络治理研究主要包括网络组织之间的决策科学化的问题，网络技术条件下的工作治理问题，以及网络组织自身的决策科学化问题。作为一种新的组织形式，网络治理相比于市场治理和层级治理这样的组织交易模式，逐渐形成了自身特有的为经济主体创造价值的路径和机制。

在全球化背景下，网络治理的研究正日益成为全球学术界研究的重要内容，网络治理的研究有助于改革传统治理体制中不合理的地方，引导公司在变化的环境中提高治理水平。

3. 绿色治理

党中央、国务院高度重视生态环境问题，企业要加快产业结构调整和绿色低碳转型发展，推动形成绿色发展方式，为社会提供更多的绿色产品。

治理作为一种行为的过程，具有多元的治理主体、互动的权力向度、基于合作的权威来源、以公共利益的实现为目标的特征。传统的公司治理一般侧重于公司利益最大化，对治理过程的描述主要侧重于沟通、协调和参与等具体行为，缺乏对治理过程的整体规范与治理质量的关注。中国特色社会主义进入新时代，新时代的绿色治理一定是高质量的治理。新时代的绿色治理对"如何治理"和"治理效果如何"提出了更为规范的要求：高效益的治理行为和高质量的治理结果。高质量的绿色治理既追求高效益的投入和产出比，更要保证质量。

绿色治理是共同体基于互信互赖和共建共享共治原则，以绿色价值理念为引导，实现经济、政治、社会、文化、生态的和谐持续发展的治理活动或活动过程。

（三）公司治理学的特点

1. 科学性和艺术性

公司治理学作为管理学的一个分支，具有科学性和艺术性的特征。公司治理学的理论体系基于公司经营和实践过程中对问题的归纳和总结。理论体系经过实践的检验，对解决问题具有指导性，能客观地反映公司治理规律的知识体系，这是科学性的体现。公司治理的艺术性是指企业在发展过程中，出现无法用现有理论来解释和指导的问题，需要管理者依靠直觉和经验来做出决策，这种解决实际问题的直觉和经验就是艺术性的体现。

2. 实践性

公司治理是伴随着企业的发展而产生的，每个行业和企业的内外部环境不同，科学的治理理论在每个行业和企业中的应用是不同的。公司治理理论能否对具体问题具有指导作用，关键在于实践和应用。公司治理的实践性是把科学的治理理论知识具体化，公司治理理论体系通过实践才能得以完成和逐步完善。

3. 交叉性

公司治理涉及经济学、管理学、法学、社会学等诸多学科，因此对公司治理的研究不能孤立地从某一个方面进行，这样难免以偏概全。同时由于交叉性较强，导致其自身的理论完整性还相当差。从目前研究趋势来看，公司治理与管理学、会计学、法学等交叉部分较多。

（四）公司治理的主要内容

1. 内部治理

内部治理主要是公司权力的分配和制衡，即在股东会、董事会、监事会、管理者之间如何分配权力并进行制衡的组织结构安排及机制的安排，保证公司内部利益的最大化。

从公司治理的具体内部治理对象来看，公司治理不仅包括权力的制衡，还包括组织治理、人力资源治理、财务治理、战略管理系统、激励制度、组织文化等一切与企业发展有关的制度。财务治理是公司治理内容最根本的体现形式。经济行为都是以经济利益为中心，公司治理很多问题都是由财务问题引起的，有效的公司治理活动更多的是通过财务治理来实现的。

2. 外部治理

外部治理即如何从外部对公司的决策经营施加影响，迫使公司选择良好的治理结构安排，主要是从外部相关利益者的角度出发，诸如资本市场、产品市场、劳动力市场、公司声誉和社会知名度等方面。

资本市场在外部治理中占有十分重要的地位。资本市场的作用对于企业技术进步、提高企业竞争力及产品转型升级具有重要的促进作用。企业可以通过有效的兼并和资产剥离等方式来满足未来发展。另外，机构投资者和个人投资者通过"用手投票"的方式参与企业的经营治理，监督经理人员对企业的经营状况，这在很大程度上提高了上市公司的治理水平。

3. 会计准则

可靠、合理的会计准则至关重要，因为可以通过财务报表向股东准确地传达公司运行信息。投资者正是依靠这些信息来评估投资风险和投资回报。财务信息不准确或不透明将会导致投资者做出错误决策，降低资本市场的有效性。企业雇用外部审计师来审查基于会计准则的财务报表，增强了投资者对财务报告的信心。

4. 监管制度

法律和监管机制并不能够保护中小股东的权益，政府关于公平、公正的执行很重要。通过对高管参与内部交易、信息误导、欺诈等行为进行惩罚来保证法律和监督体系的权威性。

监管执法也会增强投资者的信心，使其确信管理层会受到监督，权益受到保护。如果监管执法乏力，股东在公司治理中不得不发挥直接作用，例如修改公司章程规定给予股东更多权力，或者直接担任董事。

5. 社会文化价值观

企业所在的社会文化环境也强烈地影响管理层的行为，在某些国家被允许的行为，在其他国家可能不被接受。经理人的行为受到社会文化和价值观的影响。同时，社会和文化价值观也影响企业、股东与利益相关者之间的关系。尽管文化价值观很复杂并难以量化，但对公司的治理有着深远的影响。

（五）学习公司治理的意义

1. 良好的公司治理有助于公司的权力平衡和公司组织的稳定

良好的公司治理要明确公司内部结构的权力分配，同时对各自的权力、责任进行有效的制衡，从而保证公司正常运营。公司中的股东会、董事会和管理层之间权力的合理分配和有效制衡。股东会通常是企业的最高权力机构，股东拥有企业的所有权，股东会授权给董事会经营决策的权力，董事会对企业的经营决策负有责任，管理层主要由董事会任命，总经理拥有管理权，对公司日常经营活动负责。三者之间既相互依赖又相互制衡，公司的组织相对稳定，有利于公司的稳定发展。

2. 良好的公司治理有助于公司的融资及企业业绩的提高

良好的公司治理向投资者传递着公司运营良好的信息，使投资者对公司未来发展充满信心，受到投资者的青睐和追捧，也容易从资本市场上募集企业发展所需的资金，公司治理存在问题的公司不会受到投资者的关注。

公司治理既包括公司内部股东、董事和经理等内部治理，也包括市场、政府和供应商合作等外部治理。良好的公司治理有助于企业建立科学的决策机制、分权、制衡、有效的外部激励与约束机制，最终促进公司良性发展。根据研究，公司治理水平对于保持和提高企业绩效的作用是显著的，公司业绩与治理机制效率存在显著的正相关关系。

3. 良好的公司治理有助于资本市场的稳定繁荣和经济良好发展

良好的公司治理使投资者对资本市场充满信心，有利于资本市场的稳定和繁荣，从而刺激国家经济的正常运行。公司治理水平低下，特别是大型企业或国有企业质量出现问题，将会沉重打击投资者的信心，引起资本市场的动荡，甚至引起经济危机。即使在公司治理体系较为完善的美国，公司治理导致的丑闻也是层出不穷。切实提高公司治理水平对于改善企业形象、提振投资者信心、促进企业或行业良性发展都有重要意义。

二、管理信息系统

（一）管理信息系统的特点

1. 面向管理决策

管理信息系统是继管理学的思想方法、管理决策与行为理论之后的一个重要的体系，它是一个为管理决策服务的信息系统，必须能够根据管理的需要，为决策者及时提供有效的信息来做出有效的决策。

2. 管理信息系统是一个人机系统

管理信息系统的目的在于辅助人来做出决策，因此管理信息系统必然是一个人机结合的系统。在管理信息系统中，各级管理人员既是系统的使用者，又是系统的组成部分。因此，在管理信息系统开发的过程中，充分发挥人和计算机各自的长处，使系统整体达到最优。

3. 管理信息系统是一体化的集成系统

管理信息系统是以系统思想为指导来进行设计和开发的。从企业的总体出发进行全面的考虑，保证各个职能部门共享数据，减少数据的冗余度，实现整个系统各自组成部分之间的相互协调，使系统中的数据具有一致性和兼容性。

4. 数据库的应用

管理信息系统的一个重要特点是集中统一的数据库。数据库中分门别类地存储各种工作所需要的信息，同时还具有功能完善的数据库管理系统，对数据进行筛选、组织和更新等管理，使数据更好地服务用户。数据库的应用表明管理信息系统是经过周密设计和科学开发,使系统中的信息能够成为各种用户的共享资源。

5. 数学模型的应用

通过数学模型来分析数据，对决策进行辅助，是管理信息系统的另外一个特点。对于不同的职能，管理信息系统提供了不同的数学模型，例如，用于分析投资回报的投资决策模型、有效提高生产效率的生产调度模型及预测销售额的销售模型等。数学模型与运筹学的相关知识结合起来，就可以对问题进行全面的分析，从中找出可行解、一般解和最优解。在实践过程中，需要根据不同模型的分析结果，为做出各种决策提供依据。

6. 多学科交叉

管理信息系统作为管理学的一个分支，产生较晚，其理论体系尚处于发展和完善过程中。早期的研究者从计算科学与技术、管理理论、运筹学等角度进行研究，现在侧重从模糊数学、博弈论、系统工程等相关学科中抽取相应的理论，构成管理信息系统的理论基础，从而形成一个多学科交叉的学科。

（二）管理信息系统的主要内容

在企业中可以按照一定的职能将组织机构分成若干个部门。这些部门按照不同的职能建立起来的管理信息系统结构就称为管理信息系统的职能结构。根据各组织职能划分的不同，可以将管理信息系统划分为不同的子系统，管理信息系统就是各管理职能子系统的综合。每个系统用来完成相关功能的全部信息，包括业务处理、财务核算、经费支出等管理。

1. 市场销售系统

市场销售系统通常包括产品的销售及售后服务的全部活动。业务处理有销售订单、应收账款、推销订单等的处理。管理控制方面包括根据消费者、竞争者和销售能力等方面的信息，对总销售成果、市场规模和竞争对手等方面的情况进行分析和评价，确保完成销售计划。整个过程还包括销售人员培训费用、市场开拓费用、销售计划编制等项目。战略计划方面，依据新市场的开拓和战略，使用的信息有顾客分析、竞争者分析、顾客调查、收入预测等部分。

2. 生产管理系统

生产管理系统的功能主要包括产品设计、工艺改进、生产计划安排、生产设备调度、生产工作人员的培训及质量标准的实施等。在生产管理系统中，业务处理包括生产指令、产品组装、废品处理和工时核算等。运行控制要求把实际的生产进度和生产计划进行比较，及时发现并解决阻碍生产进度的问题。战略计划方面主要包括对改进工业过程的各种方案进行评价，选定最优的加工和自动化生产的方法。

3. 人力资源系统

人力资源系统主要指对员工的招聘、培训、工资福利、考核及离职等方面的管理。业务处理要产生聘用条件、培训要求、员工技能、工资变化及合同终止等内容。运行控制主要涉及对录用人员数量、应支付的工资和培训费用等情况的分析结果。管理控制包括员工的录用和解聘、招募费用、培训费用等变动情况。战略计划主要指对招聘、工资、福利待遇及人员配置等战略和方案的评价分析。

4. 财务会计系统

财务和会计的最大区别是目标不同。财务的目标是保证企业在资金使用方面的财务要求，并尽可能地减少支出；会计的目标是把财务方面的业务进行分类、总结，然后填入标准的财务报表，并制定预算、对成本数据进行核算分析与分类等。运行控制和业务处理主要包括分类和汇总每天的单据，提出差错和异常情况的报告，以及延迟处理业务的报告和未处理业务的报告等。管理控制主要是对预算和成本数据的计划执行情况进行分析和比较、处理会计数据的成本和差错率等。在战略计划方面，人们关心的是财务保证的长远计划、资金筹集计划、减少税收影响的长期计划，以及成本会计和预算系统的计划，并且还要制定财会战略。

5. 信息处理系统

信息处理系统的作用是保证各职能部门获得必要的信息资源和信息处理服务。该子系统典型的业务处理有工作请求、采集数据、改变数据和请求、软硬件情况的报告及设计方面的建议。管理控制主要将计划和执行情况进行分析比较，如设备成本、开发人员水平、新项目进度和计划的对比等。运行控制的内容包括日常工作任务的调整、差错率分析、设备利用率和设备故障，以及控制新项目的开发进度和调试时间。战略管理层主要关心的是组织功能的集散度，信息系统的总体规划，硬件、软件系统的总体结构等内容。

（三）管理信息系统课程培养目标

学生学习管理信息系统之后，应能达到以下培养目标：①具备良好的数理基础、管理学和经济学理论知识、信息技术知识及应用能力，掌握信息系统的规划、分析、设计、实施和管理等方面的方法与技术，具有一定的信息系统和信息资源开发利用实践和研究能力。②熟练地掌握计算机应用技术，具有在现代制造业、现代服务业等领域或政府机构从事信息管理工作的实际操作能力。③具有较强的专业分析能力、语言表达能力、良好的沟通能力和组织协调能力，了解本学科的发展动态及相关领域的前沿知识。

（四）学习管理信息系统的意义

信息技术的发展和运用引发了继农业文明、工业文明之后的第三次浪潮——信息化给企业和组织的变革带来了新的契机，为社会的发展提供了新的动力。

1.管理信息系统促进组织变革和产业创新

管理信息系统的开发与运行、信息技术的广泛运用给企业带来的变革是多方面的。主要体现在以下五个方面：

（1）支持业务流程的重组

管理信息系统的开发给企业重新认识自己、重新审视自己流程的契机，扁平化管理、供应链管理、大数据、云计算等新思想和理念层出不穷，导致企业内部结构的调整。

（2）管理过程的改善

设计良好的管理信息系统，能够帮助管理者随时掌握每一个客户的信息、订单的信息、销售商的信息等，也可以帮助管理者掌握每一个部门的工作状况，及时了解订单的生产情况、进度，分析各业务环节中出现的问题及原因，及时而有效地进行管理和控制。

（3）灵活的运营方式

信息技术的发展能够使企业更加迅速地满足企业个性化要求，为批量定制提供了手段和保障，使敏捷制造和灵活制造成为可能；在管理信息系统的支持下，企业处理信息的能力大大提高，帮助企业与供应商、消费者等保持密切的联系，使企业的运营方式更加灵活。

（4）协作程度的提高

管理信息系统使企业内部各部门之间、企业与其他企业之间的协作程度得以提高，尤其是线上购物、网络视频等更为企业的协作提供了便利，企业间的密切协作形成了虚拟公司，从而创造出超越任何一个企业单独运作的实力。

（5）工作地点更加灵活

管理信息系统能够使决策者和管理者实现异地办公和远程办公。在外地的业务员可以把所需及得到的信息随时与企业总部进行沟通，企业内部的相关人员随时随地对这些信息进行处理。

2. 管理信息系统支持信息资源的开发和更新

信息是所有产品或服务性能、质量的描述，是管理控制和决策分析的基础和依据。信息对企业和组织的发展至关重要，管理信息系统可以有效地实现信息的组织、采集、存储传送和加工。企业内部大量的数据被有效地组织起来，储存在数据库中，利用计算机网络实现数据的传送和信息的共享，让信息不再被某人或某部门单独使用，而应该成为全企业或全组织共享的资源。

管理信息系统可以通过数据库把企业内部的各种业务数据进行整合，企业的决策者、管理者及客户按照特定的规则通过各种应用系统（如生产管理子系统、市场营销子系统、人事管理子系统、财务会计子系统等）向数据库输入或得到数据，及时完成各种数据的更新。

无论是企业高层的决策者、管理层的经理还是执行层的业务员，也无论是财务会计、市场营销及其他职能人员，日常工作中任何一项工作都离不开数据库的支持，管理信息系统的开发和运用对很多人的职业生涯非常重要。一个不懂得如何组织信息、运用信息的人在信息时代是无法有效地生产和发展的。

3. 管理信息系统可以实现数据矢量化分析

信息资源的开发和利用通常会借助一些工具，这些工具包括查询与报表工具、数据分析工具、数据挖掘工具等，在各种数据分析与挖掘工具的支持下，对综合数据库及数据进行有效的分析和处理来支持高层的决策。综合数据库及数据库中的数据通常来自已有应用系统中的数据库（如生产数据库、财会数据库、供应商数据库等），只要是能够为支持决策和分析过程提供所需要的数据，就可以成为数据库的数据源。从各种数据源中获取数据，在进入数据仓库之前经过检验，排除可能隐藏的错误，再经过特别的整理、加工和重新组织后传输到数据库中。

数据挖掘是从存储海量数据的数据库中提取隐含在其中的有用信息和知识的过程。它可以帮助企业对数据进行微观、中观和宏观的统计和分析，从而利用已有的数据预测未来，帮助企业提供竞争优势。例如，利用数据库挖掘可以对企业产生影响的客户资料，包括客户类型、客户需求、客户喜好变化等；利用数据挖掘可以进行市场研究，包括商品市场占有率预测、新产品投入市场情况等；进行经营战略研究，包括经营成本分析、风险控制等。

第四节　战略管理与创新管理

一、战略管理

（一）战略管理的主要内容

1.战略识别

战略管理的首要任务是确立战略方向，包括制定企业的企业愿景、使命与目标。企业愿景是对企业使命和未来理想状态的一种精简描述，它为企业战略的制定提供了背景框架，是企业自身的一种定位。企业愿景的陈述具有前瞻性、开创性特征，是就企业未来发展前景达成的共识，反映了企业的价值观和期望，是对"我们希望成为怎样的企业"的一种持续性回答。企业愿景具有指引战略实施、凝聚员工、提高组织绩效等作用。

企业使命是对企业在社会中的经济身份或角色的表示，它是对企业存在的价值和意义的概括说明。企业使命描述了企业的愿景、共享的价值观、信念及存在的原因，通常会载入企业的政策手册和年度报告中。它是企业管理者确定企业发展的总方向、总目的、总特征和总的指导思想。它反映了企业的价值观和企业力图树立的形象，揭示出企业与其他企业总体上的差异。一般来说，绝大多数企业的使命是高度概括和抽象的，企业使命不是企业经营活动具体结果的表述，而是企业开展活动的方向、原则和哲学。

战略目标是指企业通过一定时期的战略行动而达到的具体结果，它是对企业使命的进一步细化和分解，也是对企业生产经营管理活动全局的筹划和指导。战略目标是对企业战略的一种定位，是企业战略的核心，表明了企业战略的指向。根据层次不同，战略可以分为公司战略、经营战略和职能战略三种类型。

2.战略分析

通过战略识别确定企业目标之后，要进一步展开对外部环境和内部环境的分析，以便及时对战略做出判断。

企业通过外部环境分析，对行业环境做出判断，预测行业未来的发展态势；对产业结构进行分析，掌握产业当前的竞争局势。外部环境分析主要包括三个方面：（1）宏观环境，主要由政治法律（Political&Legal）、经济（Economic）、社会文化（Social&Cultural）和技术（Technological）因素相互影响而成，因此宏观环境分析又简称为 PEST 分析。宏观环境分析的意义在于如何确认和评价政治法律、经济、科技及文化因素对企业战略目标和战略选择的影响。（2）行业环境分析，是指对行业的性质、竞争者、供应商、消费者进行分析。行业环境分析的目的在于弄清行业的总体情况，把握行业中企业的竞争格局及本行业和其他行业的关系，有效地发现行业环境中存在的威胁，努力寻找企业发展的机会，从而选择自己希望进入的行业及在行业中所处的地位。（3）竞争者分析包括竞争者的确定、竞争者的战略目标分析、竞争者的现行战略分析、竞争者的假设及能力分析。

企业内部环境是指企业能够控制的内部因素。内部环境是企业进行生产经营活动的基础，内部环境虽然包含很多内容，但是最根本的是企业的资源与能力，企业战略的制定和实施必须建立在现有的资源和能力上。资源是指企业所拥有或控制的、能够为顾客创造价值和实现企业自身战略目标的各种要素禀赋。进行企业资源分析就是系统地分析企业资源在数量和质量两个方面的构成及配置情况，其意义在于发现企业在资源获取和利用上的优势和劣势。相较对资源而言，企业能力是指企业通过整合资源实现企业价值增值的技能。进行企业能力分析旨在对企业关键性能力进行识别，以及对关键性能力在竞争表现上的分析，主要从生产能力、营销能力、研发能力、管理水平、业务能力等方面进行分析。

此外，在内部环境分析时，需要掌握一些基本的方法，主要有 SWOT 分析法、价值链分析法和投资组合分析法。这些方法可以帮助我们清晰地了解企业内部情况，从而为下一步的战略制定打下基础。

3. 战略制定与选择

战略制定是战略活动的起点。企业战略制定是在分析企业内外部环境的基础上，认清企业面临的威胁与机遇、明确自身优势与劣势，根据企业发展要求和经营目标，依据机遇和机会，列出所有可能达到的战略方案；之后评价和比较战略方案。企业根据股东及相关利益团体的期望和要求，确定战略方案评价标准，并依据标准比较各种可行战略方案；在评价和比较的基础上，企业选择一个最为满意的方案作为正式方案。

战略决策者在面临多个可行方案时，往往很难做出决断。在这种情况下，影响战略选择的因素很多，其中，较为重要的包括以下六点：（1）过去战略的影响；（2）企业对外界的依赖程度；（3）对待风险的态度；（4）竞争者的反应；（5）文化因素；（6）政治法律因素。

4.战略实施与评价

战略实施是指将企业制订的战略方案付诸行动。企业在弄清了所处内部环境和外部环境之后，根据企业的使命和宗旨制订了实现战略目标的战略方案，然后专注于将战略方案转化为具体行动。战略的实施是一个自上而下的动态管理过程。自上而下主要指在公司高层制定了战略目标后，在各层级梯次传达的过程。在这个梯次传达执行的过程中，各部门分工和执行各自的工作内容。

战略评价主要是指评估企业经营计划的执行情况，监控企业内部环境和外部环境的变化，考察企业的战略基础，以保证企业可以快速应对环境的变化和防范风险的发生。战略评价主要包括以下三项基本活动：（1）考察企业的战略基础。企业的战略是在对内部环境和外部环境分析的基础上做出的选择，战略基础是对企业内部环境和外部环境的界定。如果战略基础发生变化，那么原有战略基础上制定的企业战略就会失去有效性。（2）比较预期业绩与实际业绩。企业比较预期业绩与实际业绩的差异，可以解决两个方面的问题：一是战略实施的实际业绩如何、是否发生偏差；二是发现战略基础发生变化造成的影响。（3）分析偏差的原因及应采取的对策。其重点在于判断偏差产生的原因。

二、创新管理

（一）创新管理的特点与学习意义

1.创新管理的特点

创新管理以组织结构和体制上的创新确保了整个组织采用新技术、新设备、新物质、新方法成为可能。创新管理具有以下特点。

（1）创新管理的紧迫性

由于企业宏观生存环境和市场竞争环境的变化比以往更快、范围更广泛，因而对企业管理创新活动的要求也就更加紧迫，不变革就死亡已是企业的广泛共识。著名管理学家德鲁克曾指出："我们无法驾驭变革，我们只能走在变革之前。"如果企业在创新经营上没有空前的紧迫感，就只能永远跟在别人后边跑，直至被淘汰出局。

（2）创新管理的决定性作用

在知识经济时代，人的智慧资本和企业的无形资产在产品与服务中的比重越来越大，诸如互联网经济、娱乐经济、眼球经济、色彩经济等新型经济形式已经越来越受到人们的关注和重视，知识经济在一个国家国民经济中的比重也越来越大。在市场竞争中，只有不断创新的企业和附加值高的产品才能在竞争中取胜。如果说以往创新决定着一个企业是否比别人跑得更快，那么今天创新则决定着一个企业的生死存亡。

（3）创新管理的广泛性

过去的创新主要集中体现在技术创新和产品创新领域，而在今天，企业的创新几乎涵盖企业的一切经营管理活动，尤其是在商业模式、营销活动、企业组织、运营流程、企业文化等方面，都是传统的创新活动几乎没有关注到的领域，而这些领域的创新又恰恰是当今企业价值创新系统中最为关键的薄弱环节。现在很多企业苦于没有足够的资金和人员，以支持对新产品和新技术的开发创新；而另一些取得非凡成功和超常规发展的企业，仅靠改变一下模式、改进一个流程、改进一点服务，甚至改变一种想法，就可以在竞争中取胜。

（4）创新管理的不确定性

改革开放以来，我们努力学习国外的先进管理经验，当我们感觉刚刚明白了一些道理、掌握了一些规律的时候，大师们又毫无预警地告诉我们，现在又进入了一个什么都说不准的"不确定性时代"。那些预测事物发展变化的方法有可能会在今天变得无效，就连过去信奉多年的顾客市场细分方法也受到了前所未有的挑战：只关注顾客群体的需求是不对的，更大的商机也许就潜藏在人数更多的"非顾客群体"的需求之中。可见，经营环境和市场的不确定性，对企业的管理创新活动提出了更高的要求：一方面，企业需要突破传统的思维方式，积极地拓展开放式经营，大胆地进行破坏性创新；另一方面，企业需要加强对管理创新活动的风险评估和管理，尽可能减少意外的风险和损失。这对企业来说，无疑是一道高难度的智力题，考验着每一个企业家的创新灵感和经营智慧。

2.学习创新管理的重要意义

著名管理学家德鲁克曾说过，现代企业最重要的职能只有两个：一个是创新，另一个就是营销。对企业而言，创新管理是其自身生存发展的需要。经济全球化是当今世界经济发展的特征，各国经济通过商贸往来相互联系、相互依存、相互融合。现代资源、技术、信息、人才和商品在全球范围内流动，企业竞争日趋激烈。市场经济的法则是优胜劣汰。企业在竞争中要想占据优势地位，不断创新、提升管理水平是其唯一的选择。

学习创新管理，有助于增强企业市场竞争力。企业研究和运用创新管理原理、了解企业所处阶段、分析市场环境、制定和实施有效的创新管理策略，将有助于企业的经营管理和运行机制更加规范、合理，实现人、财、物等资源的有效配置，保证和促进其自身的生存和发展。

（二）创新管理理论的主要内容

1.创新管理理论的内容结构

创新管理是指企业在其现有资源的基础上，发挥人的积极性和创造性，通过一种新的或更经济的方式来整合企业的资源。创新管理的内容主要包括制度创新、组织创新、管理创新、技术创新、市场创新等。

2.制度创新

制度创新包括制度创新与变迁、企业产权制度重构等内容。制度创新与变迁包括制度创新的动因与一般过程、制度变迁的路径绩效与种类等内容。其中，制度创新的推动因素包括国家偏好、市场规模、生产技术等。

企业产权制度重构是一种制度性的产权关系调整，尤其是对国有企业来说，其产权关系须向现代企业产权制度转变。国有企业产权制度调整要从两个方面入手：第一，通过产权重构，实现政资分离，解决产权不明的问题；第二，通过建立现代公司管理结构，实现政企分开，解决法人财产权的所属问题。这两个方面目标的实现依赖以产权革命为核心的企业制度创新。产权革命的目的是要实现企业产权关系及产权责任明晰化、人格化、市场化、法律化，并通过法人治理结构予以有效的运作。现代企业制度创新的运作机制主要包括两点：一是现代企业制度创新中利益关系的调整；二是制度创新中利益主体间的博弈。

3. 组织创新

组织创新是指对实现企业目标的各种要素和人们在工作过程中的相互关系进行组合配置，产生有助于创新活动的组织结构。现代创新型企业必须从根本上改革企业的组织结构，使之成为面向顾客的流程化组织形式，更快、更有效率地将创新孵化成可制造、有商业价值的产品。

组织创新是一个系统过程，实践表明：成功的组织创新需要遵循科学的创新程序。组织创新可以按以下程序进行：认识变革的力量及需要；明辨问题；确定组织创新的内容；认识限制条件；确定解决问题的方法；实施变革计划；检查变革结果，进行反馈；找出以后改进的途径。然后再按上述步骤循环进行，每次循环都要有所改进和提高，以便组织不断地得到完善。

4. 管理创新

管理创新是指用新的、更有效的方式方法来整合组织资源，以期更有效率地实现组织的目标与责任。管理创新包括管理创新的动因、管理创新的主体、管理创新的方法等。

管理创新的动因是指管理创新主体的内在动力，是创新行为发生和持续的主要原因。创新主体的创新动机并不是单一的，而是多元的，这既与创新主体的价值取向有关，也与企业的文化背景有关。一般而言，管理创新动机包括创新心理需求、成就感、经济性动机、责任心。管理创新的主体包括企业家、管理者、企业员工。管理创新的方法是通过探讨影响创新的环境因素来帮助管理者激发创新意识，一般包括组织结构、文化和人力资源三类要素。

5. 技术创新

技术创新是指新的技术在生产等领域里的成功应用，包括对现有技术要素进行重新组合而形成新的生产能力的活动。技术创新是一个全过程的概念，既包括新发明、新创造的研究和形成过程，也包括新发明的应用和实施过程，还应包括新技术的商品化、产业化的扩散过程，也就是新技术成果商业化的全过程。技术创新包括技术创新的战略选择、技术创新的模式选择、技术创新的动力机制、技术创新的扩散机制等内容。

技术创新的战略类型大致具有两种分类方式：一是按照企业在所在产业技术创新中的地位划分；二是按照企业技术创新的源泉划分。按照企业在所在产业技术创新中的地位划分，现代企业可以选择三种类型的技术创新战略类型：主导型、跟随型、模仿型。按照企业技术创新的源泉划分，企业的技术创新战略也可以分为三类：独立研究开发型、技术引进型、引进与创新相结合型。

技术创新模式包括率先创新与模仿创新两种。率先创新是指一个企业领先于其他企业首次将某项科学发明成果市场化，并获得相应的经济利益；模仿创新则是指企业学习率先创新企业的成果和经营行为，并在此基础上加以不同程度的改进与创造，向市场提供相应的产品，并获取收益的创新活动。

技术创新动力来源有三种模式。一是技术推进模式。按照这一模式，技术创新是由技术发展的推动作用产生的，科学技术上的重大突破是技术创新的原动力，是驱使技术创新活动得以产生和开展的根本动因。二是市场需求拉引模式。这一模式强调了研究分析市场机会对于企业的重要性。通常因市场需求而导致的技术创新大多是产品创新和工艺创新，创新周期较短。相对技术推进模式而言，企业对市场需求的变化反应更为敏感，因为市场需求为企业提供的创新目标更为明确一些。三是技术推进和市场需求拉引的综合作用模式。这种模式认为，现代技术创新是一个复杂的过程，不可能明确界定某一个因素是创新活动唯一的或最基本的决定因素。

技术创新扩散是指技术创新通过一定渠道在潜在使用者之间的传播采用过程。技术创新的扩散效益包括以下方面：技术扩散是延长产品生命周期的有效途径；技术扩散也是企业分散风险的有效途径；技术扩散还有助于形成"创新、转让、再创新"的良性循环。

6. 市场创新

市场创新是指企业从微观角度促进市场产生的变动和市场机制的创造，以及伴随新产品的开发对新市场开拓、占领，从而满足新需求的行为。市场创新包括市场优势创造、市场障碍与突破、市场营销创新等内容。

市场优势能给企业带来良好的发展，要在动态条件下保持市场优势需要做到以下两点：一是适应外部条件的变化，保持创业者精神；二是强化企业内部系统，防止被模仿。

市场障碍是指阻碍市场有序运行的问题、矛盾和摩擦。市场障碍包括时间上的障碍、空间上的障碍、生产能力的障碍，以及竞争不断升级的障碍。当企业市场存在障碍时，要想办法突破这些障碍。突破障碍的途径包括从整体营销中突破障碍、针对竞争对手克服市场障碍，以及为他人树立难以突破的障碍。

市场营销创新是指根据市场营销环境的变化情况，并结合企业自身的资源条件和经营实力，寻求营销要素在某一方面或某一系列的突破或变革的过程。在这个过程中，并非要求一定要有创造发明，只要能够适应环境，赢得消费者的心理且不触犯法律法规和通行惯例，同时能被企业所接受，那么这种市场营销创新就是成功的。

第五章　工商管理与市场营销渠道建设

第一节　市场营销及市场营销渠道的设计基础

一、市场营销的内涵

市场营销是一门随着现代市场经济和商业实践发展而逐步完善的学科，随着时代的发展，市场营销的定义也有所差别。

（一）市场营销的经典定义

市场营销学是一门不断发展的新兴学科。在学科发展的不同阶段，营销学家们】从不同角度对市场营销进行了界定。如"市场营销是一个过程，在这个过程中一个组织对市场进行生产性的和营利性的活动""市场营销是创造和满足顾客的艺术""市场营销就是在适当的时间、适当的地点，以适当的价格、适当的信息沟通和促销手段，向适当的消费者提供适当的产品和服务"等。而最具有代表性、最能说明学科发展阶段性的是美国市场营销学会（American Marketing Association，AMA）分别于 20 世纪 60 年代、80 年代和 21 世纪初所下的三个经典定义。

定义一（AMA，20 世纪 60 年代）：市场营销是将货物和劳务从生产者流转到消费者过程中的一切企业活动。这一定义将市场营销界定为商品流通过程中的企业活动。在此定义下，"营销"等同于"销售"，它只是企业在产品生产出来以后，为产品销售做出的种种努力。

定义二（AMA，20 世纪 80 年代）：市场营销是指通过对货物、劳务和计谋的构想、定价、分销、促销等方面的计划和实施，以实现个人和组织的预期目标的交换过程。

根据这一定义，市场营销活动已超越了流通过程，是一个包含了分析、计划、执行和控制等活动的管理过程。

定义三（AMA，21世纪初）：营销是一项有组织的活动，它包括创造"价值"，将"价值"沟通输送给顾客，以及维系管理公司与顾客间的关系，从而使得公司及其相关者受益的一系列过程。

（二）市场营销的权威定义

除美国市场营销学会（AMA）的三个经典定义以外，营销管理学派的代表人物——美国西北大学教授菲利普·科特勒、欧洲关系营销学派的代表人物——格隆罗斯于20世纪90年代对市场营销所下的定义也被世界各国市场营销界广泛引用，成为两个学术流派的权威定义。

定义四（格隆罗斯）：营销是在一种利益之下，通过相互交换和承诺，建立、维持、巩固与消费者及其他参与者的关系，实现各方的目的。

定义五（菲利普·科特勒）：菲利普·科特勒分别从管理和社会的角度对营销进行了界定。从管理的角度界定，营销管理作为艺术和管理的结合，它需要选择目标市场，通过创造、传递和传播优质的顾客价值，获得、保持和发展顾客；从社会的角度界定，营销是个人和集体通过创造，提供出售，并同别人自由交换产品和价值，以获得其所需所欲之物的社会过程。

因此，现代营销是以实现企业和利益相关者等各方的利益为目的，对顾客价值进行识别、创造、传递、传播和监督，并将客户关系的维护和管理融入各项工作之中的社会和管理过程。

二、营销渠道的内涵

（一）营销渠道的定义

营销渠道又被称为"销售通路""流通渠道"或"分销渠道"。下面是国内外渠道学者从不同的视角分别对营销渠道做出的定义：

1.美国市场营销协会（AMA）定义营销渠道："企业内部和外部的各类中间商的组织机构，通过这些组织，商品（产品和劳务）才得以上市行销。"

2.菲利普·利特勒这样定义营销渠道："营销渠道是促使产品或者服务顺利地被使用或消费的一整套相互依存的组织。"

3. 伯特罗森布罗姆给营销渠道下定义："与公司外部关联的，能达到公司分销目标的经营组织。"

4. 国内学者定义营销渠道：营销渠道为最终用户创造价值，它既是一条物的转移链，也是一条价值的转移链；营销渠道是连接生产者与最终消费者之间的桥梁，它为消费者在购买商品和服务时，提供了时间上和空间上的便利。

虽然这些定义侧重点不同，但它们都揭示了营销渠道概念的本质。由此可见，商品或服务从生产者转移到消费者的同时，参与所有权转移的全部参与者共同构成了营销渠道。营销渠道是一个具体的通道，是一个从生产者开始，到消费者（客户）结束的具体过程。而且这个通道并不是单一构成的，而是可能由多重路径构成，具体是从企业生产的产品或服务开始，通过各层级中间商，将商品或服务转移到消费者手中，完成商品或服务所有权的转移。总而言之，商品或服务流向消费者的整个流通过程就称为营销渠道。

（二）营销渠道的基本流程

渠道成员的活动主要包括实体转移、所有权、促销、谈判、资金、风险、订货和付款等。成员的上述活动在运行中形成各种不同种类的流程，这些流程将组成渠道的各类组织机构贯穿起来。最主要的流程包括实物流、促销流、所有权流、资金流、谈判流、风险流、付款流、订货流及市场信息流。以上九种流程中最为重要的是实物流、付款流、市场信息流、所有权流。

不同流程的流向也有很大区别：实物流、保销流、所有权流在渠道中的流向是从生产者指向最终消费者或用户；付款流、订货流和信息流则是从消费者或用户指向生产商；而资金流、风险流及谈判流则是双向的，一旦不同成员之间达成交易，其谈判、资金往来及风险承担均是双向的。

（三）渠道关系

渠道关系是指渠道系统中各个成员的交往状态和合作深度。渠道关系的内涵在理论界有两种观点：一是亨特的交易利益学派，亨特从交易利益的角度认为，渠道关系是"渠道成员间寻求相互利益帮助的关系"，他认为渠道关系是作为一种服务于市场需要的方式，因市场需要而产生；二是斯特恩的交易伙伴学派，他们认为，渠道关系是渠道成员间相互承认的某种特殊地位，以信任和承诺为基础，关系各方视彼此为伙伴，共同为改善产品品质及降低管理成本而努力。格鲁诺斯将该定义进行发展，认为渠道关系是经由相互的交换及承诺的实践，建立、维持及商业化渠道成员间的关系，目的在于让所有渠道成员的目标能够相互达成。结合多位学者的成果，本书认为，渠道关系是借由渠道成员间的互动而建立的渠道上下游长期的彼此互惠的关系，目的在于使双方都可获得更大的渠道价值。

（四）营销渠道的功能

在整个价值传递过程中营销渠道的作用是使商品或服务顺畅、高效地从生产者手中转移到消费者手中，缩小或消除消费需求与产品供应之间的差异，使各种细分市场的供给与需求相互匹配。

营销渠道的基本功能如下：

1. 信息：通过市场调查收集和整理有关营销环境中的有关潜在与现行顾客、竞争对手和其他影响者或影响力量的信息，并将这些信息在渠道成员间共享。

2. 交易谈判：谈判是买卖双方为实现成员之间互利互惠的合作，分享渠道分工的效益，尽力达成有关产品的价格和其他相关条件的最终协议。

3. 促销：渠道成员通过富于创意的开发和构思，把相关产品和服务的信息以富有吸引力和说服力的、顾客乐于接受的形式，传递给消费者的活动。

4. 融资：渠道成员为实现渠道功能，获得和分配资金以负担渠道各个层次存货所需的费用。包括商品生产和销售环节投入的资金，用于组织的运转和支付劳动者工资的资金等。还包括为了使生产厂商能够很快地回收资金、提高其资金使用效率，而进行独立的投资。

5. 订货：渠道成员向生产商进行有购买意图的沟通行为。在具体工作中，表现为接受或争取订单。

6. 物流：产品实体从原料到最终顾客的运输、存储活动。

7. 承担风险：在执行渠道任务过程中，随着商品所有权的转移，渠道成员通过专业化的分工在分享渠道利益的同时，有关风险（库存风险、呆账风险等）在渠道成员之间转换和分担。

8. 付款：分销商通过各种方式向生产者支付账款行为。

9. 所有权转移：商品的所有权转移到另外的组织和个人的实际转移。

10. 服务：主要是指渠道成员为最终用户提供的服务，包括售前产品介绍、售中技术指导和售后维护等。

三、营销渠道的作用

根据经济学的基本理论知识，营销渠道最主要的作用在于原材料经过多次加工满足人类日益增长需求的过程。其对商品从生产者转移到消费者过程中的必备工作进行整合，目的是把商品或服务提供给更多群体的消费者，其主要作用表现在以下八个方面：

（一）研究作用

归纳总结制订完整计划，掌握商品或服务交换的基础信息。对企业来说，营销渠道是连接生产者和消费者最重要的桥梁，对于生产者收集消费者的真实需求信息起着至关重要的作用，便于生产者根据营销渠道反馈的信息制订更适合的计划。

（二）促销作用

属于营销渠道的核心功能，对所售产品或服务进行具有说服力的沟通，增强消费者的购买欲望。

（三）接洽作用

渠道中间商寻找潜在的消费者，并与其进行沟通，初步确定消费者的购买意向。

（四）配合作用

为了使提供的产品或服务能够满足消费者的需求，具体反映在制造、评分、装配、包装等环节上。

（五）谈判作用

通过商业谈判行为，转移所供商品或服务的所有权，对价格及相关资源商讨后统一意见，并通过合同进行行为的确定。

（六）实体分销作用

给予商品流通和库存的能力,更便捷地将产品或服务从生产者转移至消费者。

（七）融资作用

生产者通过对营销渠道资金周转周期进行调整,提高渠道的运营成本,保证其正常流通。

（八）风险承载作用

在一系列的生产活动中,担负起全部的潜在风险,包括运输、库存及分销过程。

四、营销渠道结构

（一）营销渠道结构的类型

1.长度结构（层级结构）

由经营模式涵盖的层级数额决定的组织结构称为长度结构。通常按照渠道等级的数额划分。

产品或服务直接由生产者向消费者转变,不存在中间环节的渠道就称为零级渠道。零级渠道的主要特征是规模庞大或自身科技力量强或者所需针对性更强服务的重要产品营销采取的主要模式属于渠道结构分销的重要形式。在电信行业中,运营商公司都成立了政企客户部,其客户经理一对一服务军队、政府、企业、单位。另外,实体渠道的面对面直销模式、外呼团队的电话营销模式都属于零级渠道。

（1）一级营销渠道

一级营销渠道由单独中间商为消费者提供产品和服务的转移。

（2）二级营销渠道

二级营销渠道包含两个中间商。在电信市场上，这两个渠道中间商通常是批发商和零售商。产品或服务批发商先行打包买入,后由小型批发商向零售商转售,最终流入消费者手中。

（3）三级营销渠道

三级营销渠道包括三个中间商。这类渠道通常出现在一般消费品营销过程中。在电信市场中，这类消费品涉及面广，比如号卡、充值卡或一般性基础服务。批发商无法直接面向数量众多的零售商，他们两者之间需要一层更专业的分销渠道作为补充，因此，便在大型代理商和小型零售商之间出现一种中级经销商，形成三级营销渠道结构体系。

2. 宽度结构

以各层级中间商多少为基础来定义的渠道结构称为渠道的宽度结构。其制约因素包括产品特征、市场环境、消费者习惯及公司营销模式等。渠道的宽度结构主要分为以下三类：

密集型分销渠道（广泛型分销渠道），即在同一渠道层级上选用数量多且密度大的零售商来销售产品或服务的渠道类型。行业中具体体现为末端代理渠道，如商店、小型超市特约代理点及便民服务点。

选择性分销渠道，在某些渠道层面上筛选固定类型的渠道中间商对商品进行有针对性营销的渠道类型，在电信行业中也有体现。例如，部分热门的抢购活动业务仅通过线上及自有渠道办理而非全部渠道一起开展。

垄断分销渠道，是指仅选择一家渠道中间商营销进行独家经营。具体体现为市场竞争力强或品牌优势明显的新产品。为尽快进入市场，通过独家渠道进行营销。优点是便于对营销渠道进行精准控制。在产品倾销任务完成后一般转为其他分销模式。

3. 广度结构

渠道的广度结构也叫渠道的多元化搭配。可以这么说，许多企业都采用了多元化的渠道组合方式，也就是通过混合渠道模式来销售商品。举个例子，公司接待重要行业客户，营销组织内部就会专门成立一个重点部门进行一对一的营销。而面对数目众多的中小型企业，必须采用不同种类的分销方式，对于实体渠道不感兴趣的消费群体，必须通过电子渠道及线上模式开展营销。

所以将渠道结构大致划分为直销和分销两大类。其中直销又可以细分为几种，例如公司通过设立政企客户中心、公众客户中心及公司一级部门下属的专项营销团队和分支机构等。此外，还包括官网线上业务办理、电话销售等模式。营销渠道则可以进一步分为经销商和代理商两类。

（二）渠道结构选择

1. 渠道长度决策

渠道模式设计中的两个具体问题是渠道长度决策和宽度决策。渠道的长度是指中间商层次的多少。最短的渠道可使得产品从生产者直接抵达最终用户；最长的渠道要经过进口商、批发商、零售商等多个层次，才能使产品抵达最终用户。另外，中间商层次存在着长短各异的渠道。层次越多，分销渠道越长；层次越少，分销渠道越短。

2. 渠道宽度决策

（1）密集型分销

密集型分销又叫广泛分销，即在某一市场上利用尽可能多的中间商从事产品的分销，使渠道尽可能地加宽。它的特征是尽可能地使用商店销售商品或劳务。价格低、购买频率高而每次购买数量不多的日用消费品、工业品的标准件、通用小工具等多采用这种分销模式。密集型分销的优点是市场覆盖面广、潜在买主有较多机会接触到产品。它主要适用于日常消费品和标准化、通用化程度高的产品，因为这类产品的消费者偏重于迅速而方便的需求满足，但采用密集型分销的缺点是中间商的积极性低、责任性差。

（2）独家分销

即生产者在同一区域内，只选择一家中间商为其销售产品，并规定中间商不得再销售其他竞争者产品。这是最窄的一种营销渠道。这种分销方式适用于高档特殊品和技术性强或需要较多销售服务的产品。其优点是中间商经营积极性高、责任心强。中间商能够全力为厂家销售产品，有利于促进厂家产品销售，有利于生产者在价格、促销、信用及各种服务方面对中间商实施有效的控制，有利于提高产品形象、增加利润。缺点是市场覆盖面较窄，而且有一定的风险。如该中间商经营能力差或出现意外情况，将会影响到企业开拓市场的整体计划。在企业初到某一市场，对市场需求特征、竞争状况、渠道结构等因素不了解的情况下，不宜采用独家分销的方式。

（3）选择性分销

选择性分销即生产者在同一地区范围内，有条件地选择几家最合适的中间商为其销售产品。这种策略比密集型分销节省费用，便于生产者对渠道的管理和控制，并且有助于生产者和中间商之间形成良好的合作关系。这是介于密集型分销和独家分销之间的一种形式，它适用于所有产品的销售，主要用于消费品中的选购品、工业品中的零部件和一些机械设备等，用于选购品或特殊品效果更好。

五、营销渠道发展趋势

（一）渠道扁平化

营销渠道发展的一个重要趋势也叫渠道扁平化。渠道扁平化的内涵就是缩短中间环节，使产品以尽可能短的时间和路径尽快流向消费者手中。利用扁平化的方法可以使生产者渠道的运营成本减少，让营销渠道以低廉的价格，提升产品的综合竞争力，降低了进货成本；反之，产品销量增加，生产者自然就会更加重视营销渠道，营销渠道得到与生产者议价的机会。所以说这种模式下，生产者、营销渠道和消费者三赢的局面有极大可能被实现。

（二）渠道服务化

产品的增值服务在商品的同质化的今天更受消费者重视，产品必须兼具产品质量的硬实力和优质服务的软实力。当前营销渠道发展变化的主要方向就是销售途径须为产品的服务内容提供更完善的保障。

六、营销渠道的设计

（一）营销渠道设计的内容

渠道设计指设立全新的营销渠道或对现有营销渠道进行修订的有关活动。营销渠道设计是指在综合研究分析市场环境的前提下，制订发展方案，顺利地实现分包目的，对多种结构进行分析和筛选，不断开发出全新的渠道结构或不断完善现有的渠道结构体系，营销渠道设计对企业经营发展战略的作用不言而喻。渠道设计包括两个层面，通常对现有渠道进行修订或再设计也称为渠道设计。渠道设计在渠道开发中具有重要作用，表现在营销者将渠道设计作为一种策略工具，通过构建有效的渠道结构，有意识地积极分配分销任务，目的在于获得竞争中的差别优势。因此，简单来说，渠道设计即是对渠道结构的选择或改进。

（二）营销渠道设计的主要因素

影响渠道设计的因素主要有如下四点：

1.产品因素

影响渠道设计的产品因素主要包括产品的价值大小、产品的容量与轻重、技术性和售后服务、产品数目、产品市场存活周期、产品保存周期等。

一般来说，技术性强、专用性强的产品，需要较多的售前和售后服务，而类似大型机电设备、复杂的网络工程等需要较短的渠道，从而避免层层转手和维修等无人负责。不宜保存、市场需求变化较快的产品，也需要尽量考虑短的渠道，尽快送达顾客手中，以减少中间环节、缩短流通时间。

体积庞大，不容易运输、搬运的产品，宜采用短渠道。

非标准化产品、技术复杂产品、顾客定制产品等附加值高的产品宜采用短渠道。而单价较低、标准化程度高、容易保存、售前售后服务对技术要求不高等特征的产品，企业同时希望能够利用中间商快速、大面积地覆盖客户群，则可以采用长渠道。另外，生产商在推出新品时，宜采用短渠道销售，在潜在需求逐渐变成现实需求时，市场容量扩大，须考虑渠道多层次发展。

2.市场状况因素

市场因素涵盖了市场的地区特色、潜在顾客的信息、商业业态的发展水平、市场竞争、顾客对产品需求的稳定性等。

地理因素对渠道设计有较大的影响，地理较集中，产品在一个或几个地区进行销售时，可以考虑短渠道；反之，地理范围较大则适宜采用长渠道。市场容量大小也对渠道设计有影响，如果产品的市场容量较大，企业需要采用中间渠道扩大自己的销售、以逐步扩大市场占有率；反之，市场容量较少，企业可以采取直接销售。

潜在客户的数量也影响到渠道设计，潜在客户数量较少，企业可采取直接销售；反之，潜在客户数量较多，企业可采取中间商渠道。

商业业态的发展水平对渠道的长短也有直接影响，美国、欧洲、日本等经济发达国家、地区，以连锁、大卖场为主要商业业态的地区，以短渠道为主，但经济欠发达、城市化程度较低的地区则以长渠道为主。

市场竞争对渠道设计的影响也很大，当竞争较为激烈时，企业需要渠道的成本更低、效率更高，在这种情况下，选择短渠道更好。

顾客对产品需求的稳定性也对渠道设计形成影响，客户需求稳定的产品，亦采用短渠道方式较多。

3. 企业因素

企业规模越大，自己拥有相当规模的推销力量，可以使用或不使用中间商，因而营销渠道较短；反之，规模较小，推销力量有限，则有必要使用中间商，其营销渠道则较长。

企业信誉好、实力雄厚的企业，渠道的选择面大，既可选择短渠道自己销售，也可选择长渠道与广大中间商合作；反之，企业信誉差、实力弱，渠道选择面窄，中间商合作的意愿不高。

销售及服务能力强的企业，自身能够给客户提供很好的方案、服务，可以不用或少用中间商渠道；反之，企业的销售及服务能力较差，不能很好地为客户提供方案、服务，则企业需要与实力强的中间商渠道合作，协助企业进行分销。

如果企业希望加强对市场、客户的掌控力，甚至愿意支付更多的渠道成本建设自有渠道，这样可以减少中间商对企业经营的左右和影响，企业能更接近市场，对市场信息、客户状况、价格体系等保持主动控制。

4. 环境因素

经济环境状况也影响渠道的选择。经济形势好的时候，企业选择营销渠道有较大的自由；但在经济萧条时，为了刺激需求，企业就会力求以更经济的方式将产品传送到最终市场，因而必须尽量减少流通环节，使用较短的渠道。当经济不景气的时候，企业总是要求以最经济的方式将其产品进入市场。利用短的渠道，取消一些非根本性的服务，因为这些服务常常会提高产品的价格。

政府的有关政策和法规对商品流通的规定和限制，也会影响企业营销渠道的选择。各国政府的法律规定将限制部分企业的渠道选择，例如，国外汽车品牌、奢侈品企业在中国的渠道形式就受到限制。

（三）营销渠道的设计步骤

营销渠道的设计步骤具体分为四步：第一，分析消费者心理；第二，研究分析各种制约要素，建立渠道建设规划；第三，提供多元化、可供选择的营销渠道设计方案；第四，整体评估营销渠道设计方案，择优使用。

必须投入市场实践，营销渠道的设计才有可能得以实现。利用营销渠道设计方案的选择标准，对适应性、可控性、经济性进行综合的研究分析。

（四）营销渠道决策的阶段

营销渠道设计决策可分为如下四个阶段：

1. 确认渠道设计的需要

"成也渠道，败也渠道"，渠道是企业的战略性要素，对企业成功与否具有全局性和长远性的影响。

2. 确定渠道目标和任务

企业营销渠道目标的制定既要考虑企业战略目标和营销目标，又要和其他营销组合的目标保持一致。这样才能发挥企业系统的整体优势，获取更大的市场份额，更利于企业的长远发展。渠道的任务包括产品推广、产品物流、产品维护和售后服务、风险承担、市场调研和信息共享等。

3. 制定可行的渠道结构

制定营销渠道结构需要考虑的三个方面因素是营销渠道的长度、宽度、中间商类型。

4. 评估影响渠道结构的因素

（1）市场因素

市场因素是渠道设计的关键环节，包括市场规模、市场分布、市场密度及市场行为等因素。市场规模大，企业适用间接渠道；反之，企业可用直接渠道。市场分布广，企业使用中间商的成本会比直接渠道成本低；市场密度越大，企业通常会用直接渠道，而避免采用中间商，市场密度越小，企业会采取间接渠道。

（2）中间商因素

中间商因素主要包括中间商的合作态度、分销实力、分销成本。如果中间商很有诚意地与企业合作，对企业产品很感兴趣，且希望与企业建立长期的合作伙伴关系，企业可选间接渠道。若中间商专业化程度较高、实力较强，企业可选间接渠道，并根据其服务水平确定渠道的长短和宽窄；反之，企业只能用直接渠道。另外，还要衡量直接渠道与间接渠道的成本，取成本低者采用。

（3）企业内部环境

企业内部环境指公司内部的经营环境，是渠道结构设计的基础。企业要根据长期发展目标、规模、财力、产品组合程度、过去的业务、经验及现行的营销策略等因素，选择营销渠道的结构。

①企业的实力和业界声望

企业较强的资金实力、优秀的管理团队和丰富的渠道管理经验，企业抗风险能力大。宽度方面，可以采用密度分销渠道策略。业界声望好，更能吸引中间商的合作意愿。

②企业产品属性

企业产品属性包括产品性能、产品的体积重量、产品生命周期、质量管理、售后服务程度、技术含量、时尚性等因素。

③企业的营销策略

如果产品组合的宽度和深度大，可采用直接销售渠道；反之，只能实行间接销售渠道。价格高的产品采用短渠道；反之，采用长渠道。企业采取"推式"促销策略时，采用短渠道；企业采取"拉式"促销策略时，采用长渠道。

④企业控制渠道的愿望

有较强的控制渠道欲望，销售能力也很强，可选用短渠道。

（4）竞争状况

若企业产品优于竞争对手的产品，企业可以将货铺到竞争对手的渠道上，与对手进行竞争；若竞争对手的产品优于本企业产品，企业要尽量避免与竞争对手使用同一渠道。

（5）评估备选渠道的方法

①财务评估法

财务评估法是由兰伯特提出的，突出了财务变量对渠道结构的选择作用，评估的结果比较客观。但是，这种方法的困难在于渠道决策制定过程可操作性不大。由于市场环境不断变化，且渠道成本和收入是个动态的概念，采用静态指标权衡会有一定的误差。

②交易成本评估法

此方法最早由威廉姆森提出，现已被广泛运用。其的经济基础是成本最低的结构就是最适当的分销结构，关键是找出渠道结构对交易成本的影响。如特定资产很高，企业应倾向选择一个垂直一体化的渠道结构；如果特定交易成本不高，生产商可分配给独立的渠道成员。

③权重因素记分法

权重因素记分法由科特勒提出，是一种更精确的选择渠道结构的直接定性方法。该方法包括五个步骤：第一，明确列出渠道选择的主要决策因素；第二，以百分数形式分配每个决策因素的权重，以准确地反映各自的相关重要性；第三，给每个备选渠道的每个决策因素按 0 ~ 10 的分数打分；第四，通过权重与因素分数相乘得出每个渠道选择的总权重分数；第五，将备选的渠道结构按总分排序，分数最高的渠道选择方案即为最佳方案。这样使得选择渠道时的判断过程更加结构化和定量化。

④直接定性判断法

直接定性判断法管理人员根据他们自身的经验或感觉对渠道结构选择的变量进行评估。该方法是明显的定性决策法，完全依靠参与决策的人员的主观权衡。这种定性方法是最粗糙但同时也是最常用的方法。

（五）渠道设计的改进

1. 渠道设计改进的原因

顾客需求的膨胀、渠道权力的转移和企业优先战略的改变，使得营销渠道发展成为一个由许多直接和间接达到和服务顾客的通路所构成的网状结构。RIMA在 21 世纪初的报告中分析了导致渠道改进的因素，包括以下方面：第一，顾客行为方式、专业知识和技巧方面的变化；第二，许多产品变得越来越标准化；第三，新的销售方式，特别是直接同顾客建立关系的机会大量出现；第四，配套服务方面的竞争越来越激烈；第五，信息技术、生产技术、物流技术的迅速发展；第六，技术的发展使一项产品可以提供原来需要多种不同产品才能提供的功能；第七，竞争的压力增强，在某些领域，监管的压力增强；第八，企业希望进入新的市场领域；第九，产品技术市场成熟度的变化；第十，技术更新速度的加快；第十一，渠道成员间权力的变迁；第十二，企业对提高其渠道有效性和运行效率的强烈要求。

2. 渠道设计改进的内容

一般来说，渠道改进可在以下三个层次进行：

（1）对某个渠道成员进行调整

通过重新分配网络成员所执行的功能，使其潜力得以发挥；通过提高网络成员的素质和能力，提高营销网络的效率；通过增减渠道上成员的数量以提高效率。

（2）个别营销网络的调整

通过对某个营销网络的目标市场的重新定位或对某个目标市场的营销网络的重新选定调整渠道。

（3）整个营销网络系统的调整

这种调整将会引起公司战略的重大变革，还影响其他营销策略的重新设计。

第二节　移动营销渠道建设

一、移动营销的概念内涵

移动营销（Mobile Marketing）是关于移动互联网营销活动的简称，通过国内外对其的定义我们可以得出三个关键点：第一，移动营销实现的技术基础是移动互联网与移动终端设备；第二，企业必须利用好移动平台的信息传播，实现和消费者之间的沟通互动，才能构成营销活动；第三，由无线 Wi-Fi 与智能手机、平板电脑、移动电话等构成的移动环境，是不受时空限制的，可以随时随地将企业和消费者终端联系起来，因此，移动环境中传播的信息具有即时性、精准性、跨地域性、个性化等特征，这与传统电子商务有很大区别。企业需要认识到这些新的特性，才能更为有效地实现营销目的。

本书认为，从广义上而言，移动营销是指在移动环境中所进行的营销活动。而更为精准的定义则指企业在面向移动终端用户时，合理利用移动环境的信息传播特征，向细分的目标受众定向并精确地传递个性化的即时信息，通过与消费者的信息互动达到市场营销的目的，并使企业利润增加的行为和营销活动。

二、移动营销的运作模式

企业进行移动营销隐含着六个主要目标，包括拓展品牌知名度、树立品牌形象、促销、加强顾客忠诚度、创建用户数据库和移动网络中的口碑传播，并指出移动营销最主要经营的业务为传播信息、制造娱乐、提供抽奖和优惠券等。而黄丽娟等人则将移动营销的六个目标精简为提高品牌知名度、促进最终销售和提高忠诚度三个方面,并将移动营销的主要运作模式分为经济刺激和非经济刺激两类,其中经济类刺激包括折扣、红包、返现、抽奖等,而非经济刺激类则包括信息、娱乐、调查、客服等。在此基础上,本书认为,用户数据是移动营销中的关键,移动营销的目标应至少涉及四个方面:扩大品牌影响力、创建用户数据库、提升客户忠诚度和促进销售。而运作方式可以采纳经济类和非经济类的分法,因为这两种模式都是移动营销的重要组成,从营销效果来看,经济刺激类不一定优于非经济刺激类,而就营销目标而言,两种运作模式看似分担着不同的功能却可能起到相同的作用。不过,在具体的移动营销运作中,两种类模式却可能是混合使用的,因此,本文依据当前国内移动营销的实际情况,将移动营销模式分为社交媒体营销、生活 App 搭售、手机购物商城、二维码营销和垂直与本地化电商。

(一)社交媒体营销

移动终端的一个重要功能就是通信社交,在网络社交兴盛的时代,电话和短信的社交功能已经退化,取而代之的是手机 QQ、微信、微博、手机论坛等网络社交媒体。这些社交媒体具有强大的信息传播功能,企业通过社交平台,能够以极其低廉的成本迅速散布产品的宣传信息,如果能利用起粉丝关注效应和社群效应,让宣传信息被疯狂转发起来,就会大大加强企业在移动网络中的曝光量,从而迅速地提升品牌知名度。与之相应的,社交媒体给为企业带来的大量在线客户,以及客户在社交平台上显现的个人信息,这将有助于企业建立起更为详尽、有效的用户数据库。通过社交媒体,企业还能实现与客户更好的良性互动,互粉、评论、私信、私聊、组群等功能为企业和消费者创造了即时、亲近、平等的沟通平台,不但能满足企业提供咨询、售后的基本需求,还能帮助企业挖掘潜在客户,创造出粉丝经济。最为关键的是,社交媒体的成本相对低廉,投资一个公众号及制造网红效应都需要花费一定的资金,但粉丝营销是具有滚动效应的,粉丝群体一旦达到一定数量就可能跃迁式膨胀,对于某种产品的热捧也可能呈现病毒式的蔓延,由此所带来的广告效果也将是轰炸式的、令人震撼的。

现今国内主要的移动社交媒体有手机 QQ、微信、新浪微博、豆瓣社区、人人网等,这些社交媒体除了微信是专门为移动终端设计的之外,其余都是从网络社交平台上嫁接过来的,但就最新的统计来看,使用移动终端登录这些社交媒体的用户比例正在快速增加,而围绕移动平台运作的微信,已经是移动社交媒体第一名，由此可见，移动社交是社交媒体的未来趋势，具有最强劲的营销潜力。移动社交最重要的两大营销平台是微信和微博。微信具有微店、朋友圈、公众号、漂流瓶、扫一扫、微信支付等多种功能，能够实现企业营销从广告、沟通、购买到支付的全过程服务。此外，微信还专门为企业提供更为专业化的技术支持，包括智能客服系统、客户信息收集、数据统计与分析、企业公众号运营等功能，使得企业能够实现从微信账号、企业公众号到微商城的一体化营销模式。微博营销则主打口碑营销和互动体验式营销，口碑营销通过制造产品口碑，借助用户的主动传播实现营销信息的传递，其中最关键的是架构起强大的粉丝关系网络，并有效地利用名人效应。互动体验式营销则是借助微博信息公开的特征，让企业从营销活动的一开始就持续地同用户互动，并在微博上对全过程进行直播，使得消费者更加充分地了解企业产品。还可以邀请客户进行产品体验，并让客户对产品发布照片、使用心得和详细评价，从而丰富消费者的体验感官，增强消费者对企业和产品的信赖感，由此提升顾客的忠诚度并带来持续性营销。

（二）生活 App 搭售

智能手机给人们的生活带来了诸多的便利，这主要归功于各种神通广大的生活助手 App，而这些 App 想要赢利，往往会在 App 中加载各种广告，企业可以根据 App 的用户数量、使用流量等数据选择适当的 App 进行广告宣传。要在 App 中获得好的广告效果，最好是发布与 App 功能相关的产品，比如在美食菜谱 App 上发布食材酱料的广告，配合美味的菜谱推荐，就会引起用户的购买欲望。或者在旅游 App 上发布订票、住宿、旅游团相关的广告信息，用户也会因为方便而在 App 或者给出的广告链接上直接下订单。与社交型营销相似，在生活 App 上进行销售同样需要注意娱乐、口碑、情感、体验等要素，只不过一般 App 无法实现转发扩散，只能依靠 App 自身的用户数量来支撑信息的点击阅读量，因此，在 App 的广告区域中谋取一个具有视觉优势并与产品特征相契合的位置，以及设计出具有眼球效应的软文和图片就显得非常重要。

（三）手机购物商城

手机购物商城也称移动购物商城，是指通过各种移动终端接入网络商城的商业模式，最主要的两种模式是 B2C（商对客）的大型商超和 C2C（客对客）的第三方购物平台。手机购物商城大多是从计算机网络已有的商业网站中嫁接到移动环境之中，拥有和网站等量的产品和用户，消费者在移动商城中的购物步骤也与网站上基本相同，不过从消费体验和企业营销策略角度而言，手机商城和电脑商城还是有很大的区别。首先，消费者选择手机购物大多利用的是碎片化时间，因此，手机商城的页面设计需要简洁、明了，尤其以各种秒杀、特价来抓人眼球，吸引消费者冲动购物。其次，手机商城需要和手机支付相匹配，而且支付手段越便利越好，如果商城能架设快捷支付通道，使得用户在选购和支付两个步骤之间不需要进行 App 切换，必将大大增强用户的购物快感。最后，手机商城在营销推广上应更注重娱乐性，比如以签到奖励、话题讨论、活动征集等方式，尽量增加和用户之间的互动，吸引用户在商城中逗留，这样有助于用户形成"逛"商城的习惯，促成习惯性购买行为。

和网络商城一样，B2C 和 C2C 是手机购物商城的两种主要模式，现今国内的大型 B2C 平台有京东商城、卓越亚马逊、1 号店、苏宁易购、当当网等，这些平台全都建立了手机商城 App，各商城有自己的特色和优势，商城之间在争夺用户、产品促销和增进购物体验上都竞争激烈。C2C 平台目前在国内经营得最好的几个是淘宝、天猫、拍拍网、京东第三方、亚马逊第三方、1 号店第三方等，C2C 平台聚集起了大量的个体经营者，为手机用户提供了更为丰富的、个性化的服务。同时更多中小型企业也越来越重视第三方购物平台的作用，纷纷建立起品牌旗舰店，节省了大量代理商销售的中间环节，并直接让利给手机用户，以此吸引更多的潜在用户，打响品牌知名度。

（四）二维码营销

二维码是一串承载数据信息的二进制符号图形，作为一个平面图形，它能够显示在电子屏幕或者被打印于包括纸媒、建筑广告等任何平面之上，并且具有唯一性，可以通过智能移动终端的扫描而被识别，特别适用于企业的优惠信息推广、品牌认证、活动链接、快速访问等业务，是企业进行移动营销的重要工具。二维码因具有扫描便捷、自动识别、信息唯一、成本低廉、铺设容易、安全环保等优势，已经成为大多数企业必备的营销手段，在产品包装、报纸杂志、传单海报、街边广告、电视节目、网站推送，甚至衣服鞋帽上都可以看到它的身影，可以说二维码已经完全融入了大众的生活之中。企业根据自身的营销需求设计出含有企业 LOGO 和特有信息的二维码，通过将二维码打印在各种宣传媒体上，企业能在较大的范围内实现广告目的。利用一些优惠码、团购码等促销信息，企业能够将客户从线下引导到线上，促进企业网站的访问量、提升客户对品牌的关注度、带动客流量和销售量，从而达到品牌宣传的效果。

二维码的营销方式主要有包装广告、促销信息、虚拟商店等，目前运用最多的还是它的广告和促销功能，虚拟商店尚属于实验性阶段。现今大多数的产品包装上印有二维码，一方面，可以起到防伪作用；另一方面，可以引导客户通过二维码访问产品主页和企业网站，扩大品牌知名度。如果在二维码上加入促销信息，更能进一步刺激消费者的扫码行为，例如，有的淘宝店家在发货之后附上一张二维码卡片，标明扫描此码有购物优惠，以此鼓励客户再次购买。从 2015 年开始在地铁、公交或显著性建筑的广告招牌上逐渐出现了虚拟商店这种全新的营销形式，平面的广告上展示了一些产品图片和描述，并附上二维码，消费者只需要扫描二维码就可以直接消费，在完成电子支付并填写好收货地址之后商家便会送货上门。有的商超如 1 号店、京东等还进一步简化操作，消费者只需要扫一扫就能直接在手机中以原有的个人用户名登录商超，选中的产品将直接放到购物车内，最后一起结账就行，非常方便。无论是哪一种二维码营销方式，对企业而言，都只需要支付低廉的成本，便能收获惊人的广告效果。二维码在方便消费者的同时，更是给企业带来了巨大的红利。

（五）垂直与本地化电商

垂直电商与本地化电商主要是针对生鲜类产品的营销模式，这类电商一般规模不大，有的并不针对全国消费者，而是主要供应几个城市，具有专业化和本地化的经营特征。为了更加方便用户的采买和售后，大多数电商都建立了手机 App，推广移动营销。垂直生鲜电商主要为消费者提供优质的生鲜产品，有的电商拥有自己的农产品供应基地和简单的物流系统，能够做到产供销一体化经营，有的则依托农产品批发市场，能够在全国甚至国际范围内采买当季特色蔬果，并通过 App 进行销售。目前，国内经营比较成功的垂直生鲜电商有沱沱工社、中粮我买网、本来生活网、顺丰优选等。本地化生鲜电商则一般是农贸经销企业的电商转型，货源供应基本来自本地，销售对象可能是没有时间买菜的上班族，销售产品则主打本地基本农产品。本地化电商还有一种 O2O 的形式，消费者线上下单之后可选择冷链配送或者在就近超市、便利店自行取货。有很多O2O借助第三方平台如淘宝店铺来进行，但也有一些专注本地的App为企业经营本地生鲜O2O提供便利。较为知名的本地化电商则有美味七七、摘鲜网等。

三、移动营销的特征

（一）有效的信息传播

移动营销通过"一对一"的对接方式，可以探知到各个终端用户的行为习惯、需求偏好、消费历史、地理位置、使用时间等特征，再依据相应的数据分析和统计，对客户进行聚类划分，打上不同的标签，实现对目标客户群更为精细的划分。在客户细分的基础上，根据目标客户的需求期待设计出相应的宣传信息并进行推送，就能达到更为有效的广告效果。除了精准推送，移动营销的另一种信息策略则是全面推送，企业通过搭建功能齐全的App或者信息全面的手机网页，将产品特征、服务洽询、用户心得、好评照片等信息完整地呈现在客户面前，使客户能够全方位地了解产品，从而打消对于移动购物不能眼见为实的顾虑，促进购买力。

（二）便捷操作与品牌黏性

移动设备的最大优势在于携带方便、操作简易，因此，移动设备日益填充了人们的碎片化时间，成为人们生活中使用频率最高的设备之一。移动营销则可以利用品牌故事、话题炒作、软文推广等形式将推销隐入各种生活娱乐之中，或者向用户推送具有眼球效应的热门事件，并在其中寻找一定的联系性，适时地插入广告。好的移动广告都具有很强的创意和娱乐性，如此可以激发读者主动进行转发，从而达到快速扩散的广告效应。同时为了制造轰动效应，还可适当雇用水军进行话题轰炸，在短时间内造成品牌知名度的迅速提高，扩大品牌的影响力。除了利用移动网络信息快速传播的特征提高品牌认知之外，还应加强品牌推广的持续性。在信息时代，消费者的兴趣点很容易转移，要提升品牌黏性，就要不断地"取悦"用户，让用户觉得企业终端所提供的信息一直充满乐趣，从而对企业运营的品牌产生亲切感和信赖感，进而保证顾客忠诚度。

（三）实时的互动沟通

移动设备本来就是用来沟通的通信工具，因此具有天然的沟通优势。企业可以通过移动设备上的 App 应用，增加签到、回复、转发的奖励，刺激用户参与到对产品的关注、评论和扩散上来，提升顾客的兴趣，同时也扩展了潜在的顾客。企业还可以利用在线问答，对用户的咨询及时应答，在第一时间留住顾客，一般而言主动咨询的顾客购买意向非常强烈，如果对其详细解说产品，打消疑虑，很可能就促成了购买。同时企业的售后也能够通过移动端在线完成，增加对顾客好评的激励机制，促进顾客从消费者的角度来评价产品，甚至主动推荐。此外，企业和顾客的互动信息都会呈现在移动页面之上，顾客只须通过浏览或者搜索即可获得答案，这在一定程度上减少了人工客服的成本。

（四）打破时空限制

移动营销是不受时间和空间限制的，只要具备无线网络和移动终端，企业可以随时随地地向用户进行业务推广。传统营销是有歇业时间的，但一些移动营销 App 则实现了自助下单功能，能够为客户提供全天候的营业，再加上电子支付的成熟和物流网的全面覆盖，移动营销已经打破地域限制，可以针对全国甚至海外的用户进行营销。不过没有时空限制不代表着企业就不需要有移动营销的时空概念，事实上把握好移动营销的时空规律，是促进营销成效的关键。即时性和定时性是移动营销的两大特征，即时性能让企业在第一时间与顾客展开交流反馈，也能让宣传跟上最新潮流的节奏，以最快速度将当季新品推荐给用户。而定时性则是围绕用户使用习惯，在最有需要的时候推送相关广告，比如有的餐饮企业会在中午 11 点左右向用户推送一条外卖信息，这时正是上班族感到饥饿的时候，如果刚好看到广告可能会难以抵挡美食的诱惑。位置性则是移动营销最重要的空间特征，移动终端都具有位置功能，用户的位置信息对于商家至关重要。商家可以搜索到其店址附近的用户，发送一些促销信息以吸引顾客前来，商家也可以根据用户的位置轨迹，更为精准地了解用户的行为习惯，从而实现商家信息的智能推荐。

（五）低廉的成本

从面对面营销到纸媒营销、电话营销，再到短信营销等，营销的成本是逐渐递减的，而现下最时兴的移动营销，与前面几种营销的成本相比，更是大大缩减。对一些大型企业而言，开发一款企业 App 并进行后续维护是会产生一定费用的，但这笔费用和传统的广告投入及人工推广费用相比，可以说是微乎其微。而对一些小型企业而言，只需要在微博注册一个认证账号，或者在微信开通一个公众号，便可以直接向关注的"粉丝"们广泛地发送宣传信息，其中只需要花费广告制作费和耗费一点点的流量，营销成本几乎可以忽略不计。但低廉成本所带来的营销效率，却大大胜过之前的任何一种营销方式。企业号的粉丝动辄上万甚至上百万，一条群发消息便可让这么多数量的人在一秒之内接收到企业的广告消息，而且这个消息是确切的、详细的、可随时查看的，并直接通向购买路径。这样的宣传规模，如果换算成 0.1 元一条的短信，企业需要支出 1000 元至 10 万元的费用，况且短信的内容极其简短、粗糙，宣传效果自然也相差许多。

（六）小众市场与长尾性

因为移动营销的成本低廉、受众广泛，并为消费者个性化需求提供了良好的平台，因此形成了诸多需求量小却极为稳定的小众市场，这些小众市场累加起来所占据的市场份额可以和主流产品的市场份额相当，这就是移动营销的长尾性。移动互联网更强调"我的个性化"，在移动环境中人们能够轻易地展示自己的各种精细化需求，而只要有条件满足这些需求，人人都可能成为商家。可见移动营销存在着相当大数量的个体商家，这些商家经营所谓的"利基"市场，为更多具有个性化需求的人提供服务，这也是移动营销的最大竞争力。

四、移动营销与传统营销对比分析

传统营销的传播策划等营销活动模式是一种比较单一、线性化的模式，以企业为出发点，通过"找到消费者、告诉消费者、让消费者记住"等一系列手段来"宣传"。也就是说，企业占有绝对的话语权，企业的生产、销售等问题的决策基本上是由企业决定的。这种观念指导下的营销活动，单纯追求低成本的规模生产，围绕现有的或者已经生产出来的产品为中心，采用单一且单向的推销、广告等销售传播手法，遵循"以产定销，以销定销"的思维模式，基本上都是属于"后知"型的对策性营销活动，具有滞后性、被动性及盲目性。消费者是处于被动的状态，他们只能通过企业或者品牌所提供的固定信息来决定购买意愿，即使有疑惑不解之处，也无法及时反馈。

传统营销与移动营销相比，其不同之处在于以下四个方面：

（一）营销策略不同

传统营销策略的工作重心更多的是围绕产品、价格、渠道、促销等展开，其注重和强调的往往是企业是否获得了利润的最大化，然而并不关心客户或者消费者是否从自己的服务中得到了满足，以及自己的产品是否符合客户或者消费者的需求。

而移动营销更加关注顾客或者消费者的需求，其各环节的工作也都是围绕着顾客、成本、便利、沟通等展开，强调的是以客户或者消费者为中心。满足消费者的各种需求，为顾客提供最优质和最便利的服务，通过满足消费者的个性化需求，实现企业价值、增加顾客黏度，最终实现企业的利润。

（二）沟通渠道不同

任何的营销渠道都须基于一个前提，就是企业或者品牌要实行全程营销，即从产品一开始的设计阶段就要充分考虑到顾客和消费者的需求和意愿，从而进行有效的反推，进而逐步优化产品。但是，在传统营销的模式下，由于顾客或者消费者和企业或品牌之间缺乏合适的沟通渠道，或因为沟通成本太高，这一点往往很难做到。因此，消费者一般只能针对现有的早已生产出的产品提出自己的建议或批评，对那些还处于开发概念阶段的产品难以涉足。另外，由于大多数企业或者品牌也很少有足够的资本来了解消费者的各种潜在需求，因此，它们只能凭自身能力和经验，或者参照市场中处于领导者地位的企业或者品牌，从而进行产品的再开发。

而在移动营销环境下，这些看似艰难的情况都能得到轻松改观。即使是中小企业或者品牌，也可以通过开发自己的官方 App、网站、微信、微博、电子邮件等新兴方式，用比较低廉的成本在营销的全部过程中及各个环节中，对消费者进行全方位、即时的信息搜索，不断完善消费者数据资料。而消费者也能有更多的机会对企业或者品牌的一系列环节发表意见和建议，比如从产品的设计到成品的定价和售后服务等。这种互动式的双向沟通方式提高了消费者的积极性，更重要的是它从根本上提高了消费者的满意度，使企业的决策有的放矢，能够更有目的地创造出更符合消费需求的产品，进一步提升消费者的参与度。

（三）营销方式不同

传统营销以销售者主动推销的方式为主，主要就是依靠营销人员与顾客进行直接接触的方式或者投放广告的形式对顾客进行轮番轰炸，迫使顾客被动接受。这样很容易让企业或者品牌与顾客消费者之间产生僵化的关系，更甚者给客户带来诸多不便和烦恼。从长远来看，这种营销模式是不利于企业长期发展的。

移动营销强调以顾客为中心，注重维持企业或者品牌与消费者之间的关系。一方面，企业或者品牌通过互动的数据，分析顾客的喜好和需求，进而为消费者提供优质的产品和服务；另一方面，消费者在需求的驱动下也会主动通过网络寻求相关产品或服务的信息，从而使企业或者品牌与消费者之间的关系变成真正的合作关系。消费者拥有比过去更多的选择自由，可以根据自己的个性特征和需求在全球范围内寻找可以满足自己的产品，通过进入感兴趣的企业或品牌的官网和虚拟商店，获取产品的更多相关信息。这使购物显得更具个性，而这一切的优良循环，更有利于企业的长期发展。

（四）购物场景不同

从传统的营销中的商品买卖过程来看，消费者一般都会经过看、试、选、定、付、取等一系列过程。大多数买卖过程都是在售货地点完成的，少说也需几分钟，长则需要数个小时，再加上舟车劳顿，这无疑大大延长了商品的买卖过程，消费者需要在时间和精力上付出很多。

如今的生活节奏越变越快，消费的频次也逐渐增多，但是交通拥堵的状况也越演越烈。传统消耗精力的购物方式显然已经不能继续满足消费者的需求，而移动营销正好解决了这些问题。它为人们提供了一个便捷的购物平台，简化了购物环节，节省了消费者的时间和精力，无论是售前、售中还是售后，去除了多道中间环节，一切只须敲敲键盘或点点屏幕就能完成，还不受时间和地点的限制。同时，它还为企业节省了高额的促销和流通费用，大大降低了产品成本和价格，消费者可以用较优惠的价格买到全球范围内的商品。

只要细心地观察，我们就会发现，越来越多的人开始有轻微的"手机焦虑症"和"手机强迫症"——每天看手机次数不下百次，每天与手机（或者平板）屏幕交互时间也越来越长。这样的行为习惯导致了"碎片时间黄金化"现象，使人们的碎片时间全面具备价值，无论对于消费者还是对于营销者来讲，智能手机正在不断地改变人们的行为、互动方式、消费方式和生活方式。众多技术变迁长年累月的影响，必将彻底改变消费者的行为习惯。

与此同时，相对于传统营销，它还有自己的优势。

首先，移动营销传播可以从个体和小群体开始，通过个性化的服务，再扩散到大众——每个人、每个社群都能成为媒体，向世界传播自己的声音。

其次，范围广、速度快，没有时间和地点的限制，并且传播的内容详尽，有利于双边即时的交流，实现真正意义上的深度传播和巨大的扩散量。企业或者品牌通过网络营销，搭起了一座通向国际的跨地域绿色通道。

最后，对企业或者品牌来说，选择移动网络营销，促销手段丰富的同时还大大降低了广告的投入成本。不仅如此，通过多媒体的展示能更好地和消费者的生活融为一体，是被许可的、是他们主动得到的，也是消费者、用户想要的。不仅给企业或者品牌带去实惠，而且还给消费者带来愉快的体验。同时，现代移动营销采用交互式双向信息的传播形式，有助于企业与消费者之间及时、充分地沟通，消费者可以及时反馈自己的信息与需求。

面对快速移动的消费者，企业也要快速移动起来，对消费者及其需求要重新进行全面的了解，对营销策略进行相应的调整并坚定执行，才能跟上消费者前进的脚步。移动营销正在颠覆传统营销，成为商业变革的新动力。品牌更要满足消费者随时随地的消费需求。移动设备已经成为抢占商战领地的利器。移动营销绝对不是把传统的方法复制到移动端，其关键是"移动的思维"。手机等移动终端开始全方位地进入企业或者品牌的营销空间，成为移动互联网营销的主力。当企业或者品牌面临最为棘手的现实性销售问题的时候，手机等移动终端还可以以自身所特有的精准特性，不断加强品牌与消费者之间的双向沟通。对于企业或者品牌的建设，则可以通过开发创意型的 App 来增加竞争力。App 的开发与应用形成了移动互联网另一大媒体聚合——App 媒体，它以移动交互的乐趣打动目标消费群体，全面获取消费者的关注，传播品牌文化与价值。

移动营销在某些方面优胜于传统营销，但传统营销也在某些方面存在优势，两者并不能相互替代。这是因为移动营销的全部过程都是通过虚拟的网络进行的，具有"不可视、不可触"的缺陷，在某些方面，消费者很难轻易地与企业或者品牌这一卖方建立信任感，因此，就只能靠规则和技术来制衡，比如支付宝的出现就是作为第三方的身份，先收买家钱，再让卖家发货，成交后才放款，如若没有第三方保障，买卖双方之间的关系其实极为脆弱。在这一点上，传统营销则占据了更多的优势。所以，作为处于同一经济环境下的不同营销方式，二者不能互相取代，而是极有可能长期共同存在，形成优势互补、共同协作，发挥各自的优良作用、走向融合。

五、移动营销的发展趋势

（一）移动营销常态化

如今，移动营销已经进入常态化。但是，如果在 21 世纪初，我们谈起移动营销的话，相信很多品牌对于移动营销价值和其媒体价值并不一定了解，而当移动营销发展到今天，它已经成为各大案例组成的重要部分，无论是艾菲奖还是长城奖等，都少不了对于移动互联网平台的应用，因此，对品牌而言，已不是要不要做移动互联网，而是要如何把它做得更精准、更具价值。

（二）移动营销精准传播

如何能更精准地营销，真正地实现银行业理财产品的营销服务，同时客户也愿意接受理财服务，成为银行业都在关注的问题。这样的模式给客户带来收益和实惠，也银行业带来更好的实效转化。更为精准化的营销场景，也为银行推广塑造了直达用户的快速通道。

使用移动互联网的人群，基本上是勇于尝试新事物且有一定经济实力的人群，对此人群的精准把握，具有极高的商业价值。真正的精准营销要对人群做科学的定向划分，经过行业、用户体验、信息安全的综合考虑，将特定的兴趣和表现聚合出不同的人群，对聚合人群进行行为分析和消费路径跟踪，对海量数据进行信息挖掘，将人群的认知数据进行分析，最后形成专属人群分类属性标签。在互联网迅猛发展的当今，营销渠道的价值在于精准，精准、有效地传播非常重要，要让合适的人看到合适的广告。

（三）移动营销整合

移动互联网营销，好的案例一定是整合与融合的案例，而不是借助移动的某个技术，帮助银行业完成某一细分目标，在移动互联网时代，合作贯穿成为当下热点。另外，勾画出更为细分化、标签化的用户图谱，这种标签化服务，将为银行业提供基于整合和融合的创新化服务。

移动终端具有跨媒介的特质，移动互联网可以将户外、手机和网络联系在一起。

移动互联网和其他媒体的整合，可以针对不同媒体的优势，产生交互，实现更大的营销价值，让广告对消费者的决策和购买行为的影响力得到极大加强，让广告更加精准和有效。

（四）移动营销爆发

有了移动互联网后，由于人们的关系信息可以更好地连接，移动互联网将人们切分成更为细分的族群，所以在今天的移动互联网营销时代，品牌营销要做得更具价值，一定不是大而全，而是小而美，要做到更加垂直和细分。在移动互联网时代，影响大众人群消费选择的一定不是大众本身，而是那些精众和小众人群，同时，这些人群多数为重度垂直应用的使用者。

针对精准目标群进行口碑营销，通过线上线下互动体验，增强手机网民对品牌与产品的信心，通过规模庞大的手机网民认知教育，引导品牌、产品的正向口碑，移动互联网营销过程中，把营销信息发送给目标消费者，让目标消费者也即手机用户主动使用并进入营销的互动中。

（五）移动营销进化

技术创新正不断地驱动移动互联网，帮助企业解决更多新的需求，技术对于移动互联网的发展是至关重要的，技术帮助互联网有更好的体现，尤其在移动的小屏上。如何将更好的技术应用于移动互联网营销，成为各家公司都在思考的问题，如何完成移动分众定向，这些都在不断地升级移动互联网营销领域。同时，在技术的推动下，产品对于用户的服务也在不断升级，升级产品的同时也给营销带来更多的可能性。

移动互联网让位置服务（LBS）产生了营销价值。传统的电脑、笔记本电脑一般情况下都是固定使用的，极少在移动过程中应用。但是移动互联网时代，随着消费者的位置变化，企业可以提供针对消费者位置变化的应用，基于用户当时位置的服务成为新的营销模式。在移动互联网中，加入了地理位置信息，人、智能终端、信息已经融为一体，成为移动互联网上的一个节点。而每个节点间可以形成精准、快捷的信息交互，针对不同位置的顾客就有成千上万个定制版本，而媒体则转化为针对不同位置顾客的成千上万个定制的服务。

第三节　大数据营销渠道建设

一、大数据与移动互联网

移动互联网不仅可以提高智能手机的普及程度，改变消费者的使用方式，其产生的数据还可以给应用或其他工作在后台的服务带来帮助，用户使用手机的频率是越来越高了。

从技术上来讲，消费者将会生产越来越多的数据，并且所到之处都会以数据的形式记录人们的动作和行为，这些数据都可以进行融合和分析，从而更加了解用户的行为，更好地提供移动应用服务。甚至表面上我们没使用手中的电话，但实际上我们仍然创造了大量的数据。

（一）大数据的定义与基本特征

大数据（Big Data），或称巨量资料，指的是需要新处理模式在合理的时间内达到撷取、管理、处理并整理成为人类所能解读的数据资讯。

它对数据规模和传输速度要求都很高，一般单个数据集在 10TB 左右，其结构不适合原本的数据库系统。大数据与过去的海量数据有所区别，其基本特征可以用四个 V 来总结：Volume、Variety、Value 和 Velocity，即数据规模大、种类繁多、价值密度低、处理速度快。

（二）大数据带来个性化的移动体验

顾客可以通过多种渠道制造大量数据，而企业则热衷于利用这些信息为用户实现更为个性化的体验。

在这样的环境下，高级分析便成为客户服务的关键，挑战在于企业还在努力适应结构化数据，要根据自身的客户关系管理（CRM）系统，部署有效的分析框架，集成不同的内外部信息源，掌握最核心、最关键的信息。

面对客户通过数字技术的参与所产生的快速变化的信息，企业需要采取及时的应对措施，并做出相应的回应。想要使客户感受到个体价值和多样化的应用，企业只能通过高级分析才能实现。

大数据为实现基于顾客个性的交互提供了可能，通过理解他们的行为和态度，并对其他一些因素（如实时位置）进行分析以帮助实现多渠道服务环境中的个性化。

大数据带来个性化移动体验的同时要注意以下三个方面：

1. 在数据分析上的投资

然而，如果没有对投资进行分析，就很难实现有效的客户服务或个性化体验。我们都喜欢那种了解自己习惯的商家，因为他们能够根据用户的需求为客户提供服务。这就是个性化，但这很难实现规模化。

好的分析能够帮助企业变得更为主动，而无须根据顾客的期待做出反应。这对我们来说非常重要，如果能够构建一套技术来帮助理解和预测客户的"感受"，我们就可能占得先机，走到顾客前面去。

大数据对于开发更智能的服务绝对是至关重要的，这些服务能够了解客户的个人喜好和厌恶情绪。它对于不同的人有不同的内涵。它本质上是尽可能多地收集数据，然后采用专业的技术从繁杂的数据中筛选出有用的部分。而挑战之一就在于实现实时反应，或者实时采取理想化的行动。

2. 考虑个体行为

个性化和分析密不可分，并且在开发多渠道战略时，企业需要考虑顾客的个体特性和行为。它们应当总结目前的行为、全网不同渠道的使用和用户在不同渠道中的共同需求。在决定如何加入新渠道或连接新数据之前，了解趋势是必不可少的。企业应注重如何为客户节省时间和精力，提高一次接触解决率。它们应当努力在顾客转换渠道的时候保留环境，使用分析法，将相关数据推送给顾客和代理商。

要注意内容与客户数据连接的方式，根据客户偏好，客户服务才能收到个性化信息。通过一般顾客的信息和支持性问题，企业就能预测客户的需求。

将客户作为个体来了解，让他们感受极致流畅的历程，是提供良好客户体验的关键，在数字经济中生存，个性化客户服务是必不可少的。服务应当是不复杂的及时雨，那些了解到这一点的企业就能够长期存活。网上的忠诚度很低，所以你要努力奋斗才能保住消费者。太多的企业现在还在专注于开拓新顾客，而忽视了已有客户的情绪。

3. 尊重客户的隐私

数据越大，责任就越大。最好的实践意味着分析但不入侵。要谨慎使用客户数据推送产品，否则容易失去客户的信任。

企业使用数据要明智，并且不断创新，将全网站、社交渠道，社区型信息，移动应用和自动聊天等信息进行整合。客户不想离开移动应用去社区或者聊天室取得技术帮助。

理解客户如何选择在流程的不同阶段进行交互也很重要，这是很容易实现的。需要在线支持来回答的问题都会包含私人信息，并且是复杂或紧急的需求。企业应该知道交互何时需要在线服务，并为客户提供快速连接。企业应当提前将客户的网页历史或之前的问题提供给在线服务人员。利用大数据实现为客户提供丰富的、个性化的服务，从而提高客户满意度。

因此，通过可预测分析，这些企业可以实现收入增长，有利于企业的发展。在问题升级之前进行规避，降低支持成本，留住客户，是最明智的方法。

（三）移动互联网成为大数据的重心

大数据和数据分析技术的不断进步也给移动互联网的发展带来了许多好处。大数据分析可以有效提高移动用户体验，有助于移动应用程序的个性化、差异化发展，提高移动设备的营销精准度。

移动互联网与传统互联网市场的用户体验差异主要包括在线时间、地域限制、社交化、碎片化、个性化等方面。这也造成了大数据分析在移动互联网市场上的应用更加广泛。

移动互联网大数据的特征，相比较于 PC 端的传统互联网，移动端的核心节点已经由网页或终端本身转移到了每个"人"的身上。过去传统互联网的数据分析往往基于对浏览器 Cookie 信息的提取，但 PC 端的 Cookie 信息并不局限于一位用户，而一位用户也可能会经常使用多台 PC。

因此，移动端的用户数据相对来说更具实时性、稳定性与用户唯一性，比如地理位置、设备属性等信息。

当然，移动互联网大数据分析也面临着一些挑战，未来移动互联网企业需要解决的问题主要有四个方面：数据采集质量、用户时空行为模式的挖掘和利用、跨应用跨平台跨设备多维数据分析、大数据实时处理与分析。

移动数据的快速增长，也增加了数据分析的难度，移动互联网企业应主动思考如何正确地利用市场特征与用户进行准确的数据收集、分析和预测。而实施有针对性的个性化营销活动，将成为未来企业成功的基石。

移动互联网已经成为大数据应用的主要领域。大数据时代的移动互联网将给用户生活带来巨大的创新。在未来，社会将会更加智能化，更深入地了解用户的需求。

二、移动大数据的发展意义重大

（一）移动大数据带来的变化

越来越多的行业把大数据作为商业营销的卖点，无数变革和展望都以"大数据"为主题。让人谈之兴奋的大数据在移动互联网又能引发怎样的想象？

事实上，与其他媒体相比，个人移动数据更加私密，无疑可以实现更准确的传送和投放。这也就决定了移动端可以做个性化市场。手机屏幕小利弊兼有，在 PC 端，多视窗的运作会引起注意力的迁移，而在移动端，用户的专注力提升，屏幕小的问题可以靠投放到平板电脑解决。

当然，由此带来的全新挑战是如何加强跨终端互动。此外，由于手机的随身性与生活息息相关，将广告应用到与生活相关的 App 也会有不错的效果。

在移动广告的体验形式上，视频广告除了改变贴片时长、插播方式等，也可以尝试让用户挑选广告、不同形式之间的联动，以及利用传感等移动技术增加与用户的互动等创新广告形式。

在内容植入上，除了节目里植入广告，也不妨尝试在广告里植入内容，将广告故事化。从广告创意角度，漂亮的全屏广告素材也将显著提升震撼力。事实上，消费者不会抗拒好的广告创意。

至于移动社交上的大数据，还有很多尚未挖掘的价值。从前消费者发生购买行为，在互联网通常被默认为与五大人口属性（年龄、性别、收入、婚姻状况、教育水平）相关。

现在国外一些公司已经应用社交媒体的数据做预测。它们通过在 Twitter、Facebook 等社会化媒体上抓取数据，建立数据模型，分析不同用户的心理特征和行为，并对此进行归类。不同性格的人有不同的购买行为，商家在广告投放上应遵循其差异性。

之前国内利用社交媒体数据多做一些"事后诸葛亮"的事情，例如品牌负面的"危机公关"。在社交媒体尽可能地采集连续而非断点的数据，利用大数据分析出一些关系，对做预测十分重要。

大数据时代最大的转变就是，放弃对因果关系的渴求，取而代之关注相关关系。即须知道"是什么"，也须了解"为什么"。拥有数据与预测需求有机结合，大数据将赋予广告主新的能力。

"针对 25 ~ 30 岁的女性，推送某广告"是市面上常见的大数据应用于精准推送广告的例子。未来的数据分析会更加个性化和更具前瞻性，不再局限于性别年龄做简单粗暴的投放，而是会基于海量的数据挖掘分析。品牌将根据不同类型的目标受众，以行为定向向其推送广告。这种推送完全针对用户自己，而非一个群体。

移动大数据的私密性像一把双刃剑，一方面隐私越来越受保护和重视，另一方面在个人精准投放上有很大优势，移动数据有无穷的有效价值。将不同平台碎片化的数据整合成有效的故事，除了需要强大的数据分析能力，也需要专业可靠、负责任的第三方数据提供方。

（二）移动大数据的发展趋势

1.事务处理最重要

"移动"最关键的就是交互活动和对其的监控用户选择应用是出于不同的目的：娱乐、购物、学习、分享等。而一旦有任何因素干扰或者减慢实现目的的体验过程，就会很容易产生消极情绪。利用应用软件监控事务处理，让企业能对用户体验进行评估和回应，尽量避免用户卸载软件或者给出差评。如今对事务性数据和功能性数据的监控都很重要。

2. 三驾马车三个"V"

《商业内幕》（Business Insider）的最新报道指出，大数据有三个特征——大量（Volume）、多样（Variety）、高速（Velocity），把它们概括成三个"V"。数据本身的产生非常快，而且形式多样、大小不一，数量还很大。更别提移动数据了，数量都是成倍地增长。有数以百万计的人只通过移动设备连接互联网，很明显，这些设备产生了大量的数据。有很多互动被忽略了没有得到分析，而这些就是被忽视的机会。

更有趣的是，数据的多样性恰恰是由移动设备造成的。从用户跟踪到生成报告，有各种各样五花八门详细的应用数据，包括商业贸易、情感反应、心跳测量、住宿记录。移动应用越来越多地影响了人们的生活方式，导致数据增长的速度也不断加快。

3. 测度是关键

大数据用户面对的一个挑战是考虑经营的影响因素。如果定位不好、收益不好，大数据可能反而会成为一种牵绊。如何鉴别哪种信息能够更好地帮助经营决策，而哪种信息却毫无用处呢？在企业投身移动数据的热潮之前，必须弄清楚关键度量指标是什么，不然就会被困在一堆派不上用场的数据里，进退两难。

4. 先监控，再提问

事实上，企业应该通过监控应用程序收集数据，以及回答关键业务问题的策略，发掘数据中的新的发展机会，了解企业发展的情况，这是能否掌握大数据的决定性步骤。

有了基本的理解，企业和开发人员就可以深入地研究关键因素。移动大数据提供商还赋予各种规模的公司利用移动数据的能力，无论是独立经营者还是大企业都是一样。

现在，内存数据库已经有了，移动大数据提供者又开始为下一个目标努力。通过最大化地提升数据的收集和传输效率来优化移动方面的内容，同时关注新的挑战，例如，电池消耗、移动数据使用、连接速度、隐私问题和局部存储器的问题，还要扩展通信量，并控制可预见的通信量激增。

这场竞赛的关键不再是谁的移动设备快速革新，而是谁对移动设备产生的数据能够做出更快的反应。

（三）移动互联网提升大数据价值

大数据时代的到来主要依赖数据的丰富度，随着现代社交网络的风起云涌，大量的 UGC（用户生成内容）内容、文本信息、图片、视频、音频等非结构化数据也崭露头角。而移动互联网可以更快、更准确地对用户信息进行有效的收集，比如生活信息、所在位置等数据。

在数据量方面，如今已步入大数据时代，但是目前的硬件显然难以跟得上数据发展的步伐。谷歌搜索、微博消息等能够使人的情绪与行为更加细节化，甚至有可能对其进行更精准的测量。

对用户的行为习惯与喜好进行有效的挖掘，从纷繁复杂的数据里面寻找到更加吻合用户习惯与兴趣的服务与产品，并有针对性地优化服务与产品，从而达到销售的目的，这就是大数据的潜力价值所在。

在国内，目前大数据虽然仍处在初级阶段，但是它已经表现出相当卓越的商业价值。手里掌握大量数据的企业或公司将会站在金山上，在数据交易中获得不错的经济效益。

而在数据挖掘方面将会出现许多不同的商业模式，如帮助企业挖掘或优化内部数据，从而使企业能够更快地找到准确的客户，这样不但降低了公司的营销成本，而且可以有效地提高企业销售效率，最终能够实现利润倍增。

数据在未来可能会成为一个最庞大的商品交易市场，但是数据量很大并不代表就是大数据，大数据主要通过数据共享和交叉重用来体现其最大的价值。在不久的将来大数据会犹如基础设施一般，里面有数据提供者、监管者与管理人员，对数据进行交叉复用会使大数据变成一种最具有魅力的产业。

21 世纪，移动互联网和社交网络的出现使大数据奔向一个全新的征途，互联网营销将在分析行为的前提下向个性化时代尽情地迈进。创业公司完全能够利用大数据毫无保留地告诉广告商正确的时间和精准的客户，有哪些正确内容应该何时发表等，这正好迎合了广告商的需求。

社交网络产生巨大的用户和完整的实时数据，而社交网络通过深入挖掘这些数据来了解用户的情绪，从而记录用户的情绪，然后把这些数据推送给有需求的商家或者是微博营销企业。

而事实上把用户群体进行精准细分，直接寻找到需要的用户，再通过各种不同算法使数据信息交易得以实现，这也正是数据挖掘公司的职责所在。在国内当前的网络广告投放中，正是从以往传统面向群体的营销逐步转向个性化营销，从大众流量购买逐步转向精准人群购买，将来的市场营销将会更多地以人为中心，主动、及时地吻合用户需求，但前提条件就是要通过最佳途径寻找到对该部分有需求的人群。

（四）大数据时代移动营销趋势

我们已经进入了一个大数据下的移动互联网时代，在数字生活空间，用户每天上网产生大量的数据信息，这些非结构化的数据通过大数据挖掘技术和应用正在显现出巨大的商业价值。

移动智能手机、平板电脑等移动终端设备的不断普及，正在深刻改变整个广告市场营销的生态，大数据、智能化、移动化必将主导未来的营销格局。在大数据时代，移动营销正在呈现出以下趋势：

1. 大数据的应用让移动营销更精准

依托大数据为驱动力将使得移动营销更加精准、投资回报率更高。大数据移动营销不仅是量上的，更多的是数据背后对用户的感知。移动营销公司利用数据挖掘技术，分析受众的个人特征、媒介接触、消费行为甚至是生活方式等，帮助广告主找出目标受众，然后对广告信息、媒体和用户进行精准的匹配，从而达到提升营销效果的目的。

大数据的应用让移动营销更精准体现在三个方面：一是精准定制产品，通过对移动用户大数据的分析，企业可以了解用户需求，进而定制个性化产品；二是精准信息推送，避免向用户发送不相干的信息造成用户反感；三是精准地推荐服务，通过对用户现有的浏览和搜索行为数据的分析，预测其当下及后续的需求，由此开展更精准和更实时的营销推广。

2. 智能终端成为数字营销的主战场

随着智能手机和平板电脑的普及，移动网络的访问量急剧增长，用户在智能手机和平板电脑平台上花费的时间也越来越多，中国移动广告市场呈现快速增长的态势。中国移动广告市场发展迅猛，增长近 6 倍至 64 亿美元，超越英国和日本成为全球第二大移动广告市场，未来的中国广告市场移动端支出将在所有数字广告板块起主导作用。智能终端将成为数字营销的主战场，广告主需要及时地调整营销战略，合理地分配营销预算，并结合企业自身特征，积极布局移动营销领域。

3. 移动电商改变整个市场营销生态

如果电子商务对实体商店的生存构成巨大的挑战，那么移动电子商务正在改变整体的营销环境。智能手机和平板电脑的普及，以及减少网络流量收费，大量的移动电子商务平台，都为消费者提供了更便捷的购物选择。

移动电商购物具有良好的消费体验，例如，比实体店更低的价格、丰富的产品选择、简便的购物流程、安全的支付系统、快捷的物流配送等，都为移动电商市场规模的扩大创造了条件。

4. 本地化移动营销市场空间广阔

本地化移动营销是人、位置、移动媒体三者的结合。由于广告主及数字广告代理商不断地寻求一种既具有高度本地化，又具有高度相关性的传递商品信息的方式，本地化移动营销得以快速发展。本地化移动营销的核心发展主要体现在以下三个领域：一是增强现实感，二是移动支付，三是游戏化。

比如百度地图和麦当劳联合推出的樱花甜筒跑酷活动。打开百度地图，或是使用"附近""搜索"功能，会看到一个漂浮在地图上的甜筒标志。这是百度地图结合 LBS 大数据分析和智能推送技术，对麦当劳甜品站周边三公里的用户进行匹配，挑选部分用户推送了"樱花甜筒跑酷 0 元抢"的优惠信息。用户在规定时间内跑到麦当劳甜品站，就可以免费领取樱花甜筒。这种两家企业结合自身优势推广的活动，很快引起了"樱花风暴"，实现了共赢。

5.App 营销是移动营销主要形式

现阶段移动互联网流量主要由各种 App 产生，App 产生的流量占 70% 以上，App 的数量在 IOS 和 Android 都在百万种以上，无疑 App 成为移动营销的主要形式。庞大的 App 数量和广告形成两个巨大的长尾市场，通过大数据分析可以让用户在合适的时间、合适的地点、合适的场景，看到合适的广告信息。

智能手机和平板电脑的 App 分为两种：一是线下安装，二是主动下载。无论是线下安装还是用户主动下载的 App，都需要增强用户体验、提供奖励优惠、激励用户参与、建立情景消费联想。

6. 多屏整合成移动营销必然趋势

中国消费者使用智能手机和平板电脑等多屏媒体的频率高于世界任何其他地区居民。多屏整合将成为移动营销的主导方向。这里的多屏整合包含两层内涵：一是多屏整合的大数据分析，用户可以同时使用手机屏、iPad 屏、电脑屏、电视屏、户外屏等终端，数字广告平台需要知道用户在多屏上浏览的信息和行为模式，从而通过跨屏来修正和完善对消费者的认知，让移动广告投放更精准、更有效；二是多屏的整合营销，即将智能手机与电脑、电视、户外广告等进行较好的关联和互动，实现线上线下的整合推广。

7. RTB 成移动广告投放主导模式

RTB（Real Time Bidding，实时竞价），是一种利用第三方技术在数以百万计的网站上针对每一个用户展示行为进行评估及出价的竞价技术。与大量购买投放频次不同，实时竞价规避了无效的受众到达，针对有意义的用户进行购买。中国移动广告市场 RTB 日益成为广告投放的主导模式，多盟、有米、芒果、木瓜移动等众多国内移动广告公司均已推出了实时竞价广告交易平台（Ad Exchange）和需求方平台（DSP）。

8. 新型城镇和农村成移动新蓝海

随着国家新型城镇化战略的实施和移动终端网络的不断普及，三四线城市、新兴城镇和农村市场成为移动电商的新蓝海。事实上，阿里、京东、1 号店、苏宁云商等电商近年来已经大跨步进军三四线城市和农村市场。随着新型城镇和农村智能手机及互联网普及率的稳步提升，移动电商消费市场空间巨大。

9. 移动营销打造 O2O 营销新模式

移动 O2O 营销模式充分利用了移动互联网跨地域、无边界、海量信息、海量用户的优势，同时充分挖掘线下资源，进而促成线上用户与线下商品服务的交易。

在移动互联时代，企业需要考虑如何有效地将线上和线下结合起来，将线上促销活动转化为实际销售活动。

10. 建立战略联盟是移动营销平台的方向

大数据时代，大数据、技术和创意将成为移动数字营销公司的核心竞争优势。建立战略联盟是移动营销平台发展的必然选择。

三、大数据下的精准营销渠道建设路径

（一）基于大数据挖掘的 STP 分析

1. 基于大数据挖掘的市场细分

市场细分指的是将整个市场划分为若干个有效的子市场，其中有效二字指的是各个子市场之间的群体需求有着明显的差异，而各子市场内的消费者之间具有高度相似的需求。市场细分的目的就是让企业能够找到合适的目标市场，而前提则是市场中的消费者之间存在着对产品的差异性需求。然而，一方面由于消费者人数众多，另一方面是差异性需求难以直接识别或度量，于是这就给企业在市场细分过程中增加了难度。企业传统的市场细分方法都是以市场调查员通过常见的诸如地理位置、性别年龄等调查出的细分变量作为依据，然而仅仅依据这些细分变量还无法达到有效的市场细分。在大数据时代，海量的消费者行为数据让企业能够更好地按照消费者的行为习惯进行市场细分，通过大数据挖掘中的分类方法，把具有相同行为特征的归到一起。其中，关于特征的选取可以是单维度的也可以是多维度的。

所以，区别于传统的市场细分，大数据应用于市场细分在以下四个方面起到更为重要的作用：（1）数据采集的维度更为全面，数据采集更为实时，尤其是行为数据的采集更为及时、细腻和全方位；（2）用大数据算法进行细分模型建模，可以吸纳更多的细分维度，从而可以细分更加有效的群体，群体人员较少且具有高度相似的需求特征；（3）数据更新更快，计算速度更快，市场细分模型更新速度更快，对于用户需求的变化也能够更加及时地反映，从而使得市场细分这个过程变得又快又准；（4）通过大数据算法判定的细分群体可以实时进行最有效的营销活动推荐，并可以用大数据计算出最为有效的直达这些细分群体的推广渠道。

因此，将传统的市场调研智慧与大数据的巨大威力结合起来，能够对消费者及市场做更为深入的分析，有利于企业制定出有针对性的营销策略，提高营销效率、提升企业利润。

2. 基于大数据挖掘的目标市场选择

基于大数据挖掘的目标市场选择指的是，在基于大数据挖掘的市场细分之后，

选择其中一个或多个子市场并进入。目标市场的选择有以下三个标准：

（1）目标市场规模与潜力

一定的规模和发展潜力是企业在目标市场选择时的第一个标准，企业进入某一细分市场是希望能够从该市场中获得一定的经济收益，所以，如果目标市场的规模过于狭小或者几近萎缩状态，企业则很难获得良好的发展；相反，如果目标市场规模较大且具备一定的发展潜力，则企业在进入目标市场之后则有一定的发展空间。

（2）目标市场结构

目标市场结构指的就是目标市场的构成，包含了消费者、供应商、竞争对手等群体。它是企业确定目标市场的第二个标准，即在具备一定规模的前提下，还要确定其结构组成，因为已有的市场结构会影响企业在该市场中的地位及获利情况。通常来说，目标市场结构对于企业获利能力的影响主要来自现有竞争对手、潜在竞争对手、替代产品、消费者及供应商这五个群体。

（3）目标市场吻合度

目标市场吻合度指的是企业与市场之间的匹配度，即企业在选择目标市场时不单要考虑已有的市场结构，还要评估企业的自身能力及企业未来的发展方向和目标，只有在企业拥有一定的实力，而且未来发展方向与目标能够与市场具有一定的契合度的情况下进入该目标市场，企业才有可能在该目标市场立足并实现长期的、稳定的、良性的可持续发展。

区别与以往目标市场选择，基于大数据挖掘的目标市场选择在原来定性化的选择标准上使其能够定量衡量，同时，不但能够更加准确地把握消费者的需求，还能够对于竞争对手的情况进行监控，并对市场的未来发展进行一定程度的预测，使得企业对于目标市场的选择更加科学、有效。

3. 基于大数据挖掘的精准市场定位

市场定位指的是企业在进入目标市场之后，面对现有竞争对手的产品，企业要生产出跟现有产品之间具有明显差异的产品，并且在消费者心中得到认可、引起共鸣。即根据消费者对于产品某种属性的关注度或者重视度，在产品设计能够着重突出该产品属性，从而在消费者的心中塑造出一种该企业产品与其他竞争对手的产品相比有着独有的、鲜明的特征，能够给人一种与众不同的感觉，满足消费者的个性化需求心理。市场细分是为了企业更好地选择市场，市场定位则是为了消费者更好地找到企业，它的实质就是通过准确的市场定位将企业与现有的竞争对手区别开来，并且能够让消费者明显地感受到该区别，从而使得企业和企业产品在消费者的心中占据特殊的位置。

区别于以往的市场定位，由于无法准确把握消费者对于产品真正的诉求点，即不知道目标用户对于该产品的哪些属性更为重视，导致无法满足用户的真正需求，也就无法突出产品特色。而基于大数据挖掘的市场定位是在基于大数据挖掘的市场细分和目标市场选择的基础上，对于用户的需求和偏好有更大的把握，从而在用户更为关注的产品属性上下功夫，塑造出产品与众不同的感觉，与其他竞争对手的产品明显区分开来，为后续的精准营销策略铺路。

（二）精准营销策略

1. 个性化产品提供

个性化可以说是人类消费心理的一个共同特征，对于个性化产品的需求也是早已有之，而随着经济的发展和社会的进步，消费者的个性化需求也愈演愈烈，已然成为一种常态。一方面，基于市场竞争环境日趋激烈，市场上具有相同基础功能的产品种类越来越多，这就使得企业要在产品上比竞争对手更有优势；另一方面，人们的消费观念和消费水平与以往有着很大的改变，不再盲目从众、追求时尚，更多的是基于自己的偏好和消费水平进行个性化消费。因此，个性化产品从消费者的角度来看，指的是能满足消费者个性化消费需求的产品，从企业竞争优势角度来看，个性化产品就是拥有比竞争对手同类产品所没有的特性和优势。

（1）基于用户偏好的产品设计

正如前面所提到的精准营销的核心在于"精准"二字，其中"精"字在前，表明了精制产品的重要性，即能够满足消费者个性需求的精美的、定制的产品的重要性。区别于传统用户偏好识别，基于消费者全方位行为数据的挖掘，能够更加准确和快捷地识别用户偏好，以满足用户偏好为切入点进行产品设计。

（2）基于竞争优势的产品外延

产品外延指的是企业在产品的设计及生产过程中，在保留核心产品层次（产品的直接功能）的基础上，不断地丰富产品的其他层次，诸如产品的期望功能、附加功能等，即从原来的只注重产品的核心层次到产品五层次的全面丰富。现代企业做出这一产品转变，源于市场竞争的白热化和消费者需求的多样化、复杂化。在产品核心功能几乎没有差异的情况下，企业只有不断地丰富产品的其他层次的内容和功能，才能够更好地满足消费者的多样化需求，从而获得竞争优势，赢得消费者。所以，产品外延已然成为企业获得竞争优势的一种有效途径，更是一种新的竞争焦点，因为消费者不再仅仅满足于产品的直接效用和功能，他们更希望能够在消费产品的过程中得到优质的服务及享受到产品直接功能之外的附加功能。

2. 差异化价格制定

对不同的消费者而言，他们有着各自的个性化需求，就算是同样的一件商品，它可能满足消费者的不同心理或需求，即它给消费者带来的效用是不同的。所以，对于这样的一件商品，不同的消费者对于产品的价格会有不同的接受程度，即他们的支付意愿不一样。比如说有的人觉得该产品是一种身份地位的象征，所以再贵也要买，有的人则不以为然。因此，企业要改变以往单一的定价策略，以大数据挖掘为基础，识别消费者的需求和购买力，根据不同的需求和产品价格弹性进行差异化定价，从而在满足消费者个性化需求的基础上实现企业利益最大化。

并不是所有的企业都可以实施差异化定价策略，它必须具备一定的条件。第一，市场必须能够有效细分，即每个细分的子市场间不同的需求程度能够明显识别。市场有效细分的目的就是根据不同的市场需求价格弹性制定不同的价格策略。比如我们常见的工业用电与居民用电之间的差别，由于工业用电的需求量较大，所以对价格很敏感，价格的轻微变动都有可能引起需求的极大变化。而居民用电则不同，由于用电需求量不多，对于价格不是很敏感。因此，供电公司可以采用差异化的价格策略，降低工业用电价格，提升居民用电价格获得更多的利润。第二，市场中不存在投机的行为，即市场不存在投机者通过低价买高价卖的行为。因为，如果市场存在这样的行为，一方面会导致企业的利益被这些投机者所占据，另一方面价格差别会随着套利的行为而渐渐消失变成一样的价格。所以，企业要严格控制产品渠道，防止出现套利行为。此外，企业在进行防止套利行为或者说控制市场所花费的代价不能超过由差别定价所带来的额外收益时，如果代价比收益还要大，则没有必要实施差别定价。而且，这种差异化的价格策略必须是合法的，同时不能引起消费者的反感和敌意。

在现实生活中，我们可以采取以下三种不同的差异化定价方式：

（1）基于顾客的差异化定价

所谓基于顾客的差异化定价指的是根据不同顾客对于产品的欲望程度、购买力及顾客忠诚度等因素，制定不同的价格。企业可以根据顾客产品购买数量的大小给予不同的单位产品价格。另外，企业还可以根据顾客忠诚度制定差异化的价格，如对于长期购买企业产品的顾客给予较新顾客更低的价格等。

（2）基于渠道的差异化定价

所谓基于渠道的差异化定价是企业根据消费者购买产品渠道的不同，在不同渠道成本的基础上进行差异化定价。企业可以根据消费者是否从线上购物或者线下实体店购物，给予不同的价格。另外，企业同样可以针对不同渠道的关税成本制定不同的产品价格，如我们常见的手机有香港版本与内地版本之分等。

所谓基于时间的差异化定价是指根据时间具有不可逆转的特殊性，每个人在产品需求上对于时间的要求也各不相同。所以，企业就可以根据时间这一特性在产品上制定基于时间的差异化价格策略。一般来说，基于时间的差异化定价可以用在季节性或者节假日的时期，如航空公司都会在旅游旺季或者旅游黄金周的时间段内提升机票的价格。

（三）基于大数据挖掘的客户关系精细化管理

基于大数据挖掘的客户关系精细化管理是指通过数据挖掘识别每个客户所处的生命周期，并予以区分，针对不同生命周期的客户采取差异化的管理方式和营销策略，进而提高客户忠诚度并使客户生命周期价值最大化。客户生命周期指的是客户关系的生命周期，它是企业从开始与客户建立业务关系一直到最终关系结束的这样一个全过程。

1.客户关系管理之反馈机制

对企业经营来说，它既有短期目标也有长期目标，而短期目标则是长期目标实现的基础。因此，企业与客户之间的关系不是一次性的业务关系，而是建立起一种长期性的业务往来关系，每一次的业务结束都意味着下一次新的业务往来正在形成，这样形成一种长期的、循环的、稳定的业务往来关系。事实上，精准营销的精准程度也是建立在不断发生的业务关系上，即它并不是一下子就能够实现的，而是在长期的与客户之间的业务往来中逐渐精准的，通过每一次的营销结果实时反馈，逐渐掌握客户的兴趣偏好，倾听客户对于产品在使用过程中的感受及对于产品的建议，与其形成有效的互动并做出相应的改变。随着智能传感器及大数据技术的发展，企业可以在产品上安装智能传感器，实时掌握产品的使用状况，从而做到及时反馈。

2. 客户关系之个性化推荐系统

随着信息的爆炸性增长，每个人每天都会接收到大量的信息，而用户的精力或者说是信息的筛选能力是有限的，即便用户会筛选对自己有用的信息，但不能保证所有有用的东西都能刚好被识别。因此，如果企业能够利用大数据的力量帮助用户有效地解决该问题，用户对于企业的认可度就会更高。个性化推荐系统是通过利用大数据分析用户对过去所有信息物品的访问记录，在用户与物品之间建立一种二次元关系，利用二者之间的相似性关系挖掘用户可能感兴趣的物品，从而进行个性化产品推荐。如我们常见的亚马逊上面的"猜您喜欢、您过去浏览了、其他人也浏览了"等相关的推荐标签，用户可以通过点击这样的推荐标签迅速地找到自己想要的商品，使得一次购物既简单又方便，提升了用户的购物体验。所以，有效的推荐系统不仅可以增加商品的销售，还可以帮助用户解决信息困扰问题，改善用户的购物体验，最终增加用户对系统的忠诚度。

基于大数据挖掘的客户精细化管理的目的就是为用户提供更有针对性、更贴心、更周到的服务，从而让客户感受到企业对于客户的重视程度，提升客户对企业的好感，为企业长期的可持续发展奠定基础。

第六章　经济发展的理论与视角

第一节　经济发展的基础认知

一、经济增长

（一）经济增长的含义和衡量指标

"经济增长"和"经济发展"的概念最初起源于英文"growth"，这一英文单词有两种含义：一是生长、发育、成长；二是增大、发展、增长。早期的西方经济学家没有发现"growth"和"development"的区别。在很多经济文献中，都使用"growth"。往后慢慢发现了它们的区别。"经济发展"适用于不发达国家的经济，而"经济增长"主要用于发达国家的经济。应该说，把各有所指的"经济发展"和"经济增长"区别开来的阶段是一种进步，但是如果仅局限于不发达和发达国家这两种经济形态的研究上来区别二者，那就添上了唯心主义与形而上学的色彩。实际上，工业革命后富国和穷国的差距才逐渐拉大，并且经济的增长和发展是永无止境的，从经济进步的角度来看的话，只不过会存在经济发展和增长所产生快慢的差异性和先后性及发展阶段的相似性。

通常认为，一个国家或一个地区在一定的时期内出现的收入的增长或实际产值的增长就是经济增长，它一般表示为国民的生产总值或收入的增长。通常所指的是，在产量上有一定的增加。其中，不仅包含着由投资带来的增加成分，也包括了提高生产效率而增加的产量。

国内生产总值的增长率是经济增长的衡量标准。国内生产总值（Gross Domestic Product，GDP）指的是一个地区或者一个国家在一定时期内生产和提供的最终所使用的货物和服务的总价值。全社会在一定时期内所使用的各种消费品、投资品和服务的总和，就是从实物形态上来考察的国内生产总值；新创造的价值和固定资产折旧与各产业部门的增加值的总和就是从价值形态上来考察的国内生产总值。经济增长的额度在报告期用相对量和绝对量均可。一个国家经济增长的幅度或增长率就等于用经济增长的绝对值除以基期总量后减去1，用报告期的总量减去基期的总量的差值是经济增长的绝对值。

看其产生与发展的历史，发现经济增长的理论和技术进步的理论从最初出现就紧密地联合在一起了。经济增长理论研究的对象是经济的一个长期增长过程，在这个过程中各种增长因素都发挥了作用，技术进步促进了经济增长。技术进步随着经济理论的不断发展，将会成为重要的研究对象。

（二）古典经济增长理论

古典增长理论建立在以下四种假设基础上的：①如果在不考虑生产规模的情况下，也就是说规模收益与单位产品两者成正比，这样同时增加一倍的劳动和资本，也就会相应增加一倍的产出；②假设不存在技术进步；③假设只存在劳动和资本两种生产要素，并且两者不能够相互代替；④假设边际储蓄的倾向不变。

这一时期，对于经济增长前景，古典经济学家此时的分析是悲观的，因为他们否认了技术进步。他们认为，经济增长的过程是有连续性的，并且这一过程最终将会静止乃至循环。但预言和事实是不相同的，之后，人均产出增长率渐渐发展并出现了持续的正值，并且这个正值没有下降的趋势。由此可认为，古典经济增长的理论存在着一定的缺陷。

（三）技术进步外生化的新古典经济增长理论

古典经济增长理论和新古典经济增长理论二者有着很大的差异，新古典经济增长理论通过引入外生化技术进步因素来修正总量生产函数，以解释经济持续增长的动力问题。这样一来，经济持续增长的动力问题得到了解释。从这以后关于技术进步理论的研究引起了西方的经济增长理论的日益关注，并延伸到新古典主义方向。

经济增长具备多种构成元素，这是由国民收入增长分解得到的。经济增长又被新古典主义学派重新划分为全要素生产率和总投入量两个因素，其中，全要素生产率则分为资源再配置、规模经济因素及知识进步。总投入量因素主要是增加劳动及资本数量和改善其质量。知识进步的两个方面是技术和管理；而资源配置是劳动力从农业部门到非农业部门的转移，在自己企业中不领报酬的人和非农业的独立经营者转移到了其他行业，这样就解决了劳动力的配置问题。因此，很多产出中得不到解释的"余值"又被新古典主义学派拆分成了各种各样不同的组成元素，如此一来，其结果和索洛的"余值"相比就小了很多。

（四）技术进步内生化的新经济增长理论

技术进步内生化的新经济增长理论，是指用内生技术的进步和规模收益的递增来解释一国和各国之间的一个长期经济增长差异。它的一个显著特征是让增长率内生化，又被称为内生增长理论。这个理论实现了内生技术进步，也论证了内生技术进步是由知识和人力资本两种积累引起的，这项进步是经济增长的决定因素。新经济增长理论认为，经济活动生产要素是特殊的，这一生产要素是知识，它能够使经济可持续发展，也可以使边际收益得到递增。

内生技术进步理论是新经济的核心理论。它认为内生技术进步的源头是人力资本的积累。人的技能和知识的存量也体现出这一点。对内生技术进步理论来说，物质资本如生产资源一样是劳动者本身所有，可以通过培训教育等投资实现增长。健康状况、职业能力和文化水平等个体的知识与技能是经济学范围内的人力资本，可以创造一定的价值。人力资本的提高，不仅可以让劳动者的收入增加，还可以让社会创造价值增加。理论认为，人力资本是对特殊形态资本的投资，因为它是人类对自身的投资。现代世界的发展依赖技术的进步和知识的力量，也依赖人的知识水平和高度专业化的人才。

新古典增长理论提出的技术进步理论是受同一时期大多数经济学家认可的模型，具有一致性。而内生技术进步理论在实证中的应用却由于松散的模型而严重受到了限制。

（五）马克思主义技术进步与经济增长理论

马克思主义经济理论是通过生产关系、社会生产力和经济利益的矛盾来说明社会经济发展状态的。实际上，这个理论还有两个方面的内容体系：一是指在经济发展理论上，揭示了经济发展的规律和本质，其政治经济学理论体系是其理论成果之一；二是指在经济增长理论的运行层次上，概括了经济增长的方法和前提，这是传统经济向现代经济转变的实用理论指导。还研究了扩大再生产的理论和资本积累的理论，分析了马克思的社会产品在各部门之间流转的规律性等。

马克思还对劳动、工艺等经济生产过程分析提出了技术进步理论：①技术的本质，即人们在劳动过程中所掌握的物质手段及使用的机器。②科学技术发展的程度也决定了生产力的发展水平。③在生产力的范围内，技术要充当科学的一个桥梁，从而将理论转化为生产力。

二、经济发展

（一）经济发展的含义

关于经济发展的含义没有一个普遍意义上的定义，有以下四种可作为参考。

第一，工业化就是经济发展。西方国家经济的快速发展是工业革命带来的，所以工业化就是经济发展是有历史考究的。但是西方国家把工业化作为经济发展的目标，并没有从实质上提高人们的生活水平。因此，这一观点不合适。

第二，经济发展一般包括物质福利的改善，特别是对那些低收入的人来说，要根除他们的贫困、文盲、疾病和过早死亡等问题；改善投入和产出的构成，把生产的基础结构从农业向工业活动转变；生产性就业要普及劳动适龄人口而不是只有少数具有特权的人才能组织经济活动，拥有广泛基础的集团可以更多地参与经济方面和其他方面的决定，从而增进福利。

第三，现代经济的发展包括八个方面，即产业结构的变化、收入持续增长、技术进步、改变价值观和改革制度结构等，其中被看作"中心现象"和现代经济发展最重要特征的是收入持续增长。

第四，经济发展，是指社会经济活动中改变或替代传统方式，打破原来平衡状态的内部变革。经济的发展是自发的变革，它不是日常循序渐进的发展，而是另辟蹊径的冲击和跳跃。发展不是改良，而是革命。

由此来看，经济发展的含义是广义的，它不仅是一个单纯的经济现象，还包括经济结构上的变动、社会政治制度和实际收入的长期持续性的变革。也就是说，经济发展体现了国家的社会制度内部和经济结构的变革，而且成为社会政治制度协调和社会经济结构进步的体现。

（二）经济发展的测度

经济发展所表现出的多面性并不适合定义为单一的含义。除非能用某种方法衡量某一事物，否则就不可能更多地了解它，这一论断的提出，使得经济学家开始研究一种能够衡量经济发展的标准。

人们习惯以人均国民收入、人均国内生产总值和人均国内生产总值作为衡量经济发展的指标，并用来区分发达和不发达的国家。这种衡量的指标存在着一定的缺陷。①度量和被度量的事物二者相差较为悬殊，也就是人均收入当作总平均数，并不能够囊括经济发展的特征和范围。②统计上具有不可靠性。一是体现在统计资料不够准确、完整；二是各国专业化水平有一定的差距，产值与度量方法会出现偏差；三是没有通过市场交易的产品和劳务不容易被计算，这会使人均收入指标不准确。③国内收入分配的情况不只由人均收入来体现。人均收入提高，也可能占少数的上层阶级收入有了很大的提高，占多数的中下层的广大群众收入可能并没有明显的变化。

三、经济发展与经济增长的区别与联系

（一）经济发展与经济增长的区别

综上所述，我们能够看到，经济增长通常是指在生产中的净增加，总结国家或地区进行的一段时间内（通常为一年期）的实际（按固定价格计算）收入的输出值，经济增长通常表示为国内生产总值或国民收入的增加。与经济发展相关的内容和因素比，经济增长范畴更为宽广，它不仅包括国内生产总值和国民收入的增长，还包括伴随产出的效益或收入增加的产品种类的结构变化。这些结构的变化会影响产出结构的变化是由投入结构的变化导致的。投入结构的变化一方面与数据的生产或处理有关，这表明许多新兴经济部门的出现，如新制造业、金融、交通、通信和管理，以及旧经济部门的弱化或消减，与其相对应的投资结构、就业结构、收入结构、价格和生产结构的相关变化；另一方面，也意味着社会、企业生产过程中的管理体系发生变化，换句话说，经济发展主要是指国家的经济结构和社会制度结构的变化，这些结构的改变所产生的力量促进了经济的快速发展。

基于以上所概述的，我们能够了解到，经济的发展涵盖经济的增长，这两者

并不是相等的。在经济发展初期，经济的发展可以导致经济增长，而经济增长不一定带来经济的发展。特别需要注意的是，比如说 20 世纪 60 年代和 20 世纪 70 年代大多数发展中国家的经济增长并没有带来经济的向前发展，其中的一些国家经济增长速度非常快，但并没有带来很大的经济效益从而导致经济发展缓慢，那时出现了"经济有增长但经济不发展的状况"或"经济未发展但经济增长的状况"。

（二）经济发展与经济增长的联系

经济的发展和增长这两者是既有不同又相互关联相互影响的。经济的增长是经济发展的基本物质条件，经济的发展也会带来经济增长的必然结果。但是经济的增长不一定会促进经济的发展，但经济的发展必然会带来经济增长。或者说，存在"经济没有发展但有增长"这种说法，却不存在"经济没有增长但有发展"这种说法。

然而，应该明确强调，经济发展所带来的经济增长应该是多元化生产增长的结果，这是国家结构多变化的结果。因此，经济发展带来经济增长，或者说经济的增长就是经济发展的一个分支。

从本质上说经济发展和经济增长是相互关联的。然而，这样的关系并不是与生俱来的，而是后天形成的一个过程，受到许多因素的影响。像西方那样的发达国家，自身经历了长期发展和多种磨难，社会分工和社会化程度非常明确，因此，该部门或地区的经济增长将有序地向该国其他部门或地区转移，从而带动该国各个地区的全面发展。但在发展中国家这种情况却截然不同，发展中国家的经济、社会化程度相对来说比较落后，没有形成完整的体系，导致各个部门和地区间的相互联系不紧密；再加上外在因素的影响，给经济的增长带来危害，限制了其经济结构的变化从而阻碍经济的发展。

四、经济发展与经济增长的关系

在大量的实证经济分析与研究中，人们更多的是研究经济增长的问题，如经济增长的质量、方式、因素、政策等；而较少专门研究经济发展的问题，如经济发展的质量、经济发展的社会成本、经济发展与社会发展及自然生态环境变化之间的关系。通过上文的论述不难看出，经济发展与经济增长是既有联系也有区别的两个经济学范畴。

首先，从概念的内涵上看，经济增长是一个相对纯粹的经济学概念，侧重于反映和体现财富与产出量的增加，以及由此所引发的有关经济方面的发展问题；而经济发展除此之外，还特别关心社会一般关系的发展变化，涉及非经济方面的诸多问题。

其次，从学科角度看，经济发展所关心的是一个国家或地区从落后状态向发达状态的经济演变过程，而经济增长则侧重于研究和反映某种成熟状态的经济进步的动态化过程问题。目前，人们通常把研究发展中国家经济动态的理论和方法称为发展经济学，因为发展中国家的经济正处于由落后状态向发达状态的过渡阶段；而把发达国家经济动态化问题的理论与方法称为增长经济学或经济增长理论，因为发达国家的经济正面临的经济形态的转变已进入成熟状态。

但是，经济发展与经济增长的关系又是极为密切的。经济增长是经济发展的基本动力，是经济发展必要的物质条件，没有增长，发展将成为无源之水；反之，没有发展，长期的持续增长也将是不可能的。一般认为，只要有发展，必然有增长。有发展而无增长是不太可能的，即使出现这种现象也是暂时的、短期的、局部的，而不可能是持续的、长期的和全面的。经济发展就包含了经济增长的内容与问题，而且在当代经济学体系中，增长理论也常常被看作发展理论的重要组成部分，即使描写专门以发达国家经济结构为背景而形成的增长理论，也常常被用于阐释发展中国家的经济发展问题。

从上述论述可以看出，经济增长是经济发展的基础和必要条件，没有经济增长就没有经济发展。但是，有经济增长不一定有经济发展，即经济增长不是经济发展的充分条件。有增长而无发展的四种状况如下：

（一）无工作的增长

工作意味着生活保障，没有工作就等于剥夺了一个人的生活权利。缺乏工作机会可能是由经济增长缓慢造成的，但经济增长较快未必就能提供足够的就业机会。不能提供足够的就业机会，就意味着没有实现经济发展的目标。

（二）无"声"的增长

民众参与和管理公共事务，自由地表达自己的愿望，是人类发展的一个重要体现。但是，经济增长未必与民主自由的扩大相联系。随着经济的增长，民众不能获得充分的自由和民主，不能认为经济是发展的，或者说经济发展的质量是不高的。

（三）无"根"的增长

世界上有多种文化，这些文化使各个民族的生活丰富多彩。一种具有包容性的增长模式能够培育和延续优秀的文化传统，从而能够为人们以各种方式享受他们喜爱的文化提供机会。因此，排外性的增长模式也能够毁灭文化的多样性，从而降低人们的生活质量。

（四）无未来的增长

有些国家的经济增长显著，但其自然资源的损耗和生态环境的恶化越来越严重，不仅损害了当代人们的生活条件和健康，而且还危及子孙后代。不少国家在经济增长过程中，始终伴随着森林毁坏、河流污染、生物多样性毁灭、自然资源耗竭。

由此可见，单纯追求经济活动的数量上的增加，忽视经济、社会、自然的协调与和谐发展，就违背了人类经济活动的发展目标，人类社会不可能持续地发展。

五、经济发展目标

经济发展既是物质上的发展，又是精神上的一种状态。

任何一个国家，其经济发展的目标至少涵盖下述三个方面。

第一，增加人们基本生活必需品的数量，并保证这些生活必需品的公平分配。

第二，提高生活水平。除了让人们获得更高的收入外，还要提供更多可获得收入的工作岗位，提供接受更好教育的机会，并对文化和人道主义给予应有的重视。

第三，把人们从奴役和依附中解放出来，扩大个人与国家在经济和社会方面选择的范围。

经济发展的目标可以概括为两大方面。

（一）经济发展的结果目标

经济发展的结果目标就是实现以人的全面发展为中心的社会发展。具体来说，就是要不断满足人们日益增长的物质和文化需求，不断改善人们的生存与生活条件，不断提高人们的物质生活与精神生活质量，不断完善人们的综合素质，不断解放人类自身，不断促进社会进步。

（二）经济发展的过程目标

经济发展的过程目标是根据不同发展阶段的需要，从发展的手段、发展的方式和发展的要求等角度制定的具有发展战略意义的具体目标。根据科学发展观的思想，现阶段中国经济发展的过程目标主要包括以下六个方面。

第一，保持经济理性地发展，在保证经济发展质量的前提下，使经济增长率保持在一个合理的区间内，实现国民经济又好又快地发展。

第二，保持经济的协调发展和合理的经济结构，使区域之间在经济发展上存在的差距保持在一个合理的范围之内。正确处理好结构、速度、效率与效益之间的关系，处理好社会再生产各环节和社会再生产各领域之间的关系，使国民经济发展的整体效率与效益不断得到提高。

第三，保持经济的可持续发展，实现经济发展方式与发展手段的转变，提高自主创新能力，保持经济发展的强大动力。

第四，保持经济的安全发展，努力控制经济发展过程中的各种风险因素，减少各类风险因素对经济发展的负面影响。

第五，促使自然条件更加优越。经济发展过程与自然环境有着密不可分的关系，一方面，经济发展需要消耗一定的自然资源，导致资源的耗减；另一方面，经济发展对生态环境会造成破坏。如果在经济发展过程中不注意节约自然资源、保护好生态环境，则经济发展不可持续、人类生存环境将会恶化、人民生活水平不可能持续提高，并可能带来严重的社会问题。所以，在经济发展过程中，注意自然资源和生态环境保护与优化，也是经济发展的重要目标之一。

第六，促使社会更加和谐。在社会进步的过程中，由于各种原因使地区之间的各种社会性差异逐步缩小，社会制度、体制、机制更加完善，社会事业得到发展，社会服务水平得到提高，社会变得更加公平、自由与民主，人们的综合素质变得更加完美。

上述关于经济发展目标的论述，对于阐释经济发展质量的内涵、属性与构建经济发展质量指标体系具有重要的意义。

六、经济发展的统计度量问题

度量经济发展是一个极其复杂的问题。从理论上说，对经济发展的度量必须符合经济发展的含义及其基本目标，这就要求度量经济发展既要反映经济发展的数量方面，也要体现经济发展的质量方面；既要反映经济方面的发展，也要体现非经济方面的社会进步。同时，度量的标准与指标应简单易行，符合科学原则。显然，在实践中要做到上述各点，有一定的难度。

目前，人们一般更多地使用人均国内生产总值来作为经济发展水平的尺度，该指标考虑了人口增加与国民产出水平的关系，可以在一定程度上反映一个国家或一个地区的经济发展水平及生活消费水平。学术界一般认为，单纯地使用这一指标来作为经济发展的衡量标准或尺度存在不少的问题。第一，人均国内生产总值未能清楚地显示出产品和劳务的类型与构成，以及使用它们所能带来的实际福利究竟有多大。国内生产总值反映了全部产业的增加值总和，但人们得到的福利不一定与该总和的变化方向一致。例如，人均国内生产总值的增加，可能伴随人们闲暇时间的减少，闲暇带来的福利就会减少。第二，人均国内生产总值未能清楚地显示收入是如何分配的，在收入分配上是否存在不公平现象，贫富差距究竟有多大。第三，人均国内生产总值的高低并不一定能够真正反映一国或一个地区拥有的经济实力，经济实力是由多要素构成的。第四，人均国内生产总值只反映了经济发展的数量方面，而不能反映经济发展的质量方面。经济发展既有数量特性，又有质量属性。经济发展的质量属性也是多元的，期望通过某个指标来反映这些属性也是不可能的。第五，人均国内生产总值只度量了正规经济的发展水平。第六，人均国内生产总值不能全面地反映社会生活的诸多问题，如贫富差异、就业状况、社会福利、期望寿命、教育卫生事业发达程度、社会公平、自然资源保护、生态环境状况及经济发展成本等，而这些方面又是与衡量经济发展直接相关的问题。

当然，任何一个统计指标都会存在某种或某些缺陷，国内生产总值也不例外，我们不可能设计一个万能指标来全面地反映经济发展的数量与质量。在现阶段，还没有其他任何一个指标能够完全代替国内生产总值来反映一国或一个地区的经济总量。比较现实的方法是，应该设计一套指标体系，对经济发展过程与结果的数量特征与质量特征进行反映。

除了上述人均国内生产总值及国内生产总值指标外，人们有时也使用贫困程度指标来衡量经济发展。贫困是经济不发达的集中表现，人们满足其基本需求所必需的最低水平被视为贫困状态，这个最低水平通常被称为贫困线。一旦用贫困线将穷人区分出来后，衡量一国贫困程度的最简单的方法就是计算穷人在总人口中的比例，即人头指数。人头指数的缺陷是无法对贫困程度进行度量，但是，收入不足量或者说贫穷差距（指穷人总收入短缺数额占总消费的比例）弥补了这个缺陷，该指标衡量的是为消除贫困现象而将每个穷人的收入提高到贫困线以上所需的转移支付额。

在各种综合性发展指标体系中，比较有代表性的是联合国社会发展研究所设计的指标体系。该指标体系包含中、小学注册入学人数，每间居室平均居住人数等七项社会指标，人均消费电力的千瓦时数、人均对外贸易额等九项经济指标。该指标体系虽然涉及方面多，但缺乏层次与逻辑结构，并不能系统地反映地区或国家的综合发展。

世界银行也设计了一套反映一国社会和经济发展主要特征的世界发展指标体系。与联合国社会发展研究所设计的指标体系有所不同，该指标体系涉及一国的经济概况、生产情况、财政和货币账户、贸易和国际收支平衡、外部融资、人力资源六个方面的内容，共32项一级指标。

联合国社会发展研究所设计的指标体系和世界银行的发展指标体系均属于前文所提及的第一类指标。而用生活质量来衡量发展水平的指标主要有物质生活质量指数和人类发展指数。

度量经济发展的指标应该包括经济发展数量方面的指标和经济发展质量方面的指标两大模块。前文所介绍的关于经济发展的度量指标由于考察面不全，没有对经济发展过程与发展结果的各个方面进行系统的反映，因此，都不能成为系统度量经济发展的数量与质量的指标。

第二节 经济发展的宏观视角

一、宏观经济管理的必要性

（一）加强宏观经济管理，可以弥补市场调节缺陷

市场机制不是万能的，具有自身内在的缺陷，如市场机制调节的盲目性、滞后性、短暂性、分化性和市场调节在某些领域的无效性，这就需要通过国家宏观经济管理来弥补市场缺陷。

（二）加强宏观经济管理，可以维护市场秩序

市场经济条件下，保证市场竞争的公平是发挥市场配置资源优越性的条件之一。仅仅靠市场自发调节，容易形成市场垄断和过度投机，不仅不能确保市场竞争的公平，还会破坏公平竞争机制，造成市场秩序混乱。政府通过建立、维护和保障市场经济有序运行与公平竞争的制度规范，进行严格的市场监管，保障市场公平交易。

宏观经济管理的必然性在于生产的社会化所导致的社会分工和协作关系的发展。在社会化大生产条件下，社会分工越专业、越细密和越广泛，所要求的协作和相互依赖关系就越密切。这就需要对社会经济活动的各个方面、各个部门、各个地区，以及社会生产的各个环节进行计划、组织、指挥和协调，因而客观上要求对国民经济进行统一的管理，要求协助宏观管理系统来调节社会生产的各个方面和各个环节，以保持整个国民经济活动协调一致地运行。特别是随着分工和协作关系的不断深化，国民经济活动就更加离不开宏观经济管理。

二、宏观经济管理的目标

宏观经济管理目标是指一定时期内国家政府对一定范围的经济总体进行管理所要达到的预期结果。宏观经济管理目标是宏观经济管理的出发点和归宿，也是

宏观经济决策的首要内容。

在有利于发挥市场基础调节作用和企业自主经营、增强活力的情况下，通过正确发挥政府宏观经济管理职能，保证整个国民经济持续、快速、健康地发展，以达到取得较好宏观效益、提高人们物质和文化生活水平的目的，是我国宏观经济管理目标的总概括。

三、传统经济发展模式的基本特征及其运行轨迹

与经济体制模式相联系，我国的经济发展模式也经历了一个从传统模式向新模式的转变。为了把握新发展模式的基本内容和特征，我们需要从历史演变的角度，回顾传统经济发展模式及其转变。

（一）传统经济发展模式的基本特征

这种经济发展模式主要表现出以下四个基本特征：

1. 以高速度增长为主要目标

在这样一个发展模式中，经济增长速度一直是处于最重要的中心地位。然而，这又是以赶超先进国家为中心而展开的。在以高速度增长为主要目标的赶超发展方针指引下，追求产量、产值的增长成为宏观经济管理的首要任务。

2. 以超经济的强制力量为手段

就战略指导思想来说，主张从建立和优先发展重工业入手，用重工业生产的生产资料逐步装备农业、轻工业和其他产业部门，随后逐步建立独立、完整的工业体系和国民经济体系，并逐步改善人们的生活。在这一战略思想的引导下，我国一直把重工业，特别是重加工业作为固定的经济建设重心，实行倾斜的超前发展。然而，在一个基本上是封闭自守的经济系统中，向重工业倾斜的超前发展基本上或者完全依靠国内积累的建设资金。由于重工业的优先发展需要大量的资金，国家只好采取超经济的强制力量，以保证这种倾斜的超前发展。因此，向重工业倾斜的超前发展实质上是以农业、轻工业等产业部门的相对停滞为代价的。

3. 以高积累、高投入为背景

为了通过倾斜的超前发展，迅速建立和形成一个独立、完整的工业体系和国民经济体系，就需要有高积累、高投入，以便大批地建设新的项目。因此，经济发展是以外延扩大作为基本方式的。在这样的发展模式下，大铺摊子、拉长基建

战线、一哄而上、竞相扩展等现象已成为必然的结果。

4. 是一种封闭式的内向型经济发展模式

虽然，在这一发展模式下也存在着一定的对外经济技术交流关系，但通过出口一部分初级产品和轻工业产品换回发展重工业所需的生产资料，最终是为了实现经济上自给自足的目标，而且这种对外经济关系被限制在一个极小的范围内。因此，从本质上说，这是一种封闭式的内向型经济发展模式。在这一发展模式下，经济的自给自足程度就成为衡量经济发展程度的重要标志。这种传统的经济发展模式是一定历史条件下的特定产物，有其深刻的历史背景。传统经济发展模式受其历史局限性和主观判断错误的影响，存在着自身固有的缺陷。

（二）传统发展模式下经济的超常规发展轨迹

为了全面考察传统发展模式，并对其做出科学的评价，我们需要进一步分析传统发展模式下经济发展的轨迹。从总体上说，在传统发展模式下，我国的经济发展经历了一个偏离世界性标准的进程，留下了超常规的发展轨迹，其主要表现在以下四个方面。

1. 总量增长与结构转换不同步

我国的结构转换严重滞后于总量增长，近年来，"短缺"与"过剩"并存已成为普遍现象，这种滞后严重制约了总量的均衡与增长。

2. 产业配置顺序超前发展

我国在产业配置顺序上的超前发展，比一般后发展国家更为显著。重加工工业的超前发展，导致了农业、轻工业和基础工业先天发育不足及产业之间产生的严重矛盾。因为，重加工工业的超前发展是基于超经济强制地约束农业经济的发展。农业劳动生产率增长缓慢的同时，重加工业的超前发展严重损害了轻工业的发展。轻工业发展不足使积累的主要来源的转换没有顺利实现，这不仅直接影响了农业承担积累主要来源的重大压力，而且未能完成满足资金密集型基础工业发展需要的历史任务。在资金积累不足的情况下，基础工业发展严重滞后，成为国民经济的关键性限制因素。

3. 高积累、高投入与低效益、低产出相联系

在我国工业化体系初步建立以后，那些曾经塑造了我国工业化体系的条件，如低收入、高积累和重型产品结构等，却反过来成为束缚自身继续发展的因素，

从而造成高积累、高投入与高效益、高产出的错位，使国民经济难以走上良性循环的轨道。

4.农业、轻工业、重工业之间的互相制约超乎寻常

在我国经济结构变动中，却出现了农业、轻工业、重工业之间形成强大的相互制约力，三者产值平分天下的僵持局面。不仅农业与工业之间的结构变动呈拉锯状，而且轻工业与重工业之间的结构变动也是反反复复。这种农业、轻工业、重工业在经济结构中的势均力敌状态，造成较多的摩擦，使各种经济关系难以协调。

除以上四个主要方面之外，我国经济发展的超常规轨迹还表现在许多方面，如产业组织结构失衡、区域经济发展结构失衡、资源与生产能力错位、技术结构发展迟缓、中低技术繁衍等，这些都从不同的侧面反映了传统发展模式下我国经济发展非同寻常的特殊性。

四、新的经济发展模式的选择

（一）我国经济发展进程的基本特征

从传统经济向现代经济转化，是一个世界性的历史过程，任何一个国家的经济发展都会受到支配这个进程的共同规律的影响，从而表现出具有统计意义的经济高速增长和变动的状态。但是，由于各国经济发展的历史背景和内外条件不同，在其经济发展进程中会出现差异，甚至是极大的偏差。因此，在把握经济发展共同规律的基础上，必须研究各国从传统经济向现代经济转化中的特殊性。

与其他国家相比，我国经济发展的历史背景和内外条件更为特殊，不仅与发达国家有明显的差别，而且与一般发展中国家也不相同。这就不可避免地使我国经济发展走出了一条与众不同的道路。我们认为，我国经济发展进程中的基本特征可以归纳为"三超"，即超后发展国家、超大国经济和超多劳动就业人口。

这三个基本特征，不仅构造了我国经济发展的基本性状，而且也界定了我们选择经济发展战略的可能性空间，决定了我国经济发展非同一般的超常规轨迹。

（二）向新的经济发展模式转变

1.经济模式转变

传统经济发展模式向新经济发展模式的转变，是一种革命性的转变，历史性

的转变。具体来说，有以下五个方面的本质性转变：①发展目标的转变，即由以单纯赶超发达国家生产力水平为目标，转变为以不断改善人们的生活由温饱型向小康型过渡为目标；②发展重心的转变，即由追求产值产量的增长转变为注重经济效益，增长要服从经济效益的提高；③发展策略的转变，即由超前的倾斜发展转变为有重点的协调发展，在理顺关系的基础上突出重点；④发展手段的转变，即由以外延型生产为主转变为以内涵型生产为主，提高产品质量，讲究产品适销对路；⑤发展方式的转变，即由波动性增长转变为稳定增长、稳中求进，尽量避免大起大落、反复无常。

2. 经济体制改革

这种经济发展模式转变的实现，从根本上说，有赖于经济体制改革的成功。传统的经济体制不可能保证新的经济发展模式的实现，所以经济体制模式的转变是实现新经济发展模式的根本保证。在此基础上，建立新的经济发展模式要着力于以下三个方面：①对国民经济进行较大的调整；②要确立新的经济理论、思想观念和政策主张；③要端正政府和企业的经济行为。

五、新经济发展模式下的宏观管理目标

从一般意义上说，宏观管理目标是由充分就业、经济增长、经济稳定、国际收支平衡、资源合理配置、收入公平分配等目标构成的完整体系。但在不同的经济发展模式下，宏观管理目标的组合、重点及协调方式是不同的。因此，随着传统经济发展模式向新的发展模式的转变，宏观管理目标的性质也会发生重大变化。

（一）宏观管理目标之间的交替关系

宏观管理目标之间存在着固定的关联。这种关联有两种类型：一种是互补关系，即一种目标的实现能促进另一种目标的实现；一种是交替关系，即一种目标的实现对另一种目标的实现起排斥作用。在宏观经济管理中，许多矛盾与困难往往就是由目标之间的交替关系所引起的。目标之间的交替关系主要有以下是三种。

1. 经济增长和物价稳定之间的交替关系

为了使经济增长，就要鼓励投资，而为了鼓励投资，一是维持较低的利息率水平；二是实际工资率下降，使投资者有较高的预期利润率。前者会引起信贷膨

胀、货币流通量增大，后者会刺激物价上涨。

在供给变动缓慢的条件下，经济增长又会扩大对投资品和消费品的总需求，由此带动物价上涨。在各部门经济增长不平衡的情况下，即使总供求关系基本平衡，个别市场的供不应求也会产生连锁反应，带动物价上涨。

然而，要稳定物价，就要实行紧缩，这又必然会制约经济增长。因此，在充分就业的条件下，经济增长目标与稳定物价目标之间存在着相互排斥的关系。

2.经济效率与经济平等之间的交替关系

经济效率的目标要求个人收入的多少依经济效率高低为转移，从而要求拉开收入差别。同样，它也要求投资的收益多少依经济效率高低为转移，以此来刺激投资与提高投资效益。然而，经济平等的目标要求缩小贫富收入差距，这样社会的经济效率就会下降。同样，忽视投资收益的差别，使利润率降低，就会削弱投资意向，难以实现资源配置的优化。

因此，经济效率与经济平等（收入均等化）不可能兼而有之。在一定限度内，强调平等就要牺牲一些效率，强调效率就要拉开收入的差距。

3.国内均衡与国际均衡之间的交替关系

国内均衡主要是指充分就业和物价稳定，而国际均衡主要是指国际收支平衡。充分就业意味着工资率的提高和国内收入水平的上升，其结果是一方面较高的工资成本不利于本国产品在国际市场上的竞争，从而不利于国际收支平衡；另一方面，对商品的需求增加，在稳定物价的条件下，不仅使商品进口增加，而且要减少出口，把原来准备满足国外市场需求的产品转用于满足国内扩大了的需求，于是国际收支趋于恶化。

如果要实现国际收支平衡目标，那么一方面意味着外汇储备的增加，外汇储备增加意味着国内货币量增加，这会造成通货膨胀的压力，因此不利于物价稳定；另一方面，消除国际收支赤字需要实行紧缩，抑制国内的有效需求，因此不利于充分就业目标的实现。

宏观管理目标之间的交替关系决定了决策者必须对各种目标进行价值判断，权衡其轻重缓急、斟酌其利弊得失，确定各个目标的数值的大小和各种目标的实施顺序，并尽量协调各个目标之间的关系，使所确定的宏观管理目标体系成为一个协调的有机整体。

（二）新发展模式下宏观管理目标的转变

决策者是依据什么来对各种具有交替关系的目标进行价值判断、权衡轻重缓急、斟酌利弊得失，使其形成一个有机整体的呢？其中最重要的依据，就是经济发展模式。

从这个意义上来说，经济发展模式决定了宏观管理目标的性质。有什么样的经济发展模式，就有什么样的宏观管理目标。宏观管理目标体系中各个目标数值的大小和目标实施的先后顺序，都是服从于经济发展模式需要的。

在传统经济发展模式下，宏观管理目标所突出的是经济增长与收入分配均等化，并以其为核心构建了一个宏观管理目标体系。在这个宏观管理目标体系中，经济增长目标优先于结构调整目标，收入分配均等化目标优先于经济效率目标，其他一些管理目标都是围绕着这两个目标而展开的。

按照经济学的观点，经济增长和收入分配均等化之间也是一种交替关系。因为充分就业条件下的经济增长会造成通货膨胀，而通货膨胀又会使货币收入者的实际收入下降，使资产所有者的非货币资产的实际价值上升，结果发生了有利于后者而不利于前者的财富和收入的再分配。

当传统经济发展模式向新的经济发展模式转变之后，这种宏观管理目标体系已很难适应新经济发展模式的需要。以协调为中心，从效益到数量都增长的发展模式要求用新的价值判断准则对各项管理目标进行重新判断，在主次位置、先后顺序上实行新的组合。

按照新的经济发展模式的要求，宏观经济管理目标首先应该突出一个效益问题，以效益为中心构建宏观管理目标体系。具体地说，围绕着经济效益目标，讲求经济稳定和经济增长，在"稳中求进"的过程中，实现充分就业、收入分配公平、国际收支平衡等目标。当然，在这种宏观管理目标体系中，诸目标之间仍然存在着矛盾与摩擦，需要根据各个时期的具体情况加以协调。

（三）新发展模式下宏观管理目标的协调

从我国现阶段的实际情况来看，新的发展模式下的宏观管理目标的协调，主要有以下三个方面：

1.实行技术先导

依靠消耗大量资源来发展经济是没有出路的，况且我国的人均资源占有量并不高。因此，发展科学技术，改善有限资源的使用方式，是建立新发展模式的基本要求。然而，我国大规模的劳动大军和就业压力，无疑是对科技进步的一种强大制约。我们面临着一个两难问题，即扩大非农就业与加快科技进步的矛盾。我们不能脱离中国劳动力过剩的现实来提高科技水平、发展技术密集型经济，而要在合理分工的基础上加快技术进步。

除此之外，我们要把科技工作的重点放在推进传统产业的技术改造上。因为在今后相当长的时间内，传统产业仍将是我国经济的主体。传统产业在我国经济增长中仍起着重要作用。但是，传统产业的技术装备和工艺水平又是落后的。因此，要着重推进大规模生产的产业技术和装备的现代化，积极推广普遍运用的科技成果，加速中小企业的技术进步。与此同时，要不失时机地追踪世界高技术发展动向，开拓新兴技术领域，把高技术渗透到传统产业中，并逐步形成若干新兴产业，从而提高我国经济发展水平，使国民经济在科技进步的基础上不断地发展。

2.优化产业结构

合理的产业结构是提高经济效益的基本条件，也是国民经济持续、稳定协调发展的重要保证。目前我国产业结构的深刻矛盾，已成为经济发展的严重羁绊，因此，优化产业结构是新发展模式的一项重要任务。

按照国际经验，后发展国家在进行结构调整和改造时总会伴随着一定的总量失衡，这是不可避免的。但是总量失衡太大，也不利于结构的调整和改造。因此，我们应在坚持总量平衡的同时优化产业结构。这就是说，要合理地确定全社会固定资产投资总规模和恰当地规定消费水平提高的幅度，使建设规模同国力相适应，社会购买力的增长幅度同生产发展相适应，并以此为前提来优化产业结构。

所谓优化产业结构，首先要使其合理化，然后才是相对地使其高级化。产业结构合理化就是要解决由于某些产业发展不足而影响整体结构协调的问题。长期以来，我国加工工业发展过快，而农业、轻工业、基础工业和基础产业则发展不足，所以结构合理化的任务是较重的。

在重视产业结构合理化的同时，还应积极推进产业结构高级化。我国产业结构的高级化，应按不同的地区发展水平分层次高级化。发达地区要逐步形成以资金密集型和技术密集型为主体的产业结构，并使新兴产业和高技术产业初具规模。

落后地区要以第一次产业和轻工业相互依托的方式实现轻工业的大发展，形成以劳动密集型为主体的产业结构。这样，在总体上就能形成以高技术产业为先导、资金密集型产业为骨干、劳动密集型产业为基础的合理产业结构。

3. 改善消费结构

适当的消费水平和合理的消费结构，也是提高经济效益的一个重要条件。我们要根据人们生活的需要来组织生产。但同时也要根据生产发展的可能性来确定消费水平，并对消费结构进行正确的引导和调节，不能盲目地追随外国的消费结构和消费方式。根据我国人口众多而资源相对不足的国情，我们应该选择适合我国国情的消费模式。

六、宏观经济管理中的市场环境

（一）完整的市场体系

一个完整的市场体系是由各种生活资料和生产要素的专业市场构成的。因为人们之间的经济关系是贯穿整个社会再生产过程中的，既包括消费也包括生产，所以市场关系是通过各种与社会再生产过程有关的要素的交换表现出来的，完整的市场关系应该是一个由各种要素市场构成的体系。一般来说，它包括商品（消费品和生产资料）市场、技术市场、劳动力市场和资金市场。

1. 商品市场

商品市场是由以实物形态出现的消费资料和生产资料市场构成的，它是完整的市场体系的基础。

作为基础产品和中间产品的生产资料市场与社会生产有着重大的直接联系。生产资料市场既反映生产资料的生产规模和产品结构，又对整个固定资产规模及投资效果起制约作用，同时也为新的社会扩大再生产提供必要条件和发挥机制调节作用。因此，生产资料市场实际上是经济运行主体的中心。

作为最终产品的消费品市场与广大居民的生活有着极为密切的关系。该市场的参与者是由生产者和消费者共同构成的，小宗买卖与现货交易较为普遍，交易的技术性要求较低，市场选择性较强。消费品市场不仅集中反映了整个国民经济发展状况，而且涉及广大居民物质和文化生活的所有需求，是保证劳动力简单再生产和扩大再生产的重要条件。因此，消费品市场对整个国民经济发展有着重要影响。

生产资料市场与消费品市场虽然有重大的区别，但两者都是以实物形态商品为交换客体的，具有同一性，并以此区别于其他专业市场。

2.技术市场

技术市场按其经济用途可细分为初级技术市场、配套技术市场和服务性技术市场。这些市场促使技术商品的普遍推广和及时应用，推动技术成果更快地转化为生产力。由于技术商品是一种知识形态的特殊商品，所以技术市场的运行具有不同于其他专业市场的特点。

（1）技术市场存在着双重序列的供求关系

技术市场存在着双重序列的供求关系，即技术卖方寻求买方的序列和技术买方寻求卖方的序列。这是因为技术商品有其特殊的生产规律：一方面，是先有了技术成果，然后设法在生产过程中推广应用；另一方面，是生产发展先提出开发新技术的客观要求，然后才有技术成果的供给。这两种相反的供求关系序列，都有一个时滞问题，从而难以从某个时点上确定市场的供求现状。在技术市场上，供不应求与供过于求，总是同时存在的。

（2）市场的卖方垄断地位具有常态性

由于技术商品具有主体知识载体软件等特征，再生产比第一次生产容易得多，所以为保护技术商品生产者的利益，鼓励技术商品生产，在一定时期内技术商品要有垄断权。它不允许别人重复生产以前已经取得的技术成果，否则就将受到法律制裁。在一般情况下，每一技术商品都应具有独创性，同一技术商品不允许批量生产。因此，在技术市场上，同一技术商品的卖方是独一无二的，不存在同一技术商品卖方之间的竞争；相反，同一技术商品的买方则是众多的，存在着买方之间的竞争，从而在总体上是卖方垄断市场。

（3）市场的交易具有较大的随意性

由于技术商品的使用价值是不确定的，客观上并不能全部转化为生产力。技术商品的价值也不具有社会同一尺度，不存在同一技术商品的劳动比较的可能性，只能借助技术商品使用后的效果来评价，所以在市场交易时主要由供求关系决定其价格。

（4）市场的交易形式较多的使用权让渡

由于技术商品作为知识信息具有不守恒性，即它从一个人传递到另一个人，一般都不使技术商品丧失所传递的信息。因而技术商品的生产者往往在一定时期内，只让渡技术的使用权，而不出卖其所有权。这样，根据技术商品的传递特点，生产者就可以向多个需求者让渡其技术使用权，这是其他专业市场不具有的交易方式。

3. 劳动力市场

劳动力市场在商品经济发展中起着重要作用。它使劳动力按照供求关系的要求进行流动，有利于劳动力资源的开发和利用，以满足各地区、各部门和各企业对劳动力的合理需求，实现劳动力与生产资料在质和量两个方面的有机结合。同时，劳动力市场的供求关系也有利于消除工资刚性和收入攀比的弊端，调整收入分配关系，促使劳动者不断提高自身素质，发展社会所需要的技能。

4. 资金市场

在发达的商品经济中，资金市场是市场体系的轴心。资金市场按期限长短可细分为货币市场和资本市场。货币市场主要用来调节短期资金。它通过银行之间的拆放、商业票据的贴现、短期国库券的出售等方式，融通短期资金，调整资金余缺，加快资金周转，提高资金利用率。资本市场主要用来进行货币资金的商品化交易，把实际储蓄转变为中长期的实际投资。它通过储蓄手段吸收社会多余的货币收入，发行公债、股票、债券等形式筹集长期资金，利用证券交易流通创造虚拟信贷资金，从而加速资金的积累，为社会再生产规模的扩大创造条件。

在资金市场上，信贷资金作为商品，既不是被付出也不是被卖出，而只是被贷出，并且这种贷出是以一定时期后本金和利息的回流为条件的，从而资金商品具有二重价值，即资金本身的价值和增值的价值。此外，资金商品的贷出和流回，只表现为借贷双方之间法律契约的结果，而不表现为现实再生产过程的归宿和结果。因此，资金市场的运行也有自身的特殊性。

（1）市场的供求关系缺乏相对稳定性

在资金市场上，对于同一资金商品，一个人既可以扮演供给者，又是需求者的双重角色，所以市场的供求对象没有相对稳定的分工。这种供求两极一体化的倾向，使市场的供求关系极为复杂多变，不可能建立较为固定的供求业务和供求渠道。

（2）市场的运行建立在信用投机的支点上

资金市场所从事的是信用活动。任何信用都有一定的风险，有风险就必然有投机。信用投机，尤其是技术性投机，承担了别人不愿承担的风险，提供了头寸，使市场更加活跃，具有灵活性，使资金更具有流动性，使市场的资金价格趋于稳定。

（3）市场的流通工具和中介机构作用重大

资金市场的交易，除少数直接借贷的债权债务关系外，大多数以信用工具作为媒介。然而，那些国债、公司债、股票、商业票据、银行承兑汇票和可转让大额定期存单等信用工具，则要通过一系列商业银行、储蓄机构、投资公司、保险公司、证券交易所等中介机构来实现。

（4）市场活动的虚拟性创造

资金市场的信用活动既不是商品形态变化的媒介，又不是现实生产过程的媒介，它的扩大和收缩并不以再生产本身的扩大和停滞为基础。这种信用活动创造了虚拟资金，加速了整个再生产过程。

5.市场体系的结构均衡性

作为一个市场体系，不仅是全方位开放的市场，而且各个市场之间存在着结构均衡的客观要求。这是市场主体之间经济关系得以完整反映的前提，也是宏观间接控制的必要条件。

（1）市场门类的完整性

在商品经济条件下，市场是人们经济活动的主要可能性空间。在这个活动空间中，人们不仅要实现商品的价值，更为重要的是，人们为价值创造而进行生产要素配置。价值实现与价值创造的一致性，要求市场必须全方位开放，具有完整性。残缺的市场体系不仅使现有的市场不能充分发挥作用，而且会妨碍整个经济运行一体化。

（2）市场规模的协调性

一个市场体系的功能优化不在于某类市场规模的大小，而在于各类市场规模的协调效应。所以，各类市场的活动量必须彼此适应、协调有序。任何一类市场的"规模剩余"和"规模不足"都将导致市场体系结构的失衡及其功能的衰减。

（3）市场信号的协同性

各类市场之间的联系程度取决于市场信号之间的协同能力。只有当某一市场信号能及时转换成其他市场的变化信号，产生市场信号和谐联动时，市场体系才具有整体效应，从而才能对经济进行有效的调节。

总之，市场体系的结构完整和均衡，是市场活动正常进行的基本条件，也是间接控制的必要条件之一；否则，间接控制就无法从总体上把握经济运行的状况，也无法综合运用各种经济杠杆进行宏观调控。

（二）买方的市场主权

在市场竞争关系中，商品供给等于某种商品的卖者或生产者的总和，商品需求等于某种商品的买者或消费者的总和。这两个总和作为两种力量集合互相发生作用，决定着市场主权的位置。以买方集团占优势的"消费者主权"或者以卖方集团占优势的"生产者主权"，这两种不同的竞争态势，对整个经济活动有不同的影响。宏观间接控制所要求的是"消费者主权"的买方市场。

1. 市场主权归属的决定机制

在买方与卖方的竞争中，其优势的归属是通过各自集团内部的竞争实现的。因为竞争关系是一种复合关系，即由买方之间争夺同一卖方的竞争和卖方之间争夺同一买方的竞争复合而成。买方之间的竞争，主要表现为竞相购买自己所需的商品；卖方之间的竞争，主要表现为竞相推销自己所生产的商品。在这一过程中，究竟哪一方能占据优势，掌握市场主权，取决于双方的内部竞争强度。如果买方之间的竞争强度大，消费者竞相愿出更高的价钱来购买商品，必然会抬高商品的售价，使卖方处于优势地位；如果卖方之间的竞争强度大，生产者彼此削价出售商品，则必然会降低商品的售价，使买方处于优势地位。一般来说，决定竞争强度的因素有以下两个方面。

（1）供求状况

市场上商品供过于求，卖方之间争夺销售市场的竞争就会加剧，商品售价被迫降低；与此相反，市场上商品供不应求，买方之间争购商品的竞争就会加剧，哄抬商品价格上升。

（2）市场信息效率

市场的商品交换是以信息交流为前提的，商品信息量越大，商品交换的选择就越高，被排除的选择就越多，从而使竞争加剧。所以，市场信息效率对竞争强度有直接影响。在供求状况不变时，市场信息效率不同，竞争强度也会发生变化。

总之，供求状况和市场信息效率共同决定着竞争强度，买方之间与卖方之间竞争强度的比较决定了市场主权的归属。

2.市场主权不同归属的比较

市场主权归属于买方还是卖方，其结果是截然不同的。生产者之间竞争强度的增大，会促使生产专业化的发展，有利于商品经济的发展；而消费者之间竞争强度的增大，则迫使大家自给自足地生产，不利于商品经济的发展。因此，"消费者主权"的买方市场较之"生产者主权"的卖方市场有更多的优越性，具体表现在以下四点。

（1）消费者控制生产者有利于实现生产目的

在生产适度过剩的情况下，消费者就能扩大对所需商品进行充分挑选的余地。随着消费者选择的多样化，消费对生产的可控性日益提高，生产就不断地按照消费者的需要进行。与此相反，卖方市场是生产者控制消费者的市场。在有支付能力的需求过剩的情况下，生产者生产什么，消费者就只能消费什么；生产者生产多少，消费者就只能消费多少。消费者被迫接受质次价高、品种单调的商品，其正当的权益经常受到损害。

（2）买方宽松的市场环境有利于发挥市场机制的作用

在平等多极的竞争中，产品供给适度过剩，可以提高市场信息效率，使价格信号较为准确地反映供求关系，引导资金的合理投向，使短线产品的生产受到刺激，长线产品的生产受到抑制。在产品供给短缺时，强大的购买力不仅会推动短线产品价格上涨，而且也可能带动长线产品价格上涨，市场信息效率低下，给投资决策带来盲目性。

（3）消费者主权有利于建立良性经济环境

产品供给适度过剩将转化为生产者提高效率的压力，生产效率的提高将使产品价格下降，从而创造出新的需求，使供给过剩程度减轻或消失。随着生产效率的进一步提高，又会形成新的生产过剩，这又将造成效率进一步提高的压力，结果仍是以创造新需求来减缓生产过剩。因此，在这一循环中，始终伴随着生产效率的不断提高和新需求的不断创造。在卖方市场中，质次价高的商品仍有销路，效率低下的企业照样生存，缺乏提高效率、降低价格和创造新需求的压力，总是保持着供不应求的恶性循环。

（4）消费者主权有利于资源利用的充分选择

生产者集团内部竞争的强化，将推动生产者采用新技术和先进设备、改进工艺、提高质量、降低成本，并促使企业按需生产，使产品适销对路。消费者集团内部竞争的强化，将使企业安于现状，不仅阻碍新技术和新设备的采用，还会把已经淘汰的落后技术和陈旧设备动员起来进行生产，这势必会造成资源浪费、产品质量低下。同时，强大的购买力也会助长生产的盲目性，造成大量的滞存积压产品。可见，消费者主权的买方市场在运行过程中具有更大的优越性。

3. 买方市场的形成

形成买方市场有一个必要的前提条件，就是在生产稳定发展的基础上控制消费需求，使消费需求有计划地增长。也就是说，生产消费的需求必须在生产能力所能承受的范围之内，否则生产建设规模过度扩张就会造成生产资料短缺；生活消费的增长必须以生产力的增长为前提，否则生活消费超前就会造成生活资料短缺。

在市场信息效率既定的条件下，总体意义上的买方市场可以用总供给大于总需求来表示。由于总供给与总需求的关系受多种因素影响，其变化相当复杂，所以判断总体意义上的买方市场是比较困难的。一般来说，总量关系的短期变化可能与政策调整有关，总量关系的长期趋势则与体制因素相联系。例如，在传统社会主义体制下，企业预算约束软化导致的"投资饥渴症"和扩张冲动，使总量关系呈现常态短缺，尽管在短期内，采取紧缩政策对总量关系进行强制性调整，有可能在强烈摩擦下压缩出一个暂时性的买方市场，但不可能从根本上改变卖方市场的基本格局。因此，要形成总体意义上的买方市场，必须从政策上和体制上同时入手，通过政策调整使总需求有计划地增长，为体制改革奠定一个良好的基础，通过体制改革消除需求膨胀机制，提高社会总供给能力，最终形成产品的绝对供应量大于市场需求量的买方市场。

总体意义上的买方市场虽然在某种意义上反映了消费者主权，但它并没有反映产品的结构性矛盾。如果大部分有支付能力的需求所对应的是供给短缺的商品，而大量供给的商品所对应的是有效需求不足的购买力，那么即使存在总体意义上的买方市场，也无法保证消费者市场的主体地位。因为从结构意义上考察，有相当部分的供给都是无效供给，真正的有效供给相对于市场需求仍然是短缺的，实质上还是卖方市场。所以，完整的买方市场是总量与结构相统一的供大于求的市场。结构意义上的买方市场的形成，主要在于产业结构与需求结构的协调性。一般来说，当一个国家的经济发展达到一定的程度，基本解决生活温饱问题后，需求结构将产生较大变化，如果产业结构不能随之调整，就会导致严重的结构性矛盾。因此，关键在于产业结构转换。但由于生产要受到各种物质技术条件的约束，产业结构的转换具有较大刚性，所以要调整需求结构，使其有计划地变化，不能过度迅速和超前。

个体意义上的买方市场形成，在很大程度上取决于具体商品的供需弹性。一般来说，供给弹性小的商品，容易形成短期的买方市场。需求弹性小的商品，如果需求量有限，只要生产能力跟得上，还是容易形成买方市场的。需求弹性大的商品，一般有利于形成买方市场，但如果受生产能力的制约，尽管需求量有限，也不易形成买方市场。需求弹性大，供给弹性小的商品，因销售者宁愿削价出售，不愿库存积压商品，在一定程度上有利于买方市场的形成。需求弹性大，供给弹性也较大的商品，如服装等，则主要取决于需求量与生产量的关系，只要社会购买力有一定的限量，生产能力跟得上，就有可能形成买方市场。

买方市场形成的历史顺序，一般是先有生产资料市场，后有生活资料市场。这是因为生产资料是生活资料生产加速发展的基础，首先形成生产资料买方市场，有利于生活资料买方市场的发育。如果反历史顺序，在消费需求总量既定的前提下，那些需求弹性大的生活资料也可能形成买方市场，但这是不稳定的，并且首先形成的生活资料买方市场不利于推动生产资料买方市场的发育。消费品生产部门发展过快超过基础设施的承受能力，能源、交通和原材料的供应紧张就会严重影响消费品生产部门，使这些部门的生产能力闲置、开工不足，最终导致生活资料买方市场向卖方市场逆转。同时，强大的消费品生产加工能力加剧了对生产资料的争夺，使生产资料市场难以转向买方市场。

因此，我们应在稳步提高人们生活水平的前提下，注重发展基础工业，重视基础设施建设，以带动直接生产部门的生产，这有利于生产资料买方市场的形成，使生活资料买方市场建立在稳固的基础之上。

（三）多样化的市场交换方式

多样化的市场交换方式是较发达市场的基本标志之一，是市场有效运行的必要条件反映了市场主体之间复杂的经济关系和联结方式。各种不同功效的市场交换方式的组合，使交换过程的连续性与间断性有机地统一起来，有利于宏观间接控制的有效实施。多样化的市场交换方式包括现货交易、期货交易和贷款交易三种基本类型。

1. 现货交易市场

现货交易是买卖双方成交后即时或在极短期限内进行交割的交易方式。

（1）现货交易的基本特性

现货交易的基本特性表现为以下三个方面：①它是单纯的买卖关系，交换双方一旦成交，便"银货两讫"，不存在其他条件的约束。②买卖事宜的当即性，交换双方只是直接依据当时的商品供求状况确定商品价格和数量，既不能预先确定，也不能事后了结。③买卖关系的实在性，成交契约当即付诸实施，不会出现因延期执行所造成的某种虚假性。现货交易方式，无论从逻辑上，还是历史角度来说，都是最古老、最简单、最基本的交换方式。因为大部分商品按其自身属性来说，适用于这种交换方式。

（2）现货交易对商品经济的调节

现货交易市场是建立在由生产和消费直接决定的供求关系基础上的，其最大的特点是随机波动性。市场价格和数量都不能预先确定，而要根据即时的供求关系确定。人们对未来商品交易价格和数量的预期，也只是以当前的价格和数量及其他可利用的资料为基础。这一特点使现货交易市场对商品经济运行具有灵活的调节作用，具体表现在以下三个方面：①有利于竞争选择，释放潜在的经济能量。市场的波动性是实行竞争选择的前提条件之一。市场的波动越大，竞争选择的范围越广，竞争选择的强度越大，所以现货交易市场的竞争选择机制作用较为明显。②有利于掌握真实的供求关系，对经济活动进行及时的反馈控制。除了投机商人的囤货哄价，在一般情况下，现货交易价格信号能比较直接地反映实际供求状况，并且反应较为灵敏。这有助于企业对自身的经营做出及时的调整，也便于政府及时采取相应的经济手段调控市场。③有助于及时改善供求关系，防止不良的扩散效应和联动效应。由于现货交易关系比较单一，该市场的价格波动往往具有暂时性和局部性，至多波及某些替代商品和相关商品的供求关系，不会引起强烈的连锁反应。

当然，现货交易方式也有其消极作用。在现货交易市场上，当前供求的均衡是通过无数次偶然性的交换达到的，市场价格的涨落幅度较大，价格信号较为短促，市场风险较大。这些容易引起企业行为短期化、投资体量微型化、投资方向轻型化等倾向，不利于经济的稳定发展。

2. 期货交易市场

（1）期货交易的基本特性

期货交易的基本特性表现为以下三个方面：①它不仅是买卖关系，而且还是一种履行义务的关系，即买进期货者到期有接受所买货物的义务，卖出期货者到期有支付所卖货物的义务。②对期货交易来说，成交仅仅意味着远期交易合同的建立，只有到了未来某一时点的银货交割完毕，交易关系才算终结，从成交到交割要延续一段时间。③期货买卖成交时，并不要求买卖双方手头有现货，不仅如此，在未到交割期以前，买卖双方还可以转卖或买回。所以期货交易具有投机性，会出现买进卖出均无实物和货款过手的"买空卖空"的现象。

（2）期货交易市场的组成

套期保值者和投机者都是期货交易市场的主要人群，前者参与期货交易是为了减少业务上的风险，后者参与期货交易是为了牟取利润而自愿承担一定的风险。在该市场上，投机者是必不可少的。首先，由于套期保值者更愿意销售期货，如果期货市场全由套期保值者组成，则购买期货的需求一方总是相对微弱的，所以需要通过投机者的活动来调整期货供求之间的不平衡。其次，由于套期保值者不愿承担风险，单由他们的交易而达成的期货价格通常是不合理的，要大大低于一般预期价格。当投机者参与市场活动后，只要期货价格低于他们的预期价格，他们就会买进期货以牟取利润，这种敢于承担风险的行为会把期货价格提高到一个更为合理的水平。因此，期货市场必须由这两部分人组成，才具有合理性、流动性和灵活性。

（3）预期确定性

期货交易市场是建立在未来供求关系预先确定的基础上，其最大特点是预期确定性。期货市场的特点决定了它对经济运行的稳定性具有积极作用，具体表现为：①有利于生产者转移风险、套期保值，保证再生产过程的正常进行。生产者通过出售或购进期货，就可以避免由市场价格波动带来的损失，例如，就销售者来说，如果交易期内价格下跌，并反映在期货价格上，期货合同的收益将有助于弥补实际销售因价格下跌带来的损失。如果交易期内价格上涨，期货头寸的损失同样会由实际销售因价格上涨带来的收益所弥补，这样，生产者就能免受市场风险干扰而安心生产。②有利于市场价格的稳定，减轻市场波动。在期货市场上，投机者利用专门知识对商品期货价格做出预测，并承担价格风险进行"多头"和

"空头"的投机活动。当供给的增加会引起价格大幅度下降时，他们就买进存货，以便在以后以有利的价格抛出，这样就维持了现期价格；当供给短缺时，他们抛出存货，因而防止了价格猛涨。③有利于提高市场预测的准确度，产生对将来某一时点上的收益曲线形状和价格水平较为合理的预期。期货价格反映了许多买方与卖方对今后一段时间内供求关系和价格走势的综合看法。这种通过把形形色色的个别分散的见解组合成一个易识别的预测量，虽然不能说是完全正确的，但总比个别一次性的价格预测更准确和更有用。④有利于完善信息交流，促进市场全面竞争。期货市场作为买卖双方为未来实际交易而预先签订契约的中心，不仅使买卖双方互相了解其对方的情况，减少了互相寻找的盲目性，而且使各种短期与长期的信息大量汇集，扩大了可利用的市场信息范围。

期货交易市场虽然有利于消除因人们对商品价格和数量预期不一致所引起的不均衡，但它仍然不可能消除由于社会需求心理或资源不可预料的变化而产生的不均衡，以致人们经常发现自己不愿意或不能够购销他们曾经计划购销的商品而不得不另行增加现货交易，或用现货交易抵销合同。另外，期货市场也具有某种负效应的调节作用，例如，对期货价格的投机也许会成为支配价格的真实力量，价格就会因投机者操纵而剧烈波动，从而对经济产生危害。

3. 贷款交易市场

贷款交易是通过信贷关系所进行的商品交易，它反映了银货交割在时间上的异步性，即市场主体之间成交后，或者是以现在的商品来换取将来收款的约定；或者是以现在的货币交付来换取将来取货的约定。前者被称为延期付款交易，后者被称为预先付款交易。

延期付款交易有助于刺激有效需求，适用于商品供大于求状况；预先付款交易有助于刺激有效供给，适用于商品供不应求状况。这两种交易方式都是一笔货币贷款与一宗商品交换，所不同的是：前者是卖方贷款给买方所进行的现货交易，属于抵押贷款，以卖方保留商品所有权为基础；后者是买方贷款给卖方所进行的期货交易，属于信用贷款，以卖方的信用为基础。

可见，贷款交易无非在现货和期货交易基础上又增加了借贷关系的交易方式。这是一种更为复杂的交易方式，它具有以下基本特性：①在商品交换关系中渗透着借贷的债权债务关系，现期交付货物或货款的一方是债权人，远期交付货款或货物的一方则是债务人，他们在商品交换中也就实现了资金融通。②贷款交易在完成一般商品交换的同时提供了信贷，从而使受贷者在商品交换中获得提前实现商品的使用价值或价值的优惠，即买方受贷者能提前实现商品使用价值的消费，卖方受贷者能提前实现商品的价值。③贷款交易虽然是成交后其中一方的货物或货款当即交付，但另一方的货款或货物交付总是要延续到以后某一日期才完成。

贷款交易市场是建立在再生产过程中直接信用基础上的，其最大的特点是信用关系的连锁性。在该市场的商品交换中，借贷关系随着商品生产序列和流通序列不断发生，从而会使相互关联的部门和行业连接起来。贷款交易市场的这一特点，使它对经济运行具有较大的弹性调节作用。

（1）有利于调节供给与需求在时间上的分离

当供求关系在时间序列上表现为不平衡时，采取商品的出售条件按照商品的生产条件来调节的办法，使需求提前实现；或者采取商品的生产条件按照商品的出售条件来调节的办法，使生产按需进行。这样就可以使再生产避免因供求在时间上的分离造成的停顿。

（2）有利于调节短期的资金融通

贷款交易利用商品交换关系实现买方与卖方之间的信贷，提供短期的资金融通，使大量分散的短期闲置资金得以充分利用。

（3）有利于加快流通

贷款交易市场用短期信贷关系弥补货物或货币缺口，使商品交换关系得以建立，这不仅扩大了商品销售，加快了市场流通，而且也加强了交易双方的经济责任，从而有力地促进了消费和投资。

（4）有利于促进银行信用的发展

贷款交易市场上的商业信用是与现实再生产过程直接相联系的，它是整个信用制度的基础。贷款交易市场的扩大，必然推动银行间接信用的发展，这是因为：一方面，商业信用为了保证其连续性，需要银行做后盾；另一方面，商业票据作为信用货币要到银行去贴现。

当然，贷款交易市场中的信用关系仅限于买卖双方，其活动范围是有限的，而且它在经济系统中不确定因素的冲击下往往显得很脆弱，更容易产生连锁性的信用危机，直接影响再生产过程的顺利进行。

第三节　经济发展的微观视角

一、消费者理论

（一）消费者行为理论模型

1. 彼得模型

彼得模型俗称轮状模型图，是在消费者行为概念的基础上提出来的。该模型认为消费者行为、感知、认知、行为、环境、营销策略之间是互相作用的。彼得模型可以在一定程度的感知与认知上解释消费者行为，帮助企业制定营销策略。消费者行为分析轮状模型图，包括感知与认知、行为、环境、营销策略四部分内容，如下所示：

第一，感知与认知是指消费者对于外部环境的事物与行为刺激可能产生心理上的两种反应。感知是人对直接作用于感觉器官（如眼睛、耳朵、鼻子、嘴、手指等）上客观事物的个别属性的反映，认知是人脑对外部环境做出反应的各种思想和知识结构。

第二，行为，即消费者在做什么。

第三，环境是指消费者的外部世界中各种自然的、社会的刺激因素的综合体。例如，政治环境、法律环境、文化环境、自然环境、人口环境等。

第四，营销策略指的是企业进行的一系列营销活动，包括战略和营销组合的使用，消费者会采取一种什么样的购买行为，与企业的营销策略有着密切的关系。感知与认知、行为、营销策略和环境四个因素有着本质上的联系。

感知与认知是消费者的心理活动，心理活动在一定程度上会决定消费者的行为。通常来讲，有什么样的心理就会有什么样的行为。相对应地，消费者行为对感知也会产生重要影响。营销刺激和外在环境也是相互作用的。营销刺激会直接地形成外在环境的一部分，而外面的大环境也会对营销策略产生影响。感知与认知、行为、环境、营销策略是随着时间的推移不断地产生交互作用的。消费者的感知与认知对环境的把握是营销成功的基础，而企业的营销活动又可以改变消费者行为、感知与认知等。但不可否认，营销策略也会被其他因素所改变。

2. 霍金斯模型

霍金斯模型，即消费者决策过程的模型，是关于消费者心理与行为的模型，该模型被称为将心理学与营销策略整合的最佳典范。

消费者在内外因素影响下形成自我概念和生活方式，然后消费者的自我概念和生活方式导致一致的需要与欲望产生，这些需要与欲望大部分要求以消费行为的方式获得满足与体验。同时，这些也会影响今后的消费心理与行为，特别是对自我概念和生活方式起调节作用。

自我概念是一个人对自身一切的知觉、了解和感受的总和。生活方式是指人们如何生活。一般而言，消费者在外部因素和内部因素的作用下首先形成自我概念和自我意识，自我概念再进一步折射为人的生活方式。人的自我概念与生活方式对消费者的消费行为和选择会产生双向的影响，同时，人们的自我概念与现在的生活方式或追求的生活方式也决定了人们的消费方式、消费决策与消费行为。

另外，自我概念与生活方式固然重要，但如果消费者处处根据其生活方式而思考，这也未免过于主观，消费者有时在做一些与生活方式相一致的消费决策时，自身却浑然不觉，这与参与程度有一定的关系。

3. 刺激—反应模型

（1）刺激—中介—反应模型

这一模型是人的行为在一定的刺激下通过活动，最后产生反应，它是人类行为的一般模式，简称 SOR 模型。

任何一位消费者的购买行为，均是来自消费者自身内部的生理、心理因素或是在外部环境影响下而产生的刺激带来的行为活动。消费者的购买行为，其过程可归结为消费者在各种因素刺激下，产生购买动机，在动机的驱使下，做出购买某商品的决策，实施购买行为，再形成购后评价。消费者购买行为的一般模式是营销部门计划扩大商品销售的依据。营销部门要认真研究和把握购买者的内心世界。

消费者购买行为模式是对消费者实际购买过程进行形象说明的模式。所谓模式，是指某种事物的标准形式。消费者购买行为模式是指用于表述消费者购买行为过程中的全部或局部变量之间因果关系的图式理论描述。

（2）科特勒的刺激—反应模型

科特勒的刺激—反应模式清晰地说明了消费者购买行为的一般模式。刺激作用于消费者，经消费者本人内部过程的加工和中介作用，最后使消费者产生各种外部的与产品购买有关的行为。因此，该模式易于掌握和应用。

（二）消费者购买决策理论

1.习惯建立理论

该理论认为，消费者的购买行为实质上是一种习惯建立的过程。习惯建立理论的主要内容如下：①消费者对商品的反复使用形成兴趣与喜好。②消费者对购买某一种商品的"刺激—反应"的巩固程度。③强化物可以促进习惯性购买行为的形成。任何新行为的建立和形成都必须使用强化物，而且，只有通过强化物的反复作用，才能使一种新的行为产生、发展、完善和巩固。

习惯建立理论提出，消费者的购买行为，与其对某种商品有关信息的了解程度关联不大，消费者在内在需要的激发和外在商品的刺激下，购买了该商品并在使用过程中感觉不错（正强化），那么他可能会再次购买并使用。消费者多次购买某商品，带来的都是正面的反映，购买、使用都是愉快的经历，在多种因素的影响下，消费者逐渐形成了一种固定化反应模式，即消费习惯。具有消费习惯的消费者在每次产生消费需要时，首先想到的就是习惯购买的商品，相应的购买行为也就此产生。因此，消费者的购买行为实际上是重复购买并形成习惯的过程，是通过学习逐步建立稳固的条件反射的过程。

以习惯建立理论的角度来看存在于现实生活中的许多消费行为，可以得到消费行为的解释，消费者通过习惯理论来购入商品，不仅可以最大限度地节省选择商品的精力，还可以避免产生一些风险。当然，习惯建立理论并不能解释所有的消费者购买行为。

2.效用理论

效用概念最早出现于心理学著作中，用来说明人类的行为可由追求快乐、避免痛苦来解释，后来这一概念成为西方经济学中的一个基本概念，偏好和收入的相互作用导致人们做出消费选择，而效用则是人们从这种消费选择中获得的愉快或者需要满足。通俗地说，就是一种商品能够给人带来多大的快乐和满足。

效用理论把市场中的消费者描绘成"经济人"或理性的决策者，从而给行为学家很多启示。首先，在商品经济条件下，在有限货币与完全竞争的市场中，"效用"是决定消费者追求心理满足和享受欲望最大化的心理活动过程；其次，将消费者的心理活动公式化、数量化，使人们便于理解。但需要指出的是，作为一个消费者，他有自己的习惯、价值观和知识经验等，受这些因素的限制，他很难按照效用最大的模式去追求最大效益。

3. 象征性社会行为理论

象征性社会行为理论认为任何商品都是社会商品，都具有某种特定的社会含义，特别是某些专业性强的商品，其社会含义更明显。消费者选择某一商标的商品，主要依赖这种商标的商品与自我概念的一致性，也就是所谓商品的象征意义。

4. 认知理论

认知理论是 20 世纪 90 年代以来较为流行的消费行为理论，认知理论把顾客的消费行为看成一个信息处理过程，顾客从接受商品信息开始，直到最后做出购买行为，始终与对信息的加工和处理直接相关。这个对商品信息的处理过程就是消费者接收、存储、加工、使用信息的过程，它包括注意、知觉、记忆、思维等一系列认知过程。顾客认知的形成，是由引起刺激的情景和自己内心的思维过程造成的，同样的刺激，同样的情景，对不同的人往往产生不同的效果。认知理论指导企业必须尽最大努力确保其商品和服务在顾客心中形成良好的认知。

（三）消费者行为的影响因素

影响消费者行为的因素主要有两种，分别是个人内在因素与外部环境因素，在此基础上，还可以继续进行细分，将个人内在因素划分为生理因素与心理因素，将外部环境因素划分为自然环境因素和社会环境因素。可以说消费者行为的产生，是消费者个人与环境交互作用的结果。消费者个人内在因素与外部环境因素，直接影响着和制约着消费者行为的方式、指向及强度。

（四）消费者购买决策的影响因素

1. 他人态度

他人态度是影响购买决策的重要因素之一。他人态度对消费者购买决策的影响程度，取决于他人反对态度的强度及消费者对他人劝告的接受程度。

2. 预期环境因素

消费者购买决策要受到产品价格、产品的预期收益、个人收入等因素的影响，这些因素是消费者可以预测到的，被称为预期环境因素。

3. 非预期环境因素

消费者在做出购买决策过程中除了受到以上因素影响外，还受到营销人员态度、广告促销、购买条件等因素的影响，这些因素难以预测到，被称为非预期环境因素，它往往与企业营销手段有关。因此，在消费者的购买决策阶段，营销人员一方面要向消费者提供更多详细的有关产品的信息，便于消费者比较优缺点；另一方面，则应通过各种销售服务，促成方便顾客购买的条件，加深其对企业及商品的良好印象，促使消费者做出购买本企业商品的决策。

二、生产者理论

（一）生产者

生产是厂商对各种生产要素进行合理组合，以最大限度地生产出产品的行为过程。生产要素的数量、组合与产量之间的关系可以用生产函数来表现。因此，在具体分析生产者行为规律之前，有必要先介绍厂商生产要素、生产函数等相关概念。厂商在西方经济学中被称为生产者，即企业，是指能够独立做出生产决策的经济单位。在市场经济条件下，厂商作为理性的"经济人"所追求的生产目标一般是利润最大化。厂商可以采取个人性质、合伙性质和公司性质的经营组织形式。在生产者行为的分析中，经济学家经常假设厂商总是试图谋求最大的利润（或最小的亏损）。基于这种假设，就可以对厂商所要生产的数量和为其产品制定的价格做出预测。当然，经济学家实际上并不认为追求利润最大化是人们从事生产和交易活动的唯一动机。企业家还有其他的目标，比如，企业的生存、安逸的生活及优厚的薪水等。尽管如此，从长期来看，厂商的活动看起来很接近于追求最大利润。特别是，如果要建立一个简化的模型，就更有理由认为厂商在制定产量时的支配性动机是追求最大利润。即使在实际生活中企业没有追求或不愿追求利润最大化，利润最大化也是可以作为一个参考指标去衡量其他目标的实现情况。

（二）生产函数

厂商是通过生产活动来实现最大利润的目标的。生产是将投入的生产要素转换成有效产品和服务的活动。就数学语言来说，生产某种商品时生产要素的投入数量与产品产出数量之间的关系，即为生产函数。厂商根据生产函数具体规定的技术约束，把投入要素转变为产出。在某一时刻，生产函数是代表给定的投入量所能产出的最大产量；反过来也可以说，它表示支持一定水平的产出量所需要的最小投入量。因此，在经济分析中，生产函数是表示生产要素的数量及其某种数量组合与它所能生产出来的最大产量之间的依存关系，其理论本质在于刻画厂商所面对的技术约束。

在形式化分析的许多方面，厂商是与消费者相似的。消费者有一种效用函数，厂商有一种生产函数。但实际上，消费者和厂商的分析之间存在某些实质性的差异。效用函数是主观的，效用并没有一种明确的基数计量方法；生产函数却是客观的，投入和产出是很容易计量的。理性的消费者在既定的收入条件下实现效用最大化；企业家是在既定的投入下使产出数量最大化，但产出最大化并非其目标。要实现利润最大化，厂商还必须考虑到成本随产量变化而发生的变动，即必须考虑到成本函数。也就是说，厂商的利润最大化问题既涉及生产的技术方面，也涉及生产的经济方面。生产函数只说明：投入要素的各种组合情况都具有技术效率。这就是说，如果减少任何一种要素的投入量就要增加另一种要素的投入量，没有其他生产方式能够得到同样的产量。而技术上无效率的要素组合脱离了生产函数，因为这类组合至少多用了一种投入要素，其他要素投入量则同以前一样，其所生产出的产量却同其他方式一样多。

（三）生产要素

生产要素是指生产活动中所使用的各种经济资源。这些经济资源在物质形态上千差万别，但它们可以归类为四种基本形式：劳动、资本、土地和企业家才能。劳动是指劳动者所提供的服务，可以分为脑力劳动和体力劳动。

资本是社会经济资源的总称。它有多种表现形式，其基本表现形式为物质资本如厂房、设备、原材料和库存等。此外，它还包括货币资本（流动资金、票据和有价证券）、无形资本（商标、专利和专有技术）和人力资本（经教育、培育和保健获得的体力智力、能力和文化）。

企业家才能是指企业所有者或经营者所具有的管理、组织和协调生产活动的能力。劳动、资本和土地的配置需要企业家进行组织。企业家的基本职责是组织生产、销售产品和承担风险。生产任何一种产品或劳务，都必须利用各种生产要素。

三、市场理论

（一）市场

市场是商品经济的范畴。哪里有商品，哪里就有市场。但对于什么是市场却有多种理解。最初，人们把市场看作商品交换的场所，如农贸市场、小商品市场等。它是指买方和卖方聚集在一起进行交换商品和劳务的地点。但随着商品经济的发展、市场范围的扩大，人们认识到，市场不一定是商品交换的场所，哪里存在商品交换关系哪里就存在市场。可见，市场的含义，不单指商品和劳务集散的场所，而且指由商品交换联结起来的人与人之间的各种经济关系的总和。

作为市场，其由三个要素构成。一是市场主体，即自主经营、自负盈亏的独立的经济法人。它包括从事商品和劳务交易的企业、集团和个人。二是市场客体，指通过市场进行交换的有形或无形的产品、现实存在的产品或未来存在的产品。三是市场中介，指联结市场各主体之间的有形或无形的媒介与桥梁。市场中介包括联系生产者之间、消费者之间、生产者与消费者、同类生产者和不同类生产者、同类消费者与不同类消费者之间的媒介体系模式。在市场经济中，价格、竞争、市场信息、交易中介人、交易裁判和仲裁机关等都是市场中介。市场的规模和发育程度集中反映了市场经济的发展水平和发育程度。因此，在发展市场经济过程中，必须积极地培育市场。

（二）市场经济

1.市场经济的概述

市场经济是通过市场机制来配置资源的经济运行方式，它不是社会制度。众所周知，在任何社会制度下，人们都必须从事以产品和劳务为核心的经济活动。而当人们进行经济活动时，首先要解决以何种方式配置资源的问题。这种资源配置方式，就是通常所说的经济运行方式。由于运用调节的主要手段不同，人们把经济运行方式分为计划与市场两种形式。前者指采用计划方式来配置资源，被称为计划经济；后者指以市场方式来配置资源，被称为市场经济。可见，市场经济作为经济活动的资源配置方式，不论资本主义还是社会主义都可以使用。它与社会制度没有必然的联系。虽然，市场经济是随着现代化大生产和资本主义生产方式的产生而产生的，但它并不是由资本主义制度决定的。因为市场经济的形成与发展直接决定于商品经济的发达程度。迄今为止，商品经济发展经历了简单商品经济、扩大的商品经济和发达的商品经济三个阶段。只有当商品经济进入扩大发展阶段以后，市场经济的形成与发展才具备条件。因为在这个阶段不仅大部分产品已经实现了商品化，而且这种商品化还扩大到生产要素领域。这时，市场机制成为社会资源配置的主要手段。

2. 市场经济的运转条件

①要有一定数量的产权明晰、组织结构完整的企业。②要有完备的市场体系，成为社会经济活动和交往的枢纽。③要有完整的价格信号体系，能够迅速、准确、明晰地反映市场供求的变化。④要有完善的规章制度，既要有规范各种基本经济关系的法规，又要有确定市场运作规则的法规，还要有规范特定方面经济行为的单行法规。⑤要有发达的市场中介服务组织，如信息咨询服务机构行业协会、同业公会、会计师事务所、律师事务所等市场经济作为经济运行方式。

3. 市场经济的特征

市场经济的特征可以归结为以下六个方面：①市场对资源配置起基础性作用。这里的资源包括人力、物力、财力等经济资源。②市场体系得到充分的发展，不仅有众多的买者和卖者，还有一个完整的市场体系，并形成全国统一开放的市场。③从事经营活动的企业，是独立自主、自负盈亏的经济实体，是市场主体。④社会经济运行主要利用市场所提供的各种经济信号、市场信息调节资源的流动和社会生产的比例。⑤在统一的市场规则下，形成一定的市场秩序，社会生产、流通、分配和消费在市场中枢的联系及调节下，形成有序的社会再生产网络。⑥政府依据市场经济运行规律，对经济实行必要的宏观调控，运用经济政策、经济法规、计划指导和必要的行政手段引导市场经济的发展。

四、市场与均衡

市场上，需求和供给主要是通过价格调节的，围绕着这一主题首先分析需求曲线和供给曲线如何共同决定均衡价格和均衡产量（均衡价格下的需求量和供给量），为什么市场处于均衡状态时社会总剩余达到最大，买者和卖者之间的竞价如何使得非均衡状态向均衡调整。最后，简要介绍一下一般均衡理论，并讨论市场中的非价格机制。

市场将消费决策和生产决策分开，消费者不生产自己消费的产品，生产者也不消费自己生产的产品。但市场又通过交换将消费者和生产者联系起来。市场通常被理解为买卖双方交易的场所，如传统的庙会、集市，现代的购物中心、百货商店等，都是市场。但市场又不仅是这些看得见、摸得着的实体场所。市场的本质是一种交易关系，它是一个超越了物理空间的概念。随着信息时代的到来，电商已经成为交易的一种新的形式，很多交易是在互联网上依托电商服务器完成的，在这里我们看不到具体的交易场所，但是这些网络虚拟的交易场所仍然是在我们经济学研究的市场中进行的。市场的类型多种多样，不仅有物质产品和服务产品的交易市场，也有作为投入品的要素市场。还有很多无形的标的物也可以成为市场的交易对象，比如专利市场、思想市场等。

无论什么市场，都存在买者和卖者两方。市场交易是一个竞争的过程，不仅有买者和卖者之间的竞争，而且有买者之间的竞争和卖者之间的竞争。比如，生产者之间为获得客户、销售产品而竞争，消费者之间为获得产品而竞争。竞争，意味着每个人都有自由选择的权利，即向谁买、买什么和卖给谁、卖什么的自由。只有在各方都有自由选择权利的制度下，才可以谈得上交易，才能够称之为市场。

（一）均衡价格

1.均衡定义

经济学分析市场的一个基本工具是均衡。均衡分析有一百多年的历史，至今仍然是一个强有力的分析工具。均衡分析最初是经济学家从物理学中借用过来的，它是一种分析不同力量相互作用的方法。在宇宙空间中存在着各种各样的力量，各种力量相互作用，达到一种稳定的状态，即均衡状态。在均衡状态下，没有任何事物会发生新的变化。市场上，供给和需求是两种基本的力量。经济学中的市场均衡，就是指供给和需求的平衡状态。

2.市场均衡核心

关于市场均衡的概念述说起来就是供给和需求的平衡状态。价格是市场均衡的核心，需求和供给都受价格影响，都是价格的函数。但需求和供给对价格做出反应的方向不同，即需求量随着价格的下跌而上升，供给量随着价格的上升而上升。因此，需求量和供给量不可能在任何价格下都相等。但需求和供给的反向变化也意味着，使得需求量和供给量相等的价格是存在的。在经济学上，我们把使得需求量和供给量相等的价格称为"均衡价格"，对应的需求量（供给量）称为"均衡产量"。也就是说，在均衡价格下，所有的需求量都能得到满足，所有愿意在这个价格下出售的产品都可以卖出去。

3. 均衡价格与边际成本

均衡价格是指，当需求量等于供给量的状况下，由需求曲线和供给曲线的交点决定的。

（1）供给曲线与边际成本曲线重合

供给曲线与边际成本曲线重合，需求曲线与消费者的边际效用曲线也是重合的。需求曲线上的价格代表了消费者的最高支付意愿，也就是厂商要把某一固定产量的商品全部销售出去，可以卖出的最高价格。为什么随着产量的增加，消费者愿意付的钱越来越少？因为边际效用是递减的。也就是说，每个人一开始总是满足最迫切的需要，愿意为最迫切的需要付出的代价最大，迫切的需要满足之后，对于不那么迫切的需要，愿意付出的代价相对较小。

（2）供给曲线与生产者的边际成本曲线重合

它可以理解为厂商愿意接受的最低价格。只有消费者愿意付出的价格高于或至少不低于生产者愿意接受的价格时，交易才会给双方带来好处，产品才有可能成交。

假设一件商品，买家最高只愿意出 10 元钱，但卖家最低只能接受 12 元钱，那么交易就不会出现。因此，有效率的交易只会出现在均衡点的左侧，即需求曲线高于供给曲线的部分。

4. 均衡价格与边际效用

根据前面的论述，均衡价格也可以看作消费者的边际效用等于生产者的边际成本时对应的价格水平。这是因为消费者的最优选择意味着他愿意接受的市场价格等于其边际效用，生产者的最优选择意味着他愿意接受的市场价格等于其边际成本。这样一来，价格就把生产者和消费者联系在一起，均衡实现了双方最优。这个原理可以表示为：

边际效用＝均衡价格＝边际成本

可见价格是一个杠杆，它在消费者和生产者分离的情况下实现了"鲁滨孙经济"中消费者和生产者一体化情况下的最优选择条件，如下所示：

边际效用＝边际成本

5. 均衡状态下的总剩余

交换带来的社会福利增加总额，即总剩余。总剩余包括两部分：一部分是消费者剩余；另一部分是生产者剩余。消费者剩余就是消费者支付的价格和他实际支付的价格之间的差额。总收入和总成本之间的差值即生产者获得的生产者剩余，也就是利润，其计算公式如下所示：

总剩余＝消费者剩余＋生产者剩余

均衡不是现实，而是现实发生变化背后的引力。只有在均衡条件下，总剩余才能达到最大，此时的市场效率是最大的。如果市场处于均衡状态的左侧，有一部分价值没有办法实现；如果市场处在均衡状态的右侧，消费者愿意支付的价格小于生产者愿意接受的最低价格，由此会出现亏损，造成社会福利的损失。所以均衡本身对应的是经济学上讲的"最大效率"，偏离均衡就会带来效率损失。当然，现实生活中我们不可能总是达到最大效率这种状态。更准确地说，均衡不是现实，而是现实发生变化背后的引力。下面我们分析一下非均衡状态如何向均衡状态调整。

（二）均衡的移动和调整

不管是供给曲线，还是需求曲线，均会受到很多因素的影响，并且这些影响因素是随时间变化的。影响需求曲线移动的因素有：消费者偏好、收入、替代品和互补品的价格，或者其他制度性的、文化的因素的变化。影响供给曲线移动的因素有：生产技术、要素价格和原材料价格、要素供给量的变化。因此，均衡点就随时间变化而变化，价格和供求的调整过程是动态的，就像追踪一个移动的靶子，而不是追逐着一个固定的目标。

从动态角度看，市场总是处于调整中，现实经济总是处于非均衡状态。现实中的价格总是和理论上的均衡价格不完全一样，但市场价格总是围绕随时间变化的均衡点不断调整。这就是均衡分析的意义所在。

最后需要指出的一点是，前面我们把均衡点的变化和调整过程当作一个非人格化的过程。事实上，在现实市场中，均衡点的变化和调整主要是通过企业家活动实现的。企业家是善于判断未来、发现不均衡并组织生产、从事创新活动的人。尽管企业家也会犯错误，但正是他们的存在，使得市场经济不仅有序，而且在不断发展。

（三）非均衡状态及其调整

非均衡状态可以划分为两类，分别是实际价格低于均衡价格和实际价格高于均衡价格。通常情况下，当价格低于均衡价格时，消费者愿意购买的数量大于生产者愿意出售的数量，就会出现供不应求的现象；当价格高于均衡价格时，消费者愿意购买的数量小于生产者愿意出售的数量，就会出现供大于求的现象。无论哪种情况，都有一方的意愿不能实现，从而导致效率损失。

1.非均衡状态的概述

出现非均衡状态，最基本的原因是在现实市场中，信息是不完全的。在传统的教科书中，通常假定信息是完全的，每个人都知道供求曲线和交点的位置。在这个假设下，不会有非均衡，这与现实是有出入的。市场通常由若干买家和卖家组成，他们当中每一个个体的决策都会影响整个市场，但没人知道市场的需求曲线和供给曲线具体是什么形状，消费者甚至连自己的需求曲线都画不出来，生产者也画不出自己的供给曲线，更没有人能准确地知道其他人的需求和供给，因此，没有人确知均衡点究竟在哪里。但实际交易就是在这种情况下发生的。尽管出于自身利益的考虑，消费者会寻找合适的卖方，生产者也会寻找合适的买方，并希望获得对自己最有利的交易条件，但这又会带来交易成本和等待的成本。因此，交易不可能从均衡价格开始。不均衡状态还可以理解为一种后悔的状态，即当消费者按照商家的标价购买一件商品后，过一段时间发现该商品价格下降了，那当初消费者实际支付的价格就是非均衡价格，这就表现出消费者的"后悔"。同样，当生产者把产品卖出后如果发现价格上涨了，也会感到"后悔"。

2.现实交易向均衡状态的调整

尽管现实不可能处于均衡状态，但现实交易总是有向均衡状态调整的趋势。这种调整是买者和卖者竞争的结果，买者之间和卖者之间的竞争使从不均衡的价格趋向均衡。现在我们就来分析一下可能的调整过程。首先，考虑价格低于均衡价格的情况。此时，市场上供给的产品数量将少于消费者愿意购买的数量。当一部分消费者发现自己的购买意愿难以实现时，他们就愿意支付更高的价格，企业看到奇货可居，也会提高价格。随着价格的上升，一方面，消费者会减少需求，有些消费者甚至会完全退出市场；另一方面，企业会修正自己的预期，看到价格上升就会增加供给。如此这般，只要供给小于需求，价格就会向上调整，需求量随之减少，供给量随之增加，直到均衡为止。

现在考虑价格高于均衡价格的情况。如果市场价格高于均衡价格水平，企业会选择较高的产量，但在市场上，需求量低于产出量，造成部分商品生产出来后卖不出去。此时，由于销售困难，部分厂商会选择降价销售，以便清理库存，结果市场价格逐渐下降。随着价格的下降，企业相应地减少产量，部分原来的生产者退出了市场，导致市场供给量下降，同时，随着价格的走低，部分潜在消费者进入了市场，需求量增加。如此这般，只要供给大于需求，价格就会向下调整，需求量随之增加，供给量随之减少，直至均衡为止。

（四）一般均衡与非价格机制的调整

1. 一般均衡理论

前面讲的单一产品市场的均衡是局部均衡。一般均衡或总体均衡，是指所有市场同时达到均衡的状态。这里的市场不仅包括产品市场，还包括劳动力市场和资本市场。以下是产品市场的一般均衡：

（1）一般均衡的定义

所有的产品，需求量等于供给量，即市场实现了一般均衡，或者说，消费者的总支出等于生产者的总收入。

一般均衡又称为瓦尔拉斯均衡。经济学家花了将近 100 年的时间，证明一般均衡的存在性和稳定性。最初，经济学家试图用求解联立方程的方式证明解的存在性和稳定性，但并不成功。20 世纪 50 年代，阿罗、德布罗等人应用拓扑学和数学上的不动点定理，建立了现在经济学的一般均衡理论，并因此获得了诺贝尔经济学奖。因此，一般均衡又称为"阿罗－德布罗定理"。

（2）一般均衡的基本特征

在均衡状态下，每个消费者都达到效用最大化的消费选择，每个生产者都达到利润最大化的产量选择；所有的产品市场都出清，所有的要素市场都达到供求平衡；所有消费者都能买到自己想买的产品，所有生产者都能卖出自己计划生产的产品；想找工作的劳动者一定能找到工作，想雇人的企业一定能雇到人；想借钱的生产者一定能借到钱，能出贷的贷款人一定能把钱贷出去。

（3）一般均衡的条件

一般均衡有一个条件，如果一种产品出现过剩，则价格等于零，等于说它给人们带来的边际效用为零。完全竞争企业的收入等于成本，没有超额利润。

（4）理论上的一般均衡

理论上，一般均衡是通过价格的不断试错而实现的。对于任意给定的一组价格，如果某种产品供过于求，该产品的价格就向下调整；如果供不应求，该产品的价格就向上调整。这样，经过若干次的调整，所有产品的价格都趋于均衡。

（5）一般均衡的意义

一般均衡在理论上很完美，但现实经济不可能达到一般均衡。尽管如此，一般均衡理论仍然是很有意义的，如下所示：第一，它为分析市场提供了一个参照系；第二，它有助于分析政策的直接和间接效果。

人们知道，一个经济体系中，任何一个市场的价格变化不仅会引起该商品需求和供给的变化，而且会对其他商品的需求和供给产生影响，甚至引发劳动力市场、土地市场等要素市场的变化。这就是我们日常讲的"牵一发而动全身"。一般均衡模型可以把这些直接效果和间接效果都考虑进去，因此，可以分析由任何一个变量的变化引起的总体效果。

比如说，当政府对某种商品征税时，为了理解由此引起的整个经济的总效率如何变化，我们不仅要考虑税收如何影响商品的供求和价格，而且要考虑其他商品和要素的供求和价格如何变化。只有这样，我们才能准确地评价政府征税对现实经济的总体影响。因此，一般均衡理论对福利经济学非常重要。当然，正因为一般均衡分析过于复杂，大部分经济学家仍然偏好于局部均衡分析。一般均衡理论也意味着，如果由于某种原因某种商品的市场偏离了原来的均衡，则所有其他商品的市场也应该偏离原来的均衡。

比如说假定经济由两种商品组成，在均衡的情况下，第一种商品的产量是8个单位，第二种商品的产量是10个单位。如果政府规定第一种商品只能生产7个单位，那么第二种商品的最优产量就应该做相应的调整。这就是所谓的"次优理论"。

2. 市场的非价格机制

（1）非价格机制调节的概述

非价格机制，是指通过配额、排队、限制等手段来调节供求。一般来说，价格是协调供求最有效的手段，如果价格不受管制，那么自由的市场竞价会使市场趋向均衡，尽管不能每时每刻都达到均衡。有时候政府会出于收入分配或其他目的限制竞价，如政府对一些特定产品实行配额生产或消费，政府有时候也要求企业必须雇用某些特定的员工。如我们前面指出的，整体来说，政府利用非价格手段干预市场会使经济产生效率损失。

但值得注意的是，在市场经济中，企业也会使用一些非价格手段调节需求。比如，当某种产品非常紧俏的时候，厂家并不一定把价格提高到供求相等的水平，而是在维持价格不变的情况下实行限额购买。特别是，在金融市场和劳动力市场上，企业使用非价格手段更为频繁。比如，银行并不把利率调整到某一水平，使得所有想贷款的人都能贷到款，而是对所有申请贷款的人进行资格审查，然后决定将款项贷给谁、不贷给谁及贷多少。在劳动力市场上，即使求职者愿意以更低的工资获得工作机会，企业也可能不愿意降低工资，而是宁可在保持工资不变的情况下少雇用工人。

（2）非价格机制的应用

企业为什么使用非价格手段？无疑，有些情况下企业这样做是出于非经济因素的考虑，包括社会公正、舆论压力等。比如说，在自然灾害发生时，企业不愿意把产品价格提高到供求均衡的水平，可能是因为希望给每个人提供基本的生活保障，也可能是害怕被民众批评"发国难财"。但总体来说，企业使用非价格手段通常也是出于利润最大化的动机。事实上，这些手段之所以被认为是非价格手段，是因为人们对产品的定义有误解。很多非价格机制本质上可以还原价格机制。

现实中有一种定价叫作打包价格机制。例如，游乐园的一张门票包含若干活动项目，理论上消费者拿一张通票可以玩所有的项目，但实际上一天下来去不了几个地方，因为每个地方都排着很长的队。所以，名义价格不变，不等于实际价格不变，非价格调节机制可以改变真实的价格。

第七章　现代商业经济的发展与创新

第一节　商业机会与市场秩序

一、商业机会与商业投机

（一）商业机会与市场开拓

1. 商业机会的内涵

世界超级管理大师彼得·德鲁克曾经说过这样一句话：把握机会重于解决问题。因为，解决问题只能减少损失，而把握机会可以创造利润。这句话对商业经营来讲，具有十分重要的指导意义。这是因为，商业经营受不确定性因素影响特别明显。如果商业机会特别多，商业经营者如果能够抓住机会，捕捉商机，并驾驭商机，往往可以获得丰厚的回报。但商业机会多，并不等于随手可得。正如人们常说的"机不可失，时不再来"这就要求商业经营者还必须及时把握商机，以发展和壮大自己的实力。

那么什么是商业机会呢？商业机会又称为市场机会，就是指市场上存在的新的或潜在的需求。它包括三个方面的含义：第一，商业机会以市场或需求为导向，并且这种需求是目前还没有得到满足的需求，包括已经出现的新需求和潜在需求。只有这样的需求，才能称得上是商业机会，才能给经营者带来丰厚的利润，激励经营者去捕捉商机。第二，为了满足新需求或潜在的需求，经营者必须提供新的商品或新的服务。第三，为了瞄准商业机会，经营者必须时刻盯住市场，以对市场信息了如指掌，把握市场的走势。

由于市场需求在不断地发展和变化，因此，商业机会也在不断地出现。

2. 寻找商业机会的途径

一般来讲，寻找商业机会可以从以下四个方面入手。

（1）从供求差异中寻找商机

凡是供不应求的商品，必定存在商品未满足的需求，这样自然就存在着商业机会。

（2）从市场环境变化中寻找商机

商业机会往往存在于市场环境的变化之中。例如，近年来，随着我国居民收入水平的提高，消费水平也大大提高，其中需求的个性化日益突出。这样，经营专业店的机会就出现了。从目前来看，专业店的生意普遍比较好。又如，近年来，我国人口老龄化现象日益突出，老年用品需求大大增加，这就为经营老年用品商店提供了新的商机。

（3）从市场信息中寻找商机

即通过市场调查，及时掌握可靠的市场信息，准确预测市场需求，开发和经营新的商品，开拓新的市场。

（4）从分析企业经营条件的相对优势中寻找商机

即通过分析，找出自己的竞争优势并加以发挥，以开辟新的市场需求。

3.把握商业机会的措施

当通过一定的途径发现商机之后，就应该及时地加以把握，变商机为财富。为此，必须采取有效的措施。具体来讲，主要有以下四个方面的措施。

第一，迅速对捕捉商机所费的预期成本和所得的预期收益进行比较，然后做出科学决策。

第二，当决定利用商机开拓市场时，必须迅速决定所需要的资源，即人、财、物和技术资源等。

第三，积极筹措或调度资金，组建或调整组织机构，挑选或委派得力人员，全面开展各项工作。

第四，积极策划和组织各项促销活动，大力开拓新的市场。

4.商业机会与市场开拓

商业机会与市场开拓具有密不可分的关系。这是因为，商业机会能否抓住，最终取决于市场开拓情况。所谓市场开拓就是指为商品销售找到新的需求者，以扩大商品的需求。它包括这样六个方面的内容：第一，增加商品在同一市场上的消费人数。因为消费人数越多，对商品需求量就越大。第二，延长商品流通的距离，扩大商品销售的空间范围。因为商品流通距离越长，意味着商品销售可以更好地突破地域的限制，在更广阔的区域内流通，销售量一般就会越多。第三，扩大商品在市场上的占有率，获得更多的市场份额。第四，在购买力既定的条件下，引导消费，把更多的购买力吸引到本企业经营的商品上来。第五，不断扩大新的消费领域。第六，在购买力水平不高，一时消费者买不起或很少能买得起某些商品的情况下，要创造条件，增强消费者的购买力，以扩大商品的需求。通过这样的市场开拓，就可以把商机变成财富。

（二）商业投机的含义

1. 正确理解投机的含义

投机活动虽由来已久，但至今人们对"投机"还没有一个统一、明确的解释。《辞海》中，将投机定义为"乘时机以牟取个人私利"。《现代汉语大辞典》中，也将投机界定为"乘机牟利"。美国人格林沃尔德主编的《现代经济辞典》中，将投机界定为"在商业或金融交易中，甘冒特殊风险希望获取特殊利润的行为"，并进一步解释说，投机通常是期望从价格变化中获利的证券、商品和外汇买卖活动。除了那些在日常商务活动中需要外汇或商品的人所做的交易外，市场上所有的交易都是投机性的。在日常生活中，人们往往把投机视为牟取暴利的冒险行为。更有甚者，还将投机等同起来。那么，究竟什么是投机呢？我们认为，要理解投机的含义，首先要将投机与投资、投机区别开来；否则，便难以正确理解投机的要义。

2. 商业投机的含义

所谓商业投机，又称市场投机，它包括两个方面的意思：一是指利用市场供需差异，捕捉需求机会，投市场急需之机，从而达到赢利目的的经营行为；二是指利用市场上客观存在的价格波动的风险，运用投机资金冒特殊风险以赚取特殊利润的经济行为。从第一层意思来看，它与商业机会密切相关；从第二层意思来看，它又与商业风险密切相关。

（三）商业投机的类型和特点

1. 商业投机的类型

从含义来看，商业投机可以分为以下三种类型。

第一，在现货市场上发掘商业机会而进行的投机活动。

第二，在期货市场上进行的买空卖空投机活动。

第三，在资本市场上进行各种有价证券的投机活动。如买卖股票赚取价差，获得风险利润等。

2. 商业投机的特点

（1）商业投机具有客观性

商业投机受两个方面的制约：一是供求差别的制约。由于多种因素的影响，商品供给和需求在总量、结构、时间、空间等方面经常存在不一致性，即存在着供求差额，这样，就为商业投机提供了机会。二是价格差别的制约。只要存在着价格差，就存在着商业投机的条件，因为投机者可以从中赚取价差。这两个方面的差别是市场经济中客观存在的普遍现象。因此，商业投机不可避免，具有客观性。

（2）商业投机具有很大的风险性

不管是哪类商业投机，都具有很大的风险性。没有风险，就不会出现投机。投机的目的是获得厚利即风险利润，亦即以最小的投资取得最大的利润，而不是一般的利润。投机的结果关键取决于投机者对市场需求和价格的未来预期是否准确。在市场经济中，市场需求和未来的价格波动受多种因素的制约，具有极大的不确定性。投机者要掌握有关市场变化的完全信息几乎是不可能的。因为有关信息的获取、处理、判断等都须付出最宝贵的稀缺资源，即人的时间、精力、理性和财力。这就使投机者只能把他们有限的资源投到他们认为是最重要的方面，而不得不放弃他们认为不很重要的方面。信息的不对称性使投机者对市场信息不可能完全把握，从而使其投机活动具有很大的风险性。虽然投机成功的概率很小，但投机一旦成功则往往可以带来丰厚的利润，因此，这种高风险、高回报的投机活动常常吸引那些投机者屡屡去冒险。

（3）商业投机不同于一般性商业活动

两者虽然都是利用市场供求差异和价格波动所造成的市场机遇来获取利润并承担风险的行为，但两者又有着诸多明显的区别，主要表现为：①商业投机是适应特定需要的一种超前行为，而一般性商业活动是为了满足正常需要的常规性活动；②商业投机是一种风险较大的经济行为，而一般性商业活动经营风险较小；③商业投机所获取的是超额利润，而一般性商业活动谋取的是正常的购销差价；④商业投机的作用是双向的，既有积极的一面，又有消极的一面，它可能会冲击法律、道德和正常的经济秩序，而一般性商业活动主要是为了满足消费需求，作为国民经济必不可少的正常性经营活动，一般不存在负面作用。

（4）商业投机合法与否取决于其发生环境中的特定法律界定和道德取向

由于商业投机的目的是获得更多的或超额利润，所以不能以利润的多少来判断商业投机的社会价值和社会属性。特定环境中的法律界定和道德取向是决定其合法与否的关键。这样我们就能正确地理解在不同国家、不同的历史时期对市场中存在的商业投机的不同的界定和评价标准。目前，不少国家或地区都制定了"反暴利法"，主要目的是规范交易行为，维护正常的市场秩序，维护商业道德，促进社会安定和经济稳定，而不是笼统地提倡或反对商业投机。

（5）商业投机必须获得大量的信息

投机者在进行每笔交易前必须获得大量信息，通过对信息的科学整理和分析，进行预测和决策，然后再进行交易；否则盲目投机，易招致失利。投机不是单纯靠投机者的"运气"，投机者必须占有大量、充分、可靠的信息，这样才有可能成功。

（四）商业投机的条件

1. 投机者要有足够的资本以应付可能遭受的损失

为投机而准备的货币财产是投机资本，而投机资本已不是原来的商业资本。商业资本是再生产过程中在流通中执行商业职能的资本，而投机资本则是再生产过程外部的非职能资本。商业资本直接得到从生产剩余价值中分配的利润，而投机资本不是自我增值的资本，不能得到原来的利润分配。它只通过获得以价格变动为基础的纯粹的买卖差异来实现增值。投机引起投机者之间的财产再分配，即一方得利就是另一方的损失。因此，要想进行投机，如参加期货交易，其先决条件就是要有足够的资本以应付可能遭受的各种损失。任何一个投机者都不愿意亏损，但是，有风险才有获利的机会，而风险也意味着有亏损的机会。因此，考虑风险的大小，是决定是否投机的关键。

2. 投机者要具备一定的素质，要有承担风险的能力和风险意识

一个成功的投机者往往敢于承担别人不敢承担的风险，善于总结交易中正反两方面的经验教训，在实践中不断增长才干。他能够在风险面前审时度势，分析预测，做出决断，从而一举获利。所以，投机者首先要有承担风险的能力，能够承受市场变化带来的惊喜与悲伤。一个经不起风险冲击的人是不适合参与投机活

动的。同时，投机也是一项技巧性很强的经济活动，要求具备一定的专业知识和一定的分析判断能力、机敏的应变能力、果断的决策能力，以利于正确处理和判断信息，从而做出正确的交易决策。此外，投机者还应有法律常识、法制观念，以合法的投机获利，而不搞非法活动。

（五）商业投机的经济功能

1. 提高市场流动性，活跃市场交易

市场的流动性和交易活跃，体现为在市场上能够迅速地向某一个买方或卖方提供他们需要交易的对象。投机者投入一定的资金，或购买某种商品，或买空卖空，其买卖数量大、交易频繁，从而带来了买卖双方人数的增加，使那些保值投资者不论是买进还是卖出，都很容易找到贸易伙伴，从而大大增加了市场流动性。同时，投机交易频繁，消息传递快，还能降低交易成本。如果没有投机者参加或没有投机行为，保值性投资者因市场流动不畅，找不到成交机会，在交易中颇费周折，就会增加交易成本。

2. 承担交易风险

如果市场上价格波动频繁，生产者和经营者就会设法回避、转移价格波动的风险。有转移风险者，必然就要有承担风险者，而投机者则是专门承担价格波动风险的，他们希望通过风险来赚钱，承担风险成为投机者的专业化职能。投机者承担风险才能使旨在避险或保值的投资者或生产者、经营者顺利避险，专心从事本行业的生产与经营活动。

3. 缓和价格波动幅度，稳定市场

一般情况下，市场价格是随着供求关系的变化而上下波动的。投机者参与市场交易，可以减少市场价格波动的幅度。当市场上商品供大于求、价格很低时，投机者大量购进，吸收剩余，实际上是增加了市场需求，缩小了市场缺口，使价格不致下降到过低水平；当商品供小于求、价格很高时，投机者大量卖出，客观上又增大了市场供给，消除了部分短缺，减少了供求缺口，使价格不致上升到过高水平。所以，投机行为可以缓和价格波动，使生产者和经营者不致因商品价格的暴跌或暴涨而蒙受太大的损失，从而有利于创造一个相对稳定的市场环境。

4. 传递信息，有利于配置资源

无论投机者在市场上争相买进，还是争相卖出商品，都预先给生产者与经营者提供了信息，使其据此及早改变资源配置。如在期货市场上，由于投机行为充分活跃，使期货市场的商品价格预先灵活地反映出市场供求状况，从而预先为社会提供了优化资源配置的信息。

应当指出，任何事物都有一个度，商业投机也不例外。为了发挥商业投机的经济功能，必须控制过度商业投机行为，以防止其对社会经济生活产生不利影响。

二、市场秩序与商业行为

（一）市场秩序的含义和特点

1. 市场秩序的含义

秩序是一种受规律、法规、法律和自律规范的运行状态。在人类社会经济生活中，它分为社会秩序和经济秩序两方面，并且二者相辅相成，共同影响人类社会经济的发展。在经济秩序中，市场秩序是最重要的组成部分。

市场秩序，也称为流通秩序。目前理论界对它说法不一，还没有一个统一的、权威性的定义。其中有代表性的观点有以下四个：①市场秩序是市场经济体系中各类市场主体和客体的规范化状况及各类主体在经营活动中对于市场经济中的各种规则和公共习惯的认同和遵从状况。它有广义和狭义之分。狭义的市场秩序只包括市场主体、客体等方面的有序化状况及市场交易行为的规范化状况；广义的市场秩序还包括秩序维护者的活动状况和效果。②市场秩序就是指在市场经济条件下，人们为维护公平竞争，保证交易正常进行，共同遵守市场行为准则的状况。因此，市场秩序与市场规则具有对应关系。在市场上，如果所有行为人都自觉遵守市场规则，就表明市场秩序良好；如果只有少数人遵守市场规则，就表明市场秩序较差；如果人们不遵守市场规则，就表明市场没有秩序，市场就会出现混乱。③市场秩序，静态地讲，是指特定情境下设计的旨在激励和约束交易者行为的权利和义务的制度安排——既包括法定授权的组织规则，也包括约定俗成的行为标准；动态地讲，是指市场参与者按照特定的市场交易规则安排行为而产生的个人利益与公共利益的协调。④市场秩序是一种自发秩序，就是要让市场发挥作用。因此，"市场秩序"与"有秩序的市场"具有本质的区别。"有秩序的市场"是要限制市场的作用。"市场秩序"与"有秩序的市场"的区别，就如同哈耶克对

"竞争秩序"与"有秩序的竞争"所做的区别一样。哈耶克认为，"竞争秩序"的目的是使竞争起作用，而"有秩序的竞争"的目的几乎总是限制竞争的效力。这种观点主要表现在法学界。

应当说，上述观点都有一定的合理性，但又都具有一定的局限性。因为它们都是从某一方面的角度界定市场秩序的内涵。我们认为，要界定市场秩序的内涵必须从三个方面进行全面的总结。首先，必须从市场运行的客观经济规律性、法律性和自律性三个方面进行概括。这是因为，市场秩序首先应该是一个自发秩序，必须建立在客观经济规律的基础之上。其次，它必须有法律法规的维护。这又是因为市场秩序在自发的形成过程中，由于市场本身的缺陷，难免会出现盲目状态和无政府状态。于是，就需要政府部门制定有关的法律法规来进行维护。最后，它必须有自律性规则的维护。因为市场运行中出现的盲目状态和无政府状态，并非借助政府的力量就能全部解决，与市场存在缺陷一样，政府也存在着缺陷。这就需要通过行业自律和企业自律来解决这一问题。因此，市场秩序可以概括为一种受客观经济规律、法律法规和行业、企业自律所规范的运行状态。

2.市场秩序的特点

（1）主观性与客观性的统一

这是因为，市场秩序首先表现为人们在对客观经济规律认识的基础上自觉遵守和运用所形成的交易规定和约束，因而既具有主观能动性，又具有客观性。但由于人们认识规律的局限性和市场自身的缺陷，因此，市场秩序又不能完全依赖人们的主观能动性，还必须依靠其他力量来制定有关规则来约束人们的交易行为。

（2）短期性与长期性的统一

这是因为市场秩序的规范不可能一蹴而就，它必须同经济发展、市场发育与经济变革相适应。因此，任何市场秩序都有时限性，有短期和长期之分。因而，良好的市场秩序需要精心地维护。

（3）层次性与主次性的统一

从市场运行的结构来看，市场秩序包括市场主体的交易秩序、市场介体的中介服务秩序和市场监管者的政府监管秩序三个组成部分。其中，前两者又分别包含着市场进出秩序、市场竞争秩序等具体内容。由于市场交易是市场的核心，因此，从主次程度来讲，市场交易秩序是第一位的，其他各种秩序处于从属或辅助地位。

（二）建立市场秩序的目的和条件

1.建立市场秩序的目的

建立市场秩序的目的一般是由市场的性质决定的，因为不同的市场性质往往有着不同的市场秩序。就我国社会主义市场经济而言，建立市场秩序的目的就是维护生产者、经营者、消费者和国家的权益，保护市场竞争，促进生产效率和流通效率的提高及资源的合理利用，最终促进社会主义市场经济的健康发展。

2.建立市场秩序的条件

从市场秩序的内涵和发达市场经济国家的经验来看，建立市场秩序主要应具备下列条件。

（1）按经济规律办事

即市场参与者能够充分认识和运用市场经济规律，按经济规律安排生产、经营与监管活动。

（2）市场结构合理

即建立起有效竞争的市场结构，以便充分保证竞争，防止和抑制不正当竞争与市场垄断。

（3）市场行为规范化

即市场参与者能够主动地按照市场规则办事。

（4）法律法规完备

即符合市场经济要求的法律法规都能建立起来。

（5）平等竞争的市场环境

即市场参与者都有自主权，能够以平等的身份自由开展经济活动，不存在不必要的行政干预。

（6）行政监管到位

即工商行政管理部门能够公正执法，保障合法经营者的权益，打击非法经营者的不法行为。

（7）市场主体能够做到自律和注重自身道德的培养

即市场主体能够做到行业自律和自身自律，行业自律性组织能够成为政府管理部门的得力助手。同时，市场主体能够注重职业道德和商业伦理的建设，自觉维护市场秩序。

（8）国家宏观调控体系的建立

即国家能够根据市场运行的变化，灵活地运用各种宏观调控手段，加强宏观经济的调控，确保经济的平稳运行。

不难看出，上述条件的具备并非易事，因此，建立起良好的市场秩序绝非一朝一夕就能完成，它需要多方面的共同努力。

（三）建立社会主义市场经济流通新秩序

1. 当前转轨过程中流通秩序存在的问题

当前流通秩序存在的问题，主要表现为流通无序比较严重，其根本原因在于市场主体行为的扭曲。一些市场主体在利益的驱动下，出现了逐利行为的盲目性，从而产生了商业行为的扭曲或错位，冲击和侵害了消费者和社会的利益。当然，这种现象在任何市场经济条件下都可能发生，是市场的内在缺陷。尤其是在我国建立社会主义市场经济体制的过程中，由于新旧体制的转换，旧体制的弊病尚未根除，新体制正在建立，因而这个时期最容易出现流通无序和市场主体行为扭曲的现象。

2. 建立社会主义市场经济流通新秩序的基本思路

建立社会主义市场经济流通新秩序的基本思路包括以下八个方面的内容。

（1）市场参与者要认真学习和研究商品流通规律，按流通规律办事

其中，主要应学习和掌握等价交换规律、商品自愿让渡规律和竞争规律，以便真正做到在市场交易和竞争中认真贯彻等价交换、贸易自由和公平竞争三大原则。这三大原则是市场秩序的核心，其实质就是要求市场参与者在市场交易和竞争中做到"公开、公平与公正"。

（2）继续深化产权制度改革，建立明确的产权制度，这是规范我国市场经济流通新秩序的前提条件

当前我国某些市场主体行为扭曲，不讲信誉，其原因之一就在于产权不清晰。产权制度的基本功能就是给人们提供一个稳定的预期和重复博弈的规则。产权不清，市场主体就无须对自己的行为承担责任，自然就没有必要讲信誉。因此，要有良好的市场秩序首先就要有明确的产权制度。产权是人们讲求信誉、遵守规则的基础。当前一些私营、民营企业不讲信誉，原因之一也在于它们感到它们的产权还没有得到可靠的保障。明晰的产权是人们追求长远利益的原动力，从某种意

义上说，只有追求长远利益的人才会讲信誉，才会主动地按规则章制度办事。因此，要建立社会主义市场经济流通新秩序，还必须继续深化产权制度的改革。

（3）不断完善法律法规，确保市场秩序的健康运行

由于再明晰的产权也不能保证某些市场主体不钻空子、不干不正当的交易，因此，必须有一套切实可靠的制度保障，让不守信誉和规则的市场主体为此付出高昂的代价。这就需要政府部门制定相应的法律法规，从更高层次上确保市场秩序的健康运行。

（4）加大执法力度，确保市场秩序的公正性

我国经过多年的法治建设，已经有了不少成文的法律法规，但目前普遍存在的现象是有法不依、执法不严，从而助长了市场秩序的混乱。因此，加大执法力度应成为建立我国社会主义市场经济流通新秩序的重要环节。

（5）转变和规范政府的职能

市场秩序包括监管秩序。从某种程度上来讲，监管秩序的好坏，最能够反映整个市场秩序的运行状况。因此，必须高度重视监管秩序的建设。从我国目前的情况来看，加强监管秩序的建设，关键在于转变和规范政府的职能，铲除行政性市场垄断等不正当市场行为。同时，政府部门要建立严格的市场清除制度。没有市场退出机制和市场清除制度，就不会有优胜劣汰，就会出现不计成本不讲效益的恶性竞争，从而扰乱市场秩序。

（6）充分发挥行业自律、企业自律的作用

要规范我国的市场秩序，除了要加强市场监管等工作以外，还必须充分发挥行业自律、企业自律的作用。这也是市场秩序的重要内容。为此，一方面，要加强建立和规范商会、行业协会等的工作；另一方面，市场主体也要重视自身职业道德的建设。

（7）充分发挥市场机制的作用

市场秩序的建立，不仅取决于政府对市场的监管，更主要的是要依靠市场机制发挥作用。因为市场秩序首先是一种自发秩序，它要求市场机制充分发挥作用。市场机制的作用是形成良好市场秩序的内在的、自发的、长期的和根本的因素。畸形的或发育不全的市场机制，必然导致政府对企业行为的过多干涉。这样，就难以改变政府与企业之间的"父子关系""君臣关系"，使企业无法摆脱行政附属物的地位。再加上条块分割、部门分割、政出多门、各行其是、长官意志、权

大于法等，就更容易使市场秩序变为无序和紊乱状态。

因此，从根本上讲，要建立我国社会主义市场经济流通新秩序，就是要充分发挥市场机制的作用。为此，第一，要加快国内统一市场的建设，打破地方保护主义。第二，要继续发展和完善市场体系。只有在完善的市场体系的条件下，所有的市场主体才能够平等、自由、有序地进行经营活动。如果市场体系不完善或是畸形发展，导致政策倾斜、受益不均，客观上就为非法经营提供了种种借口。处于不同地位的经营者为了争取优势的经营条件，或以权弄势（指商品、资金或经营条件的优势），或以钱买势，从而出现不正之风，扰乱正常的市场流通秩序。第三，创造公平竞争的市场环境。竞争是市场经济的产物，并作为外在的条件推动市场经济的发展。不正当竞争和垄断都是影响平等竞争的主要障碍，也是造成市场秩序混乱的重要原因。因此，要创造公平竞争的市场环境，必须反对不正当竞争和垄断。这样，如前所述，就必须加强我国反不正当竞争法的执法和反垄断法的立法工作。

（8）建立信息传递系统，加快信用机制的建设

良好的信用机制是确保市场秩序的重要条件。要建立良好的信用机制，有必要建立有效的交易者行为信息传递系统，这样可以有效地加强对交易者行为的监控。在当今市场经济的环境中，交易往往具有不确定性，经常发生在互不相识的市场主体中，如果没有有效的交易者行为信息传递系统，某些不法交易者就会在这个地方行骗之后，又到另一个地方照样行骗。当前假冒伪劣商品横行、欠债不还等不良现象的出现是社会缺乏信用观念的重要表现，而没有建立起有效的交易者行为信息传递系统又是造成这一现象的重要原因。因此，健康的市场秩序客观上要求建立信息传递系统及相应的信用机制。

（四）市场秩序与商业行为

1.规范商业行为是维护市场秩序的重要条件

商业行为有特定的内涵，不是任何一种买卖行为都可以成为商业行为、都是合法的交易。商业行为是指为法律所认可，以社会分工为基础，以提供商品和劳务为内容的营利性的买卖活动。商业行为是商业职能的具体表现，通过商业行为连接生产与消费，使社会再生产过程构成统一的整体，从而推动国民经济协调、稳定、持续地发展。

规范商业行为，包括规范商业主体、规范交易规则和规范商品运行程序三个方面的内容。它是市场秩序有序进行的重要条件。这是因为规范商业行为有以下好处：一是可以划清商与非商的界限，有利于合理调整商业结构，规划商业的发展，保证社会再生产顺利进行；二是可以划清合法经商和非法经商的界想限，保护合法经商，保证商业活动有序地进行；三是可以划清商业的合法利益和非法利益的界线，取缔与制止非商活动和非法经营，保护消费者的合法权益。可见，规范商业行为对保证良好的市场秩序是十分重要的。

2. 商业行为的划分

按照国际惯例划分，商业行为可以分为四种：一是直接充当媒介完成商品交换的活动。如批发、零售业直接从事商品的收购和销售活动，称为"买卖商"。二是为"买卖商"直接服务的商业活动。如运输、仓储、居间行为、加工整理等，称为"辅助商"。三是间接为"买卖商"服务的活动。如金融、保险、信托、租赁等，称为"第三商"。四是具有劳务性质的活动。如旅店、宾馆、饭店、理发、浴池、影剧院、商品信息、咨询等劳务服务，称为"第四商"。它们的共同特点是，利润来自直接或间接为社会提供商品、劳务、资金、信息和技术，是提供有效商品和服务的酬报，而不是来自非法的掠夺、欺诈和受贿。

结合我国的特点，商业行为大致可以分为以下 12 种表现形式：①通过再售卖形式获得合法利润为目的的商品采购行为；②商法人、商自然人和生产企业所属的商业机构进行推销商品的行为。包括批发和零售；③利用自己的场地、设备、技术和服务性劳动，为消费者提供服务、劳务的营利性行为；④为消费者加工、复制、提供食品的售卖行为；⑤为商品使用价值的维护、延长和再生而进行的维修、加工、改制的行为；⑥承担和承揽商品储存、保管，以及货物运输的行为；⑦提供技术、劳务、承担加工订货、来料订做、售卖劳务的行为；⑧代购代销和信托寄售的销售行为；⑨租赁行为；⑩提供商品信息，进行企业诊断，参与企业决策的咨询行为；⑪从事商业性居间行为。包括信托行、交易所、贸易货栈、经纪行或经纪公司、经纪人等；⑫城乡集市贸易行为。

3. 商业职业道德与商业行为

总的来讲，商业职业道德是规范商业行为的思想基础。

所谓道德，是指人类社会依据一定的利益要求，以是非、善恶为标准，调整人们社会关系的行为规范和准则。任何社会的道德观念都是与当时的社会经济关系相适应的，并反映当时社会经济关系的要求。因此，经济发展水平不同，道德水平也不一样；不同的社会形态，都有自身的道德标准。市场经济作为一种经济关系，必然要求一定的道德观念与之相适应。在市场经济体制下，社会为了维护一定的社会秩序，要求通过一定的道德要求和道德观念去规范社会关系和人际关系，规范人们社会活动中最基本的共同行为。这就是说，市场经济的发展也包含着道德的进步和职业的规范。

商业道德作为职业道德，它是商业经营思想、经营作风和经营行为的最基本的规范和准则，是经营者正确处理同消费者、生产者和其他经营者关系的最起码要求。特别是在市场经济条件下，不道德的商业行为是造成市场和流通无序的重要原因。这是因为：第一，市场这只"看不见的手"的作用，可能诱导人们产生损人利己的思想，用种种不道德乃至非法手段牟取暴利；第二，商品与货币在市场经济中占重要地位，可能使一部分人产生商品拜物教和货币拜物教的倾向，从而不择手段地去获取商品和金钱；第三，市场经济所遵循的等价交换原则，可能侵入政治生活和伦理道德领域，使一部分人滋生唯利是图的思想，搞权钱交易，甚至出卖自己的人格和良心。

因此，正常的市场秩序要求建立在规范的商业道德基础上，以商业职业道德来约束商业活动，建立起对等的交易关系，保证商品交换有序进行。同时，商业道德又通过社会舆论的力量，谴责市场交易中的不道德行为，建立正确的行为导向，使商人尤其是商法人自觉地遵守商业道德规范，维护市场交易秩序。

（五）建立市场秩序的目标体系

市场秩序的目标体系可以从以下三个方面加以规范。

1. 交易行为的规范

交易行为是由国家法律、交易契约和商业惯例多层次制约下的自由交易行为，只有这样，才能保证平等互利、等价交换、自愿让渡等市场原则得到贯彻。交易行为无序是市场和流通无序的主要表现。交易行为扭曲、异化和错位，必然导致市场和流通混乱，投机过度，非法经商盛行，市场失控，物价波动，直接影响国民经济生活正常进行。交易行为规范化程度是市场经济是否成熟的重要标志，是市场秩序好坏的重要反映。交易行为的规范主要包括：①经营主体的合法性。即经营主体应是经工商行政管理主管部门批准的商法人或商自然人，有证经营，合法经商。②经营行为的规范性。即经营主体遵守商业职业道德和商业惯例，遵守国家的政策和法令，遵守市场交易规则，维护消费者利益，杜绝不正当竞争。③经营范围的政策性。即经营主体遵照国家主管部门核准的经营范围开展经营活动。严禁经营国家明令禁止的物品。④经营利润的合理性。即商业经营除必须获得正常的平均利润以外，还应允许获得一定的风险利润和机会利润，但必须严禁任意加价、抬价、弄虚作假等违法活动和暴利行为。

2. 市场运行机制的规范

市场运行机制的规范就是要培育和健全市场体系，完善市场服务机制、中介机制和监督机制，创造宽松、平等的市场环境，保证交易高效、有序地进行。这方面主要包括：①规范市场运行制度，制定市场禁入条例，在扩大市场开放的同时，严惩严罚一切违法和非法经营，实行"定期禁入""行业禁入"和"终身禁入"制度，净化市场环境，规范交易行为。②规范市场服务制度，建立和完善市场服务体系。包括金融保险、运输保管、邮电通信、代购代销、生活设施等，明确服务范围，落实服务责任，明码收费标准，创造良好的市场环境。③规范市场中介组织，发挥市场运行自我协调、自我组织的功能。市场是纵横交错的流通整体，需要通过中介组织进行上上下下、里里外外的衔接和沟通，这样才能促进产销有机地结合。要规范中介组织机构、职能和收费标准，加强对市场中介组织的监督和管理，不断提高市场的组织化程度和自我协调能力。④规范市场监督制度，完善自我约束机制，实行职能部门监督与企业自我监督、主管部门监督与社会监督、舆论监督与群众监督相结合，建立多层次的监督体系。既要监督经营者的经营行为，也要监督市场管理者的执法行为。

3. 政府干预行为的规范

政府干预是市场稳定、有序、繁荣发展的基本保证。但是，如果政府干预不规范，政出多门、朝令夕改，也会给市场造成混乱，给非法经营者以可乘之机。要实现政府干预的权威性、有效性和经常性，同样必须规范政府的干预行为，使政府干预行为制度化、法治化、规范化。这主要包括五个方面：①规范市场干预制度，包括政府干预市场的条件、范围、手段和途径，建立相对稳定的干预体系，明确干预的职能部门，加强市场的统一管理，防止多方插手，政出多门，相互干扰，造成政府干预行为的混乱。②规范市场竞争制度，制定有关反垄断的法规，防止主管部门、公众团体、公用事业单位滥用市场支配地位和政治权力进行部门垄断、行业垄断和价格垄断，实行强买强卖，损害消费者的利益。③规范处罚制度。坚持法律依据、法定机关、法定程序三位一体的程序，严格执法，防止乱罚，禁止罚出多头，罚而无据。处罚混乱，不仅会失去处罚的目的性、严肃性和权威性，而且还容易造成市场和流通秩序的混乱。④规范政府调节市场制度，包括政府直接干预和间接调控制度。政府直接干预是指在特定条件下，政府对某种商品、某个部门实行专卖、专营、统购统销或直接经营，规范政府的直接干预就是要规范直接干预的条件、范围和相应的法律程序。建立和健全国家市场调节基金和储备制度。通过调节供求，避免市场剧烈波动，保证社会稳定。⑤规范市场管理法规，逐步建立起保证市场正常、有序进行的法制体系。

第二节　网络经济下的市场结构变化

一、网络经济下市场结构的新变化

（一）完全垄断

完全垄断市场指在市场上只存在一个供给者和众多需求者的市场结构。完全垄断市场的假设条件有三个特点：第一，市场上只有唯一一个厂商生产和销售商品；第二，该厂商生产的商品没有任何接近的替代品；第三，其他厂商进入该行业都极为困难或不可能，所以垄断厂商可以控制和操纵市场价格。

1.特点

第一，厂商数目唯一，一家厂商控制了某种产品的全部供给，完全垄断市场。垄断企业排斥其他竞争对手，独自控制了一个行业的供给。由于整个行业仅存在唯一的供给者，企业就是行业。

第二，完全垄断企业是市场价格的制定者。由于垄断企业控制了整个行业的供给，也就控制了整个行业的价格，成为价格制定者。完全垄断企业可以有两种经营决策：以较高价格出售较少产量，或以较低价格出售较多产量。

第三，完全垄断企业的产品不存在任何相近的替代品。否则，其他企业可以生产替代品来代替垄断企业的产品，完全垄断企业就不可能成为市场上唯一的供给者。因此消费者无其他选择。

第四，其他任何厂商进入该行业极为困难或不可能，要素资源难以流动，完全垄断市场存在进入障碍，其他厂商难以参与生产。

完全垄断市场和完全竞争市场一样，都只是一种理论假定，是对实际中某些产品的一种抽象表达，现实中绝大多数产品都具有不同程度的替代性。

2. 原因

垄断市场形成的原因很多，最根本的一个原因就是为了建立和维护一个合法的或经济的壁垒，从而阻止其他企业进入该市场，以便巩固企业为市场唯一的供给者，很容易控制市场某一种产品的数量及其市场价格，从而可连续获得垄断利润。具体地说，垄断市场形成的主要原因有以下五个方面。

（1）生产发展的趋势

在生产的社会化发展过程中，自由竞争自然而然地在引起生产和资本的集中，而当生产和资本的集中发展到一定阶段以后，就必然会产生垄断。可以从两方面来分析这个问题：一方面，生产和资本的集中发展到一定阶段时就产生了垄断的可能性，因为当生产和资本发展到一定阶段后，生产和资本逐步集中到少数的大企业手中，它们之间就容易达到协议，形成垄断，使其操纵、控制市场供给成为可能，而其他企业则无法与之竞争；另一方面，生产和资本的集中发展到一定阶段后，生产和资本必然集中到了少数大企业手中，这些大企业要在竞争中打败对方单独取胜，则很不容易，为了避免两败俱伤从而获取稳定的垄断利润，它们都有谋求妥协、满足垄断的共同需要。

（2）规模经济的要求

有些行业的生产需要投入大量的固定资产和资金，如果充分发挥这些固定资产和资金的作用，则这个行业只需要一个企业进行生产就能满足整个市场的产品供给，这样的企业适合于进行大规模的生产。具有这种规模的生产就具有经济性，低于这种规模的生产则是不经济的。这样来看，规模经济就成为垄断形成的重要原因。同时，大量的固定资产和资金作用的充分发挥，使企业具有了进行大规模生产的能力和优势，因而这个企业能够以低于其他企业的生产成本或低于几个企业共同生产的成本、价格，向市场提供全部供给。那么，在这个行业中，只有这个企业才能够生存下来，其他企业都不具备这种生存能力。

（3）保护专利的需要

专利是政府授予发明者的某些权利。这些权利一般是指在一定时期内对专利对象的制作、利用和处理的排他性独占权，从而使发明者获得应有的收益。某项产品、技术或劳务的发明者拥有专利权以后，在专利保护的有效期内形成了对这种产品、技术和劳务的垄断。专利创造了一种保护发明者的产权，在专利的有效保护期内其他任何生产者都不得进行这种产品、技术和劳务的生产与使用，或模仿这些发明进行生产。若不保护发明专利，社会和生产就难以进步与发展。

（4）对进入的自然限制

当某个生产者拥有并且控制了生产所必需的某种或某几种生产要素的供给来源时，就形成了自然垄断。这种自然垄断形成以后，其他任何生产者都难以参与此类要素的市场供给，从而就自然地限制或阻止了其他生产者的进入，这样，就维护了这个生产者的垄断地位及其垄断利益。这种自然垄断的形成得力于两个方面的原因：第一，得力于生产中的先行进入。由于先行进入某一行业，从而使其在某种要素或某几种要素的生产中先行具有了某些优势，如生产技术或生产经营的优势，从而增加了其他生产者的进入难度，先行进入者就可以逐渐形成垄断。第二，得力于生产中占据的自然地理优势。某种要素或某几种要素生产的自然地理优势被某个生产者占据以后，其他生产者生产同种要素或同几种要素时就不再具有自然地理优势，前者就形成了生产中的自然地理优势垄断。例如，拥有或控制主要原料可以阻止竞争，从而形成垄断。最常见的是通过对原料的垄断来限制竞争。

（5）对进入的法律限制

政府通过特许经营，给予某些企业独家经营某种物品或劳务的权利。这种独家经营的权利是一种排他性的独有权利，是国家运用行政和法律的手段赋予并进行保护的权利。政府的特许经营，使独家经营企业不受潜在新进入者的竞争威胁，从而形成合法的垄断。政府对进入市场进行法律限制形成法律垄断，主要是基于三个方面的考虑：一是基于某种公司福利需要的考虑，如某些必须进行严格控制的药品的生产，必须由政府特许独家经营；二是基于保证国家安全的考虑，如各种武器、弹药的生产必须垄断；三是基于国家财政和税收收入的考虑，如国家对某些利润丰厚的商品进行垄断经营等。

（二）垄断竞争

1.含义

垄断竞争，是指有许多厂商在市场上销售近似但不完全相同的产品。垄断竞争市场，是指一个市场中有许多厂商生产和销售有差别的同种产品的市场组织。企业垄断竞争，是指许多厂商生产并出售相近但不同质商品的市场现象。

2.特点

垄断竞争是在旧经济中常见的一个特征，同时这一特征在新经济（又称知识经济）时代表现得更为明显。

垄断竞争是经济学中比较典型的市场形式之一。

进行垄断性竞争企业在短期是零利润或低额利润，而在长期则是暴利的。值得注意的是，垄断性竞争虽然一直是微观经济学中研究市场与竞争的话题，但是越来越被宏观经济学家所运用，特别是在 20 世纪 70 年代以后注重微观基础的建模风潮下。

3.条件

垄断竞争市场的条件有以下三点。

第一，生产集团中有大量的企业生产有差别的同种产品，这些产品彼此之间都是非常接近的替代品。例如，牛肉面和鸡丝面。这里的产品差别不仅指同一产品在质量、构造、外观、销售服务方面的差别，还包括商标、广告上的差别和以消费者的想象为基础的虚构的差别。例如，虽然两家饭店出售的同一菜肴（以清蒸鱼为例）在实质上没有差别，但是消费者心理上却认为一家饭店的清蒸鱼比另一家的鲜美，此时存在着虚构的差别。

一方面，由于市场上的每种产品之间存在差别，每种带有自身特点的产品都是唯一的，因此每个厂商对自己的产品价格都有一定的垄断力量，从而使得市场中带有垄断的因素。另一方面，由于有差别的产品之间相互又是非常相似的替代品，每一种产品都会遇到其他大量的相似产品的竞争，市场中又具有竞争的因素。

第二，一个生产集团中的企业数量非常多，以致每个厂商都认为自己的行为影响很小，不会引起竞争对手的注意和反应，因而自己也不会受到竞争对手的报复措施的影响。例如盒饭、理发行业。

第三，厂商的生产规模比较小，因此进入和退出一个生产集团比较容易。在现实生活中，垄断竞争的市场组织在零售业和服务业中是很普遍的，如修理、糖果零售业等。

在垄断竞争的生产集团中，各厂商的产品是有差别的，厂商们互相之间的成本曲线和需求曲线未必相同。但在垄断竞争的市场模型中，西方学者总是假定生产集团内所有厂商都具有相同的成本和需求曲线，并以代表性厂商进行分析。这一假定能使分析简化，而又不影响结论的实质。

（三）网络经济下的垄断

网络市场和传统市场在垄断的行为特征和作用影响上是不同的排除其他厂商生产同种产品的可能性而形成垄断。

1. 专利权垄断

专利权垄断指独家厂商凭借专利权获得在一定时期内垄断该产品的生产而排除其他厂商生产相同产品的权利。

2. 同产品的权利

传统经济垄断形成的原因是政府的特许。政府出于国家安全的考虑，往往在某些行业实行垄断的政策，如邮电、供水、供电政策促成了垄断厂商的形成。

3. 自然垄断

有些行业的生产具有规模效益，而这种效应需要巨大的资本设备投资才能充分体现，具有这种投资能力的厂商很少，当只有一两家具备这种能力最先扩充生产规模时就形成自然垄断。

4. 网络经济垄断形成的原因

以垄断形态为主导的垄断，厂商要在网络经济中获得垄断地位，必须在技术上具有优势。强技术特征的产品市场上，某些技术只有少数几家厂商拥有，需求方对垄断厂商的技术推动抵抗力弱并处于被动，需求方只能不断接受新技术，形成市场上的技术垄断。产品标准和效应锁定在几个标准的竞争，当市场上同一种产品或技术存在几个标准的竞争，若某个厂商的标准开始成为市场主流，其产品就在市场上确定了垄断地位。

消费者对产品、技术的选择可能导致高切换成本而被锁定，对消费者的锁定可能使厂商在市场上具有很大控制权，从而取得垄断地位。边际收益递增和需求自我增长网络产品的主要投入要素常常是可再生和共享的知识要素，而且知识要素的投入会渗透到资本、劳动等要素，而且资本、劳动等要素的投入和运用使这些要素的效率提高，从而表现出边际收益递增。网络外部性使得规模越大，成本越低，收益的增长速度越快。成本随着技术改进和规模扩张而降低，消费者会更加认同而使用户规模自发性地扩张，最终使网络产业的市场结构不断向垄断方向转变。

二、相关市场界定

（一）界定网络经济相关市场的重要性

相关市场是指经营者在一定时期内就特定商品或者服务进行竞争的商品范围和地域范围。在反垄断执法实践中，通常需要界定相关商品市场和相关地域市场。相关商品市场，是根据商品的特性、用途及价格等因素，由需求者认为具有较为紧密替代关系的一组或一类商品所构成的市场。相关地域市场，是指需求者获取具有较为紧密替代关系的商品的地理区域。当生产周期、使用期限、季节性、流行时尚性或知识产权保护期限等已构成商品不可忽视的特征时，界定相关市场还应考虑时间性。

（二）网络经济的特征对相关市场界定的影响

相关产品市场面临的问题包括以下几个。

第一，传统的反垄断法理论界定相关市场时，需求交叉弹性是重要的考虑因素。然而在网络时代，由于网络外部性、正反馈效应及锁定等规律的作用，消费者很难转而使用其他产品或服务，需求交叉弹性指数不会很高，相关市场的范围也不会很大。

第二，网络时代的另一大特点——行业的低成本与高利润又会对行业之外的经营者产生强烈的吸引力，从而增加潜在竞争者的数量，在一定程度上又扩展了相关市场的范围。同时，由于网络时代的技术更新速度极快，竞争者通过对技术的掌握和改进，将不断增加市场内原有企业所面临的潜在竞争威胁。而且，技术的发展也可能降低消费者转换产品的难度，竞争者可以开发更好的产品弥补转移成本，使消费者将其作为新的网络系统而投向它。这样，在一定程度上就有助于竞争者进入当前市场，并克服相应的网络外部性及锁定等规律的作用，从而扩大了相关市场的范围。

第三，网络时代企业的产品差异化策略，随着产品替代性的降低，一家企业产品降价的行为并不会显著影响另一家企业产品的市场份额，在这种情况下，能够成功地实现差异化的产品就可以抵御降价的不利影响，使自己的价格维持在边际成本之上。产品的替代性对相关产品市场的界定非常重要，因此，产品差异化策略的不确定性及消费者是否被固定化的难以判断也导致了网络时代界定相关产品市场难度的加大。

网络经济的静态市场特征、动态市场特征，以及交易形态都与传统经济有所区别，可从这三个方面入手来考察网络经济的特征对界定相关市场的具体影响。

首先，网络经济的静态市场特征主要由网络经济效应决定，而网络经济效应也会导致传统界定相关市场的方法部分失效，应做修正。

其次，网络经济中的创新速度非常快且技术竞争激烈，网络产业是高新技术产业，网络经济的动态市场特征其技术进步的特点给界定其中的相关市场带来了一定的困难。对此，有学者提出以品质代替价格进行测试来界定网络经济中的相关市场。反对该观点的学者认为，以性能为标准难以应用，因为"关键性能特征"具有高度的伸缩性，且很多在关键特征上的性能变化并不能被量化。以产品性能测试方法代替价格测试方法尚未被广泛接受，但是在界定相关市场时技术也应该是一个重要的考虑因素。

最后，网络交易导致界定相关市场时产品范围与地域范围确定困难，因为网络交易不受地域和时间限制。对于如何界定网络空间中的相关市场，目前尚无一个对任何情况都能够适用的统一标准，而是要视具体情况进行分析。

（三）对网络经济相关市场界定的建议

首先，在相关产品市场的界定方面，欧盟委员会已经开始运用一种叫作"赢利方式"的标准来界定相关产品市场。

其次，在相关地域市场的界定方面，目前司法实务界普遍认为，由于网络技术的应用，使产品或服务的提供超出了国界的范围，因此对于那些虽然落户于一国之内，但面向全球服务的网络运营系统，其相关地域市场自然应该是全球性的。而那些仍然立足于某一国家，且仅为本国国民服务的网络运营系统，则依旧应当以国界为限来界定其相关地域市场。

此外，在网络时代，界定相关市场还必须充分重视时间因素的影响。由于技术更新速度加快是网络时代的一个基本特征，因此在一个不断创新的环境中，任何领域的统治局面都不会长久，这往往会在很大程度上改变当前相关市场的界限。而与此同时，反垄断诉讼的时间一般较长，所以在诉讼期间，相关市场的范围便可能已经发生了变化，这就需要根据改变后的条件去重新界定相关市场。

在新经济行业相关市场界定中，遵循合理原则实质上就是反垄断法之违法认定原则在判定新经济企业行为是否违法过程中的一种具体应用，是认定该企业之限制竞争行为违法与否的决定性步骤。新经济行业相关市场界定本身是一个复杂的问题，难以做到绝对精确，只能尽可能做到相对合理。另外，对新经济行业相关市场的界定可以采用应用产品性能测试法。在新经济行业中，由于产品品质的竞争或技术的竞争已经远大于价格的竞争，以价格理论为基础的 SSNIP 测度标准根本不能有效界定相关市场。因此一些学者建议运用 SSNIP 测度标准的原理，以产品性能的变化取代价格的波动来测试需求弹性，进而界定相关市场，即所谓的产品性能测试法。产品性能测试法就是指当一种产品进行了一定比例（一般为25%）关键性能特征的提高（或降低）时能否吸引到足够多的消费者（或客户是否转向购买可以得到的其他替代品），如果回答是肯定的，两者便可归入同一市场。产品性能测试法取代了 SSNIP 测度标准，为新经济行业相关市场的界定提供了一种较为客观的标准，但由于该方法的应用必须以产品的关键性能特征为基础，所以主要被应用于关键性能特征相对稳定且性能变化能够被量化的部分新经济行业。新经济行业相关市场的界定还应当增加灵活的考量因素，例如，新经济行业的网络外部性因素，消费者需求的部分可替代性因素，平台与配套产品因素，产品和服务的技术因素，相关地域市场因素及其他相关因素。

三、战略性进入对市场结构的影响

企业的微观环境主要包括产业环境和市场环境两个方面。

（一）产业的生命周期、产业五种竞争力、产业内的战略群体、成功关键因素等分析方法是微观环境分析的重要内容

市场需求与竞争的经济学分析能够深化对微观环境的理解与认识。以下对、产业结构分析、市场结构与竞争、市场需求状况、产业内的战略群体和成功关键

因素分析进行简要介绍。

1. 产业的生命周期

在一个产业中，企业的经营状况取决于其所在产业的整体发展状况，以及该企业在产业中所处的竞争地位。分析产业发展状况的常用方法是认识产业所处的生命周期的阶段。

产业的生命周期阶段可以用产品的周期阶段来表示，分为开发期、成长期、成熟期和衰退期四个阶段。只有了解产业目前所处的生命周期阶段，才能决定企业在某一产业中应采取进入、维持或撤退，才能进行正确的新的投资决策，才能对企业在多个产业领域的业务进行合理组合，提高整体赢利水平。

2. 产业结构分析

根据波特教授从产业组织理论角度提出的产业结构分析的基本框架——五种竞争力分析，可以从潜在进入者、替代品、购买者、供应者与现有竞争者间的抗衡来分析产业竞争的强度及产业利润率。潜在进入者的进入威胁在于减少了市场集中，激发了现有企业间的竞争，并且瓜分了原有的市场份额。替代品作为新技术与社会新需求的产物，对现有产业的"替代"威胁的严重性十分明显，但几种替代品长期共存的情况也很常见，替代品之间的竞争规律仍然是价值高的产品获得竞争优势。购买者、供应者讨价还价的能力取决于各自的实力，比如卖（买）方的集中程度、产品差异化程度与资产专用性程度、纵向一体化程度，以及信息掌握程度等。产业内现有企业的竞争，即一个产业内的企业为市场占有率而进行的竞争，通常表现为价格竞争、广告战、新产品引进，以及增进对消费者的服务等方式。

3. 市场结构与竞争

经济学中对市场结构的四种分类：完全竞争、垄断竞争、寡头垄断和完全垄断有助于对市场竞争者的性质加以正确的估计。严格定义的完全竞争市场在现实生活中并不存在，但这一市场中激烈的价格竞争使价格趋向于边际成本的描述在许多消费品市场中屡见不鲜。垄断竞争市场中，产品的差异性为企业建立了固定客户，并且允许企业对这些固定客户享有价格超过边际成本的一些市场权利。寡头垄断市场中，企业的决策要依赖其他企业的选择，决策主体的行为发生直接相互作用条件下的决策均衡问题日益受到广泛重视。完全垄断市场上，垄断厂商控制操纵价格和产量的行为因损害了消费者的利益受到了反垄断政策的制约，但企业通过创新来取得垄断力量和实现高额利润的努力也存在一定的合理性，从长期看，对垄断的限制对消费者是不利的，因为它限制了竞争。

4. 市场需求状况

可以从市场需求的决定因素和需求价格弹性两个角度分析市场需求。人口、购买力和购买欲望决定着市场需求的规模，其中生产企业可以把握的因素是消费者的购买欲望，而产品价格、差异化程度、促销手段、消费者偏好等影响着购买欲望。影响产品需求价格弹性的主要因素有产品的可替代程度、产品对消费者产出在总支出中所占的比重、购买者转换到替代品的转换成本、购买者对商品的认知程度，以及对产品互补品的使用状况等。

5. 产业内的战略群体

确定产业内所有主要竞争对手战略诸方面的特征是产业分析的一个重要方面。一个战略群体是指某一个产业中在某一战略方面采用相同或相似战略的各企业组成的集团。战略群体分析有助于企业了解自己的相对战略地位和企业战略变化可能产生的竞争性影响，使企业更好地了解战略群体间的竞争状况、发现竞争者，了解各战略群体之间的"移动障碍"，了解战略群体内企业竞争的主要着眼点，预测市场变化和发现战略机会等。

6. 成功关键因素

作为企业在特定市场获得赢利必须拥有的技能和资产，成功关键因素可能是一种价格优势、一种资本结构或消费组合，或一种纵向一体化的行业结构。不同产业的成功关键因素存在很大差异，同时随着产品生命周期的演变，成功关键因素也会发生变化，即使是同一产业中的各个企业，也可能对该产业成功关键因素有不同的侧重。

（二）因素指标如何影响企业发展战略

1. 竞争力

建立战略联盟是中小企业培育核心竞争力的外部支撑力量，战略联盟是指两个以上的企业为了实现自己在某个时期的战略目标，"通过合作协议方式所结成的松散的联合体"以达到资源互补、风险共担、利益共享，战略联盟的基本出发点是弥补单个企业战略资源的有限性，任何企业"无论大企业还是中小企业"总会在一定时间或一定的区域受到自身资源有限的束缚，"而组建战略联盟可以拓展企业可配置资源的范围"，实现优势互补，产生更大的综合优势。

2. 外部市场环境

外部市场环境变化对企业战略升级既有直接促进作用，也通过促进企业内部知识获取来间接影响，说明强制性和诱致性的市场变迁是企业战略升级的重要外部因素，市场环境的变化可以使企业将外部创新压力转化为内部创新动力。联系近年来我国的实际经济情况，国家的出口退税调整、节能减排、产业升级等政府推动的外部强制性市场环境的变化对企业战略升级有一定的推动作用，而人力成本增加、金融危机等诱致性制度变迁也将是一次大浪淘沙、优胜劣汰的好机会。

第三节　"互联网+"新形势下"类直销商业模式"与创新

一、"互联网+"的本质与特点

（一）"互联网+"的本质

从表面上看，"互联网+"表现为依托互联网信息技术实现互联网与传统产业的融合，优化了各生产要素之间的信息操作效率，重构了商业模式；从本质上来讲，它是要将人类生存所依赖的各类环境与资源放到"云端"，将各类"需求"与"供应"进行重新优化配置，力争做到"各尽所能、各取所需"，实现社会财富重新分配。这对传统产业的发展提出了挑战，同时互联网技术的"平等、分散、协同与共享发展模式"使得跨界生存成为可能，"多重身份"使得人类价值得以充分体现，并得到相应的价值回报。"互联网+"在提高人类经济发展层次的同时，将更加注重对于人类自身需求与能力的开发与利用。

（二）"互联网+"的特点

1. "互联网+"约等于连接一切

目前，出现的比较有影响力的"互联网+"现象包括：互联网+书店＝当当、亚马逊网上商城等；互联网＋实体商铺＝天猫购物、苏宁易购等；互联网＋房地产中介＝小猪短租、Airbnb 等；互联网＋出租车＝滴滴打车、Uber 等；互联网＋金融＝草根投资、京东众筹等；互联网＋洗车行业＝呱呱洗车、爱洗车等。众多的传统行业已经认识到"互联网＋"的重要意义和影响力，加快了"互联网＋"战略与模式的布局。

2.线上与线下相结合

从互联网线上发布信息、指令、完成交易，最终的目的是实现线下的体验。将虚拟现实转化为真实的生产与生活方式。由于智能手机的普及，以及物联网技术的发展，人们可以在相关的移动互联客户端简易便捷地从网上实现工作中相对更高成本、高消耗等复杂活动和生活方面的切实需求。

二、分享经济的含义

（一）分享经济现象

以美国 Airbnb、Uber、TaskRabbit，中国滴滴出行、小猪短租、全通教育，加拿大拼车平台 Blan Cride、借贷平台 Borrowell，英国借贷平台 Zopa 和 Funding Circle，在线教育平台 Mooc-Futurelearn 等为代表，几乎遍布全球地同时出现一种整合对接供需双方需求的互联网平台。这类平台整合对接的资源突破了以往的思维模式，以充分利用现有个人私人财产、智慧和技能来满足社会个体或者相关组织需求为主要目的，意在盘活整个社会资源，使得人尽其才、物尽其用。

（二）分享经济的概念

追溯字面形式的"分享经济"概念来源，我国经济学家李柄炎教授在《社会主义成本范畴初探》和《劳动报酬不构成产品成本的内容》两篇文章中提出"社会主义分享经济理论的核心观点"。国外方面，美国经济学家马丁·劳伦斯·韦茨曼出版的《分享经济》中提出分享经济概念，但是，仔细阅读其内容可以发现，两位学者所谓的分享经济理论是基于微观的企业行为，指的是经济发展动力不足的条件下，倡导一种新的利益分配制度和财税政策，以建立新的企业经济发展刺激结构和机制，核心是研究工人与资本家如何分享企业收益的问题。

可以说，当今红遍全球的分享经济是在上述两位学者"分享经济概念"的基础上发展而来的，只不过其分享的不是已经产生的收益，而是在分享时才产生收益。当今的分享经济是一种以"互联网+"为基础的、在不增加新供给的条件下，以充分利用社会闲散资源为出发点，推动人类社会生存所需。发展分享经济可以减少对新能源的开发和利用，在全球经济供给过剩条件下是一种刺激经济增长的创新商业模式。

（三）分享经济发展面临的主要问题

任何形式的分享都需要一定程度的信任，无论是与人分享自己固定的房产、私家车、技术，还是经验教训。在政府还没有找到有效的干预措施之前，在线声誉信息的收集为保障消费者的安全消费提供了可供借鉴的依据。

分享经济中税收制度的执行问题也存在许多难点。分享经济非传统劳动力的特点是灵活就业、不固定、分散。在现有的法律框架下，无论是对分享经济公司还是对独立的承包商，在税收义务方面都没有明确的规定。

分享经济中个体户或者职业自由人，通过分享经济平台从事全职或者兼职的工作。这在一定程度上提高了就业率，但是灵活的工作机制也给政府如何为他们获得固定职员专属福利待遇提出了挑战。

三、分享经济"类直销商业模式"

（一）"互联网+"新形势下直销商业模式发展趋势

新时代背景下，直销行业发展的外部环境已经发生深刻的变化，特别是随着移动互联、电子商务及电子支付系统等技术的迅猛发展，传统的商业循环系统已经改变，快消品的供应链重组模式不断更新，消费者越来越倾向于网络购物。越来越多的直销企业意识到互联网战略思维的重要性，如何与电子商务融合发展成为当今直销企业的关注点。在互联网冲击下，当前直销行业面临着营销模式的变革。不可否认的是，直销商业模式是最早以社交网络进行商业营销的。但是移动互联、大数据分析、云计算技术的快速发展引起的商业模式变革仍然让直销企业感受到巨大的压力。

其实，全球直销行业都在关注互联网对于直销行业的影响。在世界直销协会联盟的年会上，互联网对直销行业的影响已经被列为重要议题。世界各地直销企业家都表达了对网络营销对直销商业模式造成冲击的忧虑。安利、新时代、玫琳凯、无限极、三生等公司均表示要顺势而为，加强直销商业模式与互联网营销的融合发展，要在直销行业的既有优势基础上挖掘直销商业模式的独特价值。

互联网对于直销商业模式的冲击是客观存在的，与基于互联网的电子商务相比，直销业是传统产业，互联网的发展会推动直销产业进行新的价值创新、推进其升级。北京大学中国直销行业发展研究中心副主任杨谦提出直销企业应树立互联网战略思维，以数据挖掘、异业联盟、社交连接、娱乐营销思维去提升企业的竞争力，拥抱互联网。

如何正确认识和把握"互联网＋"条件下直销行业的发展趋势，不仅是直销企业的关注点，这种影响带来的商业业态融合发展的趋势也给监管部门带来新的思考，正在引起有关监管部门的重视。

（二）"类直销商业模式"的含义

直销有狭义和广义之分，广义上的直销，根据直销过程中有无面对面的销售人员与顾客的沟通，分为人员直销和非人员直销，非人员直销又可以分为直效营销（Direct Marketing，直复营销）和自动销售（自动售货机销售）。直效营销包括购货目录营销、邮购营销、电话营销、传媒（电视、杂志、报纸）营销、展示营销以及当今的网络营销。从此种意义上理解，现今的电子商务 B2C、C2C 及 O2O 网络营销模式是属于广义的非人员直销类别下的直效营销的一种。由于互联网技术的发展，直销营销的网络营销模式对于直销行业的影响越来越大，在具有直销商业模式一般特点的同时，又有与传统各行业相互融合的特点。为了区别于传统的主要通过人员进行营销的狭义的直销商业模式，并突出"互联网＋"大背景条件，在此将"类直销"定义为：互联网条件下不通过商场或零售店，而是通过 B2C、C2C 及 O2O 等新兴网络营销模式直接向消费者推销产品的营销模式。需要说明的是，直销商业模式独特的奖励制度运用其中。

第八章　工商管理与经济统计分析

第一节　经济增长统计分析

一、经济增长均衡统计分析

（一）经济增长均衡的概念

经济增长均衡，通常是指国民经济保持长期的均衡或协调，包括总供给与总需求的均衡、投资增长与劳动力增长的均衡、劳动生产率提高与技术进步的均衡等方面。经济增长均衡的目标是实际经济增长率、有保证的经济增长率和自然增长率的统一。

（二）经济增长均衡目标的测算

经济增长均衡分析主要任务是研究均衡的实现条件。其基本假定是：社会生产的产品既可用于满足个人消费，也可作为生产要素投入生产，即投资；生产要素有两种，即劳动和资本。经济增长的均衡目标就是要实现：

实际经济增长率（G）＝有保证的经济增长率（Gw）＝自然经济增长率（Gn）

经济增长要实现总供给与总需求的均衡，要求消费需求应等于消费品供给，投资需求应等于储蓄。其中，储蓄全部转化为投资，储蓄率等于投资率是实现经济增长均衡的首要条件。

二、经济增长因素统计分析

（一）索洛的增长核算模型

20 世纪 50 年代，美国经济学家罗伯特·默顿·索洛发表了一篇名为《技术变化和总量生产函数》的经典文章。该文章将总产出看作资本、劳动两个投入要素的函数，从总产出增长中扣除资本、劳动力带来的产出增长，将所得到的"余值"作为技术进步对产出的贡献。结果表明，20 世纪前 50 年美国经济增长的 80% 以上要归功于技术进步。索洛的增长核算模型搭建了用增长核算来测算全要素生产率及分解经济增长的基本框架。

1. 索洛增长核算模型的参数确定

索洛增长核算模型无疑为测算生产率奠定了一个良好的基础。在实际应用中，我们可以借助索洛增长核算模型从纵向的角度研究生产率增长，测算生产率增长水平及其对经济增长的贡献。当基本条件差异不大时，也可以从横向的角度，通过测算不同企业、部门、地区的生产率增长，进行比较研究。

在实际测算中，索洛增长核算模型的应用难点在于资本产出弹性系数 α 和劳动产出弹性系数 β 的确定，常见的方法主要有以下三种：

（1）回归法

首先将约束 $\alpha + \beta = 1$ 代入形如生产函数模型方程得到精简形式的方程，然后收集的数据采用最小二乘法等计量方法估计得到弹性系数 α 或 β。

（2）收入法 GDP 测算法

由于在完全竞争市场假设下 α 和 β 分别对应资本要素收入和劳动要素收入在国民收入中所占的份额。因此，可以采用收入法对 GDP 数据进行测算。

（3）经验比值法

结合各国要素收入份额的卡尔多经验事实，采取经验比值法确定。

2. 索洛增长核算模型的局限性

采用索洛增长核算模型测算的全要素生产率存在着如下局限性：

首先，采用索洛增长核算模型测算的全要素生产率结果的精确性有待提高。索洛增长核算模型核算的索洛余值是总产出增长率与要素投入增长加权总和的差额。显然，"余值"不仅包括狭义技术进步，还包括其他因素的影响，如资源配置方式的改善、规模经济、劳动质量的提高等，甚至包括模型形式的设置误差，直接导致技术进步贡献率的高估。

其次，技术进步外生性、非体现性、希克斯中性假定的质疑。新西兰经济学家威廉·菲利普斯曾对此进行了批判，他认为技术进步的外部性意味着技术进步被叠加在系统上，即假定随着时间的推移而增长，并且由所考虑的经济系统以外的因素决定。非体现型的技术进步是一种外部性技术进步，这种技术进步不需要新投入，生产函数形式并不随时间改变而改变。希克斯中性意味着增长路径上的点，技术替代率独立于时间，即对于给定的一个要素价格比率，技术进步不会影响资本投入和劳动力投入之间的比值。在上述假设条件下，技术进步被认为是公共物品，获得知识被假定是没有成本的和瞬时的，技术进步不依赖劳动投入和投资。现实经济中几乎所有国家都不满足这些假设条件。

（二）肯德里克的因素分析

从 20 世纪 50 年代开始，美国经济学家约翰·威廉·肯德里克就对美国的国民收入统计资料进行整理分析，以确定生产率提高和要素投入量增加对经济增长的贡献各占多大的比例。在《美国生产率趋势》一书中，肯德里克进一步明确和完善了全要素生产率概念。全要素生产率是指产量与全部生产要素投入量之比，即所有投入要素的生产率之和，全部生产要素包括生产中使用的资本、劳动和土地。

肯德里克认为，全要素生产率可以根据 C–D 生产函数来计算。在计算时将生产中的投入要素区分为劳动和资本（把土地归为资本）两项，再把劳动和资本的生产性服务的报酬分为土地和资本收益（包括利润、利息和地租），然后将产量与投入要素量之比定义为要素生产率，其中，产量与全部投入量之比称为全要素生产率。

他将实际总产出增长分解为有形要素投入增长和全要素生产率增长两部分。其中有形要素投入增长就是劳动和资本要素投入的增长；全要素生产率的增长被分解为三部分：（1）与要素质量有关的因素，包括知识进步、劳动力素质变化、土地质量变化和资源重新分配；（2）产权有关的因素，包括规模经济、需求强度以及非常规因素；（3）剩余因素部分，包括纯政府部门因素以及其他剩余因素。

此外，还有丹尼森因素分析、乔根森因素分析等，不再过多介绍。

（三）经济增长因素和生产率分析的新发展

1. 投入要素分解的方法扩展

在生产率因素分解方面，还有不少其他方面的发展，其中一类思路是将新的影响因素纳入模型，将其内生化。比如，卢卡斯的人力资本模型在生产函数中引入人力资本要素，或者有的方法直接将生产率分解为重要影响因素，如青木昌彦将经济增长率分解为产业转移（库兹涅茨效应）、人口红利等要素。

索洛增长核算模型基于新古典经济增长模型框架，以资本和劳动力作为投入要素进行分析，并认为技术进步是一种外生因素。然而技术进步是可以影响投入要素的生产效率的，因而内生理论将技术进步等投入要素内生化，扩展了新古典经济增长模型。

2. 边界生产函数角度的方法扩展

以索洛为代表的生产函数法测度全要素生产率时，假定所有生产者在技术上是充分有效的，从而将产出增长扣除要素投入贡献后的剩余全部归结为技术进步。但并不是每一个生产者都处在生产函数的前沿，能够达到技术前沿的只是少数生产者，大部分生产者的效率与最优的生产效率存在着一定的差距，这种差距被定义为技术无效率。在生产函数测算中，直接使用实际要素投入和产出数据进行生产函数的常规拟合，得到的生产函数反映的只是一定投入要素组合与平均产出量之间的关系。在生产函数分析过程中，应当将生产者的全要素生产率分解为前沿技术和技术效率两个部分，从而能够进一步研究生产率变化和经济增长的根源，比索洛余值方法更接近生产和经济增长的实际情况。当今有许多新兴方法如DEA方法、随机前沿法等，这些方法可以有效估计生产边界。

确定前沿法采用线性规划模型求解出所观测投入空间的凸边界，从而测算生产前沿函数和技术效率。通过模型求解，就可以得到全部生产前沿面上的参数，从而确定生产前沿面。在确定性前沿模型基础上引入随机扰动项，发展出了随机前沿方法。该模型的基本含义是：每个厂商生产的产量受到生产函数以及随机扰动和技术非效率的综合影响，个别厂商因为受到随机扰动和技术非效率的影响而不能达到最优状态。尽管随机扰动和非技术效率无法直接观测，但在假定随机扰动为白噪声的情况下多次观测的均值应当为零，因此个别生产者的技术效率可以用样本中该生产者产出的期望与随机前沿的期望的比值来确定。

数据包络分析（Data Envelopment Analysis，DEA）方法用一组输入输出数据来估计相对有效的生产前沿面，其本质是利用统计数据确定相对有效的生产前沿面，运用生产前沿面的理论和方法建立非参数的最优化模型，研究相同类型生产单位间的效率差异。DEA方法是评价具有多个"输入"和"输出"的决策单元

（DMU）相对有效性的模型。其本质是先利用统计数据来确定 DEA 有效生产前沿面，再把非 DEA 有效的决策单元影射到 DEA 有效的生产前沿面上。通过比较非 DEA 有效的决策单元"偏离"DEA 有效生产前沿面的程度来评价各决策单元的相对效率。随机前沿法所估计的随机边界函数实际上是生产函数的一种。随机边界生产函数利用随机边界生产函数方法测算生产率增长。边界生产函数根据已知的一组投入、产出观察值定义出投入产出的一切可能组合的外部边界，使所有投入产出观察值组成的坐标都位于这个边界的"下方"，而且与其尽可能地靠近。利用随机边界生产函数理论可以建立模型，并据之以测算一定生产单位的技术效率研究其生产率增长。

三、经济增长质量统计分析

根据经济增长质量的不同内涵，经济增长质量的测度可分为狭义内涵方面的测度和广义内涵方面的测度。狭义内涵方面经济增长质量的测度为全要素生产率，广义内涵方面经济增长质量的测度为综合评价指标体系。

（一）全要素生产率

全要素生产率是产出对所有生产要素投入量的比率，是指除了资本要素和劳动要素之外的（广义）技术进步变化对经济增长的贡献，包括劳动效率和资金效率的提高，规模经济、资源再配置及管理水平的提高等，是生产要素使用效率的综合体现。

全要素生产率提高表示以较少要素投入可获得同量产出，或以同量要素投入资源可获得较多产出。狭义的经济增长质量的优劣可以通过测度经济增长的全要素生产率来进行评价。

（二）综合评价指标体系

根据上文介绍，广义的经济增长质量属于一种规范性的价值判断，具有丰富的内涵。在实践中，对经济增长质量的评价通常都采用规范分析和实证分析相结合来进行，由于其包含的内容非常广泛，大多数研究都通过构建综合评价指标体系，即综合经济、社会和自然生态系统中多层次的指标来分析经济增长质量的优劣。

1. 基本指标体系构建

基本指标体系从经济稳定、经济安全、结构优化、产业升级、质量效益、创新驱动、资源环境、民生改善八个方面，综合考虑数据的可获得性和数据质量，选取 GDP 增长率、债务余额占财政总收入比重、服务业增加值占 GDP 比重、居民消费率、城镇化率 R&D 经费与 GDP 之比、每万名就业人员 R&D 人员全时当量、单位 GDP 能源消耗降低率、主要污染物排放总量削减率、居民人均可支配收入与人均 GDP 之比等共 46 个核心综合指标。

国家统计局制定发布的《指标体系》虽然从 8 个方面 46 个核心指标来对经济提质增效转型升级进行评价，可以在理论上构成一个官方的综合评价指标体系，但在实践中，国家统计局并没有公布相关综合指数方面的信息，在实证分析中，对这些基础指标进行加总合成有一定的困难。

西安财经大学副校长任保平教授在其经济增长质量测度评价中经常用到综合指标体系。该经济增长质量综合指标体系从经济增长效率、经济增长结构、经济增长的稳定性、福利变化与成果分配、生态环境代价、国民经济素质六个维度构建了中国经济增长质量的测度指数。在这六个维度中选择具有较高代表性和可比性的核心指标作为基础指标，最终由 37 个基础指标构成中国经济增长质量指数。

（1）经济增长效率

经济增长效率是各投入转化为产出有效性的高低。高生产率是高质量增长的根本保证，生产率的长期增长取决于技术进步和经济制度的效率。从经济增长效率测度指标的选择来看，生产率揭示了各种生产要素转化为产出的有效性，因此选择全要素生产率、技术变动、技术效率变动、资本生产率及劳动生产率作为经济增长效率的测度指标。

（2）经济增长结构

经济增长的结构是指经济系统内各要素之间的连接关系及要素数量之间的比例关系。合理的经济结构是经济高质量增长的前提，经济结构转化可以有效改变经济增长的动力机制，因此分别从产业结构、投资消费结构、金融结构、国际收支结构和城乡二元结构五个分项进行测度。产业结构选择工业化比率、三次产业比较劳动生产率；投资消费结构选择投资率和消费率；金融结构选择存、贷款余额占 GDP 的比例作为衡量指标；外贸依存度选择国际收支结构测度指标；由于中国还具有二元经济结构，中国经济结构的度量中还需要考虑二元结构的转化问题，因此，选择二元对比系数和二元反差指数来衡量城乡二元结构。

（3）经济增长的稳定性

经济增长的稳定性是指经济运行是否平稳。从经济增长稳定性测度指标的选择来看，经济增长过程中的周期波动主要是从产出波动、价格波动和就业波动三个方面来考察，因此可以从这三个层次来测度经济增长的稳定性，分别选择经济波动率、消费者价格指数、生产者价格指数和失业率作为测度指标。

（4）福利变化和成果分配

福利变化是指居民人均拥有财富的增加，不仅包括物质财富还包括人力及自然社会财富等方面的内容。经济增长的最终目标是提高社会的福利水平和幸福程度。对于福利变化主要从总体上来考察，分别选择人均GDP、城市人均住宅面积、农村人均住房面积、城市和农村居民家庭恩格尔系数作为基础测度指标。成果分配主要涉及收入分配问题，分别用测度城乡收入差距的泰尔指数和劳动者报酬占比作为基础指标。

（5）生态环境代价

生态环境代价是从成本视角考察经济增长是否可以以可持续的方式使用资源，降低资源环境和生态成本。从经济增长的生态环境代价这一维度看，选择单位国内生产总值能耗、单位国内生产总值电耗、单位产出大气污染程度、单位产出污水排放数、单位产出固体废弃物排放数作为基础测度指标。

（6）国民经济素质

国民经济素质表现为一个国家长期有效地开发和利用各种资源创造国民财富的基本条件和能力，是经济增长质量的综合体现。国民经济素质包括基础素质、能力素质和协调素质三个方面。用人均公路里程、人均铁路里程来代表国民经济基础素质。用科学技术占财政支出比重代表国民经济能力素质。用行政费用占财政支出比重、公共安全支出占财政支出比重代表国民经济能力素质。

此外，从国家统计局公布的《指标体系》和任保平教授研究给出的《中国经济增长质量构成指数》来看，国家统计局《指标体系》的维度划分、基础指标选取更为全面新颖，涵盖了中国经济新常态时期提质增效转型升级的经济增长理念的内容，如产业升级维度不仅有传统的工业、农业指标，还有新型工业、生产性服务业及近年来发展迅速的电商指标，以及质量效益维度关注企业综合产出、土地产出等，创新驱动方面主要关注R&D相关指标。随着中国经济与世界经济联系日趋密切，世界性或区域性的经济危机对中国影响越来越大，经济安全不可忽视，国家统计局的《指标体系》还包含经济安全这一维度，主要从粮食安全、能源安全，以及不良债务和债务余额方面考察。

2. 基础指标合成

经济增长质量指数基础指标的合成方法，在文献资料中主要有相对指数法、熵值法、主成分分析等方法。

（1）相对指数法

相对指数法是将一系列指标变成可比的指数形式，然后进行简单加总或加权加总来评价的一种方法。但各指标对经济增长质量的作用程度各不相同，等权重或主观赋权有很大的随意性。权重主要研究者对各指标重要性程度的认识赋值，依赖研究者的经验，主观影响也很大。

（2）熵值法

熵值法属于一种客观赋权的方法，利用信息熵的工具根据各项指标值的变异程度来确定各分类指标的权重。一般来说，若某个指标的信息熵越小，表明指标值的变异程度越大，提供的信息量越多，在综合评价中所能起到的作用也越大，其权重也就越大；相反，若某个指标的信息熵越大，表明指标值的变异程度越小，提供的信息量越少，在综合评价中所能起到的作用也就越小，其权重也就越小。

（3）主成分分析法

主成分分析法也属于客观赋权的方法，是通过降维的方式把具有相关性的多个指标约化为少数几个综合指标的方法，可以在尽可能保留原有数据所含信息的前提下实现对统计数据的简化。主成分分析法通过提取的主成分可以获得构成经济增长质量各个维度的量化结果，所形成的权重结构可以充分反映经济增长质量各维度的基础指标对形成总指数的贡献大小。因此，采用主成分分析法来确定单项指数在各方面指数中的权重以合成各方面指数，进而采用同样的方法合成总指数，对中国经济增长质量状态进行量化是非常合适的。

第二节　消费与投资统计分析

一、消费统计分析理论与方法

（一）消费的基本含义

消费指的是使用货物和服务来满足各住户或全社会物质、文化和精神生活的需要。按照本质内容的不同，消费区分为两种形式：中间消耗和最终消费。中间消耗是指在核算期内的生产过程中耗尽的货物和服务；最终消费是指核算期内各住户或全社会为满足他们个人或公共需要或需求而使用的货物或服务。二者的差别在于前者是出于生产目的，后者是出于个人或公共需要或需求。

由于最终消费货物服务在发生形式上有支出和获得的差别，因此，SNA 中的最终消费有两种记录形式：最终消费支出和实际最终消费。两种核算指标的区别在于：最终消费支出是以货物和服务的应收应付行为发生为标准，反映的是购买者购买货物和服务时向出售者支付或同意支付的价值；实际最终消费是以货物的实际获得和服务的提高完成为标准，指的是实际获得的货物与服务的价值。在大多数情况下，货物和服务消费的支出者也就是获得者，但在某些情况下二者并不一致。例如，住户会自动享受公共管理和安全保障等公共服务，而无须采取任何支付行动，这部分支出是由政府以税收或其他财政收入来支付。因此，最终消费支出与实际最终消费不一定完全相等，两者之差等于实物社会转移。但是，从国民经济整体来看，最终消费支出与实际最终消费在总量上是相等的。

（二）消费函数理论

影响消费尤其是居民消费的因素很多，包括收入、利率、习惯等。经济学家时常把消费和收入联系在一起，通过建立消费与收入之间的函数关系，揭示消费支出与收入之间的相互影响。

消费函数最先由"宏观经济学之父"约翰·梅纳德·凯恩斯提出，之后消费函数理论大致经历了三个阶段。

第一阶段是从 20 世纪 30 年代中期到 50 年代中期。这一时期消费函数仅是在确定性条件下研究现期消费与收入之间的关系，其代表有绝对收入假说与相对收入假说。

第二阶段是 50 年代中期到 70 年代中期。这一时期的消费函数开始考虑预期情形，研究消费与现期收入和预期收入之间的关系，比较有代表性的理论有持久收入假说与生命周期假说。

第三阶段是 70 年代后期至今。这一时期的消费函数理论既考虑了预期收入，又考虑了不确定性，代表性的理论是理性预期假说、预防性储蓄假说和流动性约束假说。下面将依次介绍这些代表性的消费函数理论。

1. 确定性条件下的消费函数理论

（1）绝对收入假说

绝对收入假说由凯恩斯提出，认为决定消费的主要因素是现期收入（可支配收入），首次将消费与收入联系起来，在绝对收入假设基础上提出了消费函数理论。

俄裔美国著名经济学家西蒙·史密斯·库兹涅茨对 1869—1938 年的资料进行回归分析后发现，长期内自发性消费为零，边际消费倾向与平均消费倾向相等。这种短期消费函数和长期消费函数表现出来的差异被称为"消费函数之谜"。消费函数之谜直接推动了后续的消费函数理论发展。

（2）相对收入假说

杜森贝利对凯恩斯消费函数的消费者行为的假设做出修改，其认为消费者的偏好是相互影响的且消费者的消费行为是不可逆的，在此基础上提出相对收入假说。该假说认为，消费者消费支出的变动不仅受其自身收入的影响，而且也受到周围人的消费行为及收入与消费间关系的影响，不同消费者之间的收入与消费支出会相互作用，从而消费具有示范效应（攀附性）。

该假说还认为，消费支出不仅受到当前收入的影响，还受到过去的消费水平或收入水平的影响，特别是过去"高峰"收入和消费水平的影响，从而消费具有棘轮效应（不可逆性）。

消费相对收入假说中棘轮效应的存在证明了长期平均消费倾向的稳定性，解释了消费函数之谜；示范效应的存在解释了人们消费行为相互影响的事实。但是，因为从短期来看，消费随着收入的变动而变动。而假说强调的消费不对称性却不能令人信服，难以解释短期中消费波动的原因。

2. 预期条件下的消费函数理论

（1）持久收入假说

持久收入假说由美国经济学家弗里德曼提出，消费者的消费支出是由消费者的持久收入决定的，而不是由现期收入决定的。而持久收入指的是消费者可以预计到的长期收入，也就是消费者一生中可得到的收入的平均值。

弗里德曼认为，收入分为消费者预料可以得到的持久收入与偶然性的暂时收入两部分。相应地，消费也分为永久性消费与暂时性消费。从长期看，人们的收入水平是稳定的，在某一阶段会出现绝对收入上升的现象，但是，人们的消费并不会急剧上升，他们会考虑未来的收入状况，最终的边际消费倾向会维持在平均水平上。人们的消费是持久收入的稳定函数，暂时收入只有变得持久稳定时，才会影响人们的消费。

弗里德曼认为，根据过去的经验来修正对未来的收入预期一般叫作适应性预期。要估计持久收入假说消费函数，必须先估计预期收入，而预期收入估计的难点在于加权系数的选择难以把握，加权系数选择过大或过小，都会影响预期收入估计的准确性。通常的做法是选择多个加权系数试算，然后选择预期收入误差较小的加权系数来估计预期收入，进而估计持久收入假说的消费函数。

（2）生命周期假说

意大利籍经济学家、诺贝尔经济学奖得主弗兰科·莫迪利安尼的生命周期假说是依据消费行为理论来研究消费是如何被决定的，认为消费者是具有理性的，能以合乎理性的方式使用自己的收入进行消费，并且消费者行为的唯一目标是实现效用最大化。该假说的中心观点认为，每个人都根据自己一生的全部预期收入来安排消费支出，各家庭在每一时点的消费和储蓄决策都反映了该家庭谋求在生命周期内达到消费的理想分布，而各个家庭的消费要受制于该家庭在其整个生命周期内所获得的总收入。

生命周期理论能够说明长期消费函数的稳定性和短期消费波动的原因，包括理论分析、经验验证和政策含义，具有较强的说服力。但是构建生命周期假说消费函数有一定的难度，因为财产收入难以取得全面的较为准确的统计数据，而且未来预期收入更是难以准确估计。

3. 不确定性条件下的消费函数理论

（1）霍尔的理性预期假说

美国经济学家罗伯特·霍尔的理性预期消费函数采用了二次型效用函数，提出了随机游走假说，一个永久生存的典型消费者，追求的是预期效用最大化消费决策。霍尔认为，根据理性预期，按照寻找效用最大化的消费者的消费轨迹是一个随机游走过程，即除了本期消费，任何变量都对预期下期消费没有帮助。

与持久收入假说和生命周期假说相比，随机游走假说关于消费与储蓄的观点与前两者完全不同，而且该假说与现实现象明显不符。此后，不少学者运用计量模型进行了大量的实证研究，进一步推动了消费函数理论的发展。

（2）预防性储蓄假说

预防性储蓄是指风险厌恶的消费者为预防未来的不确定性导致的消费水平的急剧下降而进行的储蓄。许多学者用了不同的方法对预防性储蓄假说进行了研究，但是由于收入不确定性的理解不同，研究与计量的方法也不尽相同，观点也因此有着很大差异。该假说主要研究两个问题：一是收入的不确定性对预防性储蓄行为是否有影响，二是预防性储蓄的程度有多大。其中影响最大的是美国经济学者阿尔弗莱德·莫里斯·扎德斯的预防性储蓄模型。

考虑一个具有相对风险厌恶的效用方程的消费者，假设他可以存活多期，并且追求一生中的消费效用最大化。不确定性的来源是外生的未来劳动收入，且分为两个部分：随机游走的永久性部分和暂时性部分。消费者会在每一个时期选择合适的消费使总预期效用最大化。

（3）流动性约束假说

流动性约束又被称为"信贷约束"，是指居民从金融机构及非金融机构和个人取得贷款以满足消费时所受到的限制。实际上，没有储蓄，消费的未来收入是难以实现的，也就是说，借贷是受到约束的。流动性约束假说的主要观点是：由于信息不完全、不对称，信贷市场不健全，居民难以无成本的自由借贷以满足当期消费，消费者也难以平衡其一生的消费。

流动性约束可能由两个途径降低消费水平：其一，当前的流动性约束会使一个人的消费比他想要的消费要少，因为他难以通过借贷来增加当期消费；当消费者处于低收入阶段时，即便有预期的未来高收入，但是因为借不到钱，所以只能进行低消费，消费者提高消费水平的唯一途径是自己积累财富或者等待高收入时期的到来。其二，预期未来可能发生流动性约束同样会降低现期消费。如果存在流动性约束，那么收入下降必定会引起消费下降，除非有着非常充裕的储蓄。

上述消费函数理论假说均起源于西方国家，在移植到中国及其他发展中国家的过程中可能会出现"水土不服"，市场环境、经济发展水平及人口特点等方面都与相关理论假设南辕北辙。城乡二元经济结构的格局与区域经济的非均衡发展决定了中国居民消费的多层次板块性特征，社会的快速转型与经济的快速转轨又决定了居民消费水平、结构与行为的持续不稳定性。因此，研究当前的中国消费函数问题，不能采取简单的"拿来主义"，比如把研究城镇居民的模型与方法不加分析地用在农村居民消费函数的研究上，又不能固守传统的研究路径。要坚持实事求是问题意识，坚持分城乡、分阶段、分地区、分类别的原则开展中国消费函数问题研究。

（三）消费基本面统计分析

1.消费规模分析

目前在中国的统计体系中，有两种核算消费总量的指标：最终消费支出与社会消费品零售总额。

最终消费支出是指常住单位为满足物质、文化和精神生活的需要，从本国经济领土和国外购买货物和服务的价值。最终消费支出还可以进一步分为居民消费支出与政府消费支出。其中，居民消费支出是指常住住户在一定时期内对于货物和服务的全部最终消费支出。不仅包括直接以货币形式购买的货物和服务的消费支出，还包括以其他方式获得的货物和服务的消费支出，也就是虚拟消费支出。虚拟消费支出具体包括单位以实物报酬及实物转移的形式提供给居民货物和服务；住户生产并由本住户消费了的货物和服务，其中，服务仅指住户的自有住房服务和付酬的家庭雇员提供的家庭和个人服务；金融机构提供的金融中介服务；保险机构提供的保险服务。居民消费支出又可以分为农村居民消费支出和城镇居民消费支出。政府消费支出是指政府部门为全社会提供的公共服务的消费支出和免费（或以较低的价格）向居民提供的货物和服务支出，前者等于政府服务的产出价值减去政府单位所获得的经营收入的价值，后者等于政府部门免费或以较低价格向居民住户提供的货物和服务的市场价值减去住户收取的价值。政府消费支出主要包括行政管理、卫生文教、国防支出等。

社会消费品零售总额是指企业（单位、个体户）通过交易直接销售给个人、社会集团非生产、非经营用的实物商品金额，以及提供餐饮服务所取得的收入金额。个人包括城乡居民和入境人员，社会集团包括机关、社会团体、部队学校、企事业单位、居委会或村委会等。社会消费品零售总额是国民经济各行业直接出售给城乡居民和社会集团的消费品总额，它反映的是各行业通过多种商品流通渠道向居民和社会集团供应的生活消费品总量，是反映社会消费总需求和国内零售市场变动情况的重要指标。

以上社会消费品零售总额与最终消费支出区别体现在三个方面：（1）社会消费品零售额不是完整意义上的消费指标，包括销售给居民的零售额和销售给社会集团的零售额。销售给居民的零售额指的是销售给城乡居民用于生活消费的商品金额，但是也包括销售给城乡居民建房用的建筑材料。销售给社会集团的零售额指的是公款购买的用作非生产、非经营用的与公共消费的商品金额。其中有一些商品（如电信、取暖设备、交通工具）可能用于投资。（2）社会消费品零售额不涉及非物质性服务，例如，教育服务、医疗服务、文化艺术服务、娱乐服务，而最终消费包括对这些非物质性服务的消费。（3）社会消费品零售额不涉及农民自产自用的农牧产品，而最终消费则包括对这些产品的消费。所以，虽然社会消费品零售额与最终消费之间具有较强的相关性，但两者之间的确存在明显的区别，利用前者代替后者，必然会产生误差。

2. 消费水平分析

（1）（最终）消费率

消费率，也称最终消费率，是指国民经济核算中的最终消费支出占支出法GDP的比率，是国民的一般消费水平或一般消费需求水平。

最终消费率 = 最终消费支出 / 支出法 GDP

（2）平均消费倾向

平均消费倾向是指居民家庭人均消费性支出占人均可支配收入的比率，是与平均储蓄倾向相对应的指标，反映的是消费占居民家庭人均可支配收入比例的高低。一般来说，居民平均消费倾向越高，消费意愿越强，相应的平均储蓄倾向越低，二者成反比。

平均消费倾向 = 人均消费性支出 / 人均可支配收入 =1– 平均储蓄倾向

（3）边际消费倾向

边际消费倾向是指消费的增量和可支配收入增量的比率，反映居民家庭人均可支配收入每增加一个单位，人均消费性支出可增加多少个单位。边际消费倾向与边际储蓄倾向成反比，边际消费倾向越高，边际储蓄倾向越低；反之，边际储蓄倾向越高。

边际消费倾向 = 人均消费性支出增量 / 人均可支配收入增量 =1– 边际储蓄倾向

在一定的时期内，平均消费倾向与边际消费倾向会随着收入的增加呈现出递减的趋势，但是从较长期来看，平均消费倾向与边际消费倾向的变动具有阶段性或周期波动性的特征。

（四）消费结构分析

1. 消费结构演化规律

计算各类消费占总消费的比重变化来研究消费的结构变化，不仅可以反映出各类消费分布的特征，还能够通过纵向比较来揭示结构演变的规律，横向比较揭示消费结构的差异性。消费结构的变动主要受到经济发展水平、产业结构、居民收入水平、价格水平、消费观念与习惯等多种因素的影响。随着经济的发展、社会的进步及收入水平的提高，消费结构大都会呈现出如下演变规律：

从生存、享受与发展的角度来看，生存型消费所占比重会出现下降趋势，而享受型和发展型消费所占比重会呈现上升的趋势。随着经济的发展与人们生活水平的提高，人们在满足最基本生活需要的生存型消费需求之后，会逐渐向享受型消费与发展型消费转变，以让生活更加美好、发展更为全面、素质更加提高。消费结构中生存型消费所占比重下降，享受型与发展型消费比重就会上升。

从实物消费与服务消费的角度来看，实物消费比重趋于下降，而服务产品所占的比重趋于上升。随着社会科技的进步，实物产品的生产率不断提高，实物产品极大丰富，产品价格下降，实物产品消费的比重会不断下降，服务消费随之上升。

从衣食住行角度来看，食品在消费结构中所占的比重会逐步下降，而其他消费所占的比重会逐步上升，即恩格尔系数下降。食品消费是人类生活最基础的、需要最先得到满足的消费内容，它对于收入和消费总量的变动呈现出明显刚性，且其变动速度随着居民收入水平与消费水平的提高总是慢于收入和消费总量的变动速度。

2. 消费结构分析

消费结构分析有许多视角，这里仅介绍其中的一部分，主要包括最终消费主体结构分析、居民消费城乡结构分析、居民消费用途结构分析。

（1）最终消费主体结构分析

最终消费主体结构分析是从国内生产总值中最终使用的角度出发，分析居民消费与政府消费之间的比例关系与变动趋势，以及居民消费率与政府消费率两个指标。居民消费率是指居民消费占支出法 GDP 的比例，政府消费率是指政府消费在支出法 GDP 中所占的比例。

（2）居民消费城乡结构分析

居民消费城乡结构分析关注的是城镇居民消费与农村居民消费之间的比例关系与变动趋势，以及城镇居民消费率与农村居民消费率两个指标，分别等于各自的最终消费支出除以支出法 GDP。

（3）居民消费支出结构分析

居民消费支出结构分析是计算居民总消费中各类消费支出的比例，反映各类消费分布的特征及变动趋势，并通过纵向比较揭示消费结构演变的规律，或通过不同收入的家庭消费结构的比较来显示消费结构的差异，又称为消费支出用途结构或消费目的结构分析。

（五）消费宏观效果分析

消费宏观效果分析通常包括消费需求 GDP 弹性、消费贡献率、消费拉动率等指标。

1. 消费需求 GDP 弹性

消费需求 GDP 弹性是指一定时期的消费增长率与 GDP 增长率之比，以说明 GDP 每增加 1%，相应的消费能增加百分之几，考察的是同一时期消费增长与经济增长之间的数量关系及变动，是分析消费增长与经济增长的比例关系的重要指标。消费的 GDP 弹性系数等于 1，消费与 GDP 同步增长；小于 1，消费增长慢于 GDP 增长；大于 1，消费快于 CDP 增长。消费的 GDP 弹性系数的计算公式为：

消费需求 GDP 弹性 = 消费增长率 /GDP 增长率

2. 消费贡献率

消费贡献率是指一定时期内消费增量与同期 GDP 增量之比，反映同一时期消费增长对经济增长的贡献作用。消费贡献率越大，说明消费对 GDP 增长的贡献越大。

消费贡献率 = 消费增量 /GDP 增量

3. 消费拉动率

消费拉动率是指消费贡献率与 GDP 增长率的乘积，反映某一时期消费增长对 GDP 增长的拉动作用。消费拉动率越大，消费增长对 GDP 增长的拉动作用越大。

消费拉动率 = 消费贡献率 × GDP 增长率 = 消费增量 × GDP

二、投资统计分析理论与方法

与消费类似，投资同样是构成一个国家国内需求的主体部分和核心部分，是经济增长的重要驱动力量，因此，同样需要进行投资统计分析。

（一）投资的基本含义和相关理论

1. 投资的基本概念

投资是指经济行为主体为能够形成或增强未来的产出能力和服务能力而获取收益，将一定量的货币或其他经济资源转化为资本的经济活动。

投资有狭义与广义之分。狭义的投资指的是实业投资，也就是非金融投资发生在非金融资产上的积累；广义的投资还包括货币投资。在国民经济核算中，投资特指狭义的投资，金融投资归入金融交易核算中。

投资按照不同的分类原则有着不同的分类结果。

按投资的形式分类，可以分为固定资本投资、库存投资、住房建设投资。按投资的性质分类（资本存量增加与否），可以分为重置投资、净投资。

按投资的用途分类，可以分为生产性投资、非生产性投资。

按投资主体分类，可以分为政府投资、企业投资、个人投资，其中政府投资又可以细分为中央政府投资与地方政府投资。

2. 投资的决定因素

影响投资的决定因素主要有四个方面：国民收入水平、资本预期收益率、资本利息率、市场需求大小。

（1）国民收入水平

从宏观经济分析的角度看，一国经济发展的核心问题是资本形成问题，而资本形成的关键是国内储蓄向投资的转化，国民收入越高，储蓄水平越高，对投资也会有更大的推动作用。

（2）资本预期收益率

投资者在进行投资决策时，不仅会考虑投资收益的绝对量，也会考虑投资收益的相对量或者说是收益率，当资本预期收益率高于利息率时，投资者才会做出投资决策。

（3）资本利息率

投资与资本利息率存在负相关的关系。利息率越高，投资者的投资成本也就越高，投资者的投资意愿也会降低；反之，利息率越低，投资者的投资成本越低，投资者投资的意愿也会上升。

（4）市场需求大小

一般来说，具有强大市场需求潜力、较好投资收益的产品与行业，会吸引到较多的投资者向该产品与行业。但是，如果该产品或行业的投资规模持续扩大，就会导致该产品或行业产能过剩，投资的收益下降，投资就会撤出。

3. 投资理论

宏观经济学中的投资理论有很多，凯恩斯的投资理论、新古典投资理论都是著名的投资理论。这里只介绍托宾 Q 理论。

托宾 Q 理论是由美国经济学家詹姆斯·托宾提出的。如果资本是完全耐用的（资本折旧率为零），厂商的投资水平将取决于新增资本的市场价值与重置成本之间的比率，该比率用 Q 来表示：

Q= 企业股票的市场价值 / 现有资本的重置成本

现有资本的重置成本指的是企业按市场现行价格重新购置资本时所付出的成本。企业股票的市场价值是指由股票市场决定的资本价值。

新增资本的市场价值反映了公众资本获利的预期，$Q > 1$ 时，表示意愿资本存量大于实际资本存量，资本在实际调整时是滞后的，企业经营者购置新的资本可以提高企业资本的市场价值，企业就会进行投资；而 $Q < 1$ 时，企业就不会购置新的资本。Q 可以用来衡量一项资产的市场价值是否被高估或低估。

Q 理论具有新古典投资理论的色彩。若投资过程存在滞后，企业只能逐步地调整它的资本，企业在进行新资本投资的调整时期意愿资本存量和实际资本存量是不相等的，新增资本的边际收益率大于资本租用价格。在调整期间，意愿资本存量与实际资本存量之间的差额越大，租用价格与资本边际收益之差也就越大，投资也就越大。只有在调整过程全部完成时，实际的资本存量等于意愿的资本存量，资本的边际收益才会与资本的租用价格相等。由此可见，投资是新增资本的边际收益率与资本租用价格间比值的增函数。

（二）投资基本面分析

1. 投资核算指标

投资核算的指标有很多，常见的主要有投资核算指标：资本形成总额、固定资本形成总额、存货增加。

资本形成总额是指常住单位在一定时期内获得减处置的固定资产与存货的净额，国民经济核算中国内生产总值最终只用其中的一部分，即已实现的总投资。固定资本形成总额与存货增加是它的两个组成部分。

固定资本形成总额是指生产者在一定时期内获得的固定资产减处置的固定资产的价值总额。固定资产是指通过生产活动生产出来的，使用年限在一年以上、单位价值在规定标准以上的资产，不包括自然资产。

存货增加是指常住单位在一定时期内存货实物量变动的市场价值，计算方法是期末价值减去期初价值的差额，再扣除当期由于价格变动而产生的持有损益。其正值表示存货上升，负值表示存货下降。

在实际中，支出法 GDP 与中国投资统计工作中有关投资定义的不同，中国在投资统计时，对固定资产使用的是全社会固定资产投资，而不是 SNA 中的固定资本形成总额。全社会固定资产投资是以货币形式表现的在一定时期内全社会建造和购置固定资产的工作量及与此相关的费用的总称。该指标是反映固定资产投资规模、结构和发展速度的综合性指标。

全社会固定资产投资与固定资本形成总额主要有以下四点区别：①全社会固定资产投资包括土地购置费、旧设备购置费、旧建筑物构筑费。这些内容并不是生产活动成果，所以不会被纳入 GDP 核算中，固定资本形成总额也就不会包括这些内容。②全社会固定投资不包括城镇与农村非农户 50 万元以下项目的固定资产投资，固定资产形成总额则包括这部分投资。③全社会固定资产投资不包括矿藏勘探、计算机软件等无形生产资产方面的支出，固定资本形成总额则包含这方面的支出。④全社会固定资产投资不包括房地产开发商的房屋销售收入与房屋建造投资成本之间的差额，也就是商品房销售增加增值，固定资本形成则包括这一内容。

2. 投资规模分析

投资率是指在一定时期内资本形成总额占支出法 GDP 的比重，一般按照现行价格计算，在支出法国内生产总值一定的条件下，投资率越高，总投资规模越大。计算公式为：

总投资率 = 资本形成总额 / 支出法 GDP

其反映的是一定时期内生产活动的最终成果用于非生产性非金融资产的比重。

（三）投资结构分析

1. 投资产业结构分析

投资的产业结构是指投资在第一产业、第二产业、第三产业之间的分布特征和变动状态。投资是经济的先行指标，投资的产业结构变动将会影响国民经济的产业结构，投资的产业结构合理与否，也会影响国民经济产业结构的合理性。而国民经济产业结构不合理，则可以通过调整投资的产业结构加以优化。投资的产业结构变通常会出现以下的趋势：随着工业化和城镇化进程加快，第二产业、第三产业投资比重会上升，第一产业投资比重下降，进入工业化后，第二产业、第三产业的投资会占绝大比重，第一产业投资较少。

2. 投资行业结构分析

投资的行业结构是指投资在国民经济各行业之间的分布，是产业结构研究的深化。对投资的行业结构进行研究的目的在于考察投资总量在各行业之间的分布特征和变化趋势，解释行业投资结构变化和规律，考察投资总量形成的行业原因，为调整投资方向和行业投资结构提供依据。一方面，随着经济的发展和人均国民收入的提高，社会最终需求与中间需求结构也会发生变化，而这种变化必然要求行业投资结构与之相适应，进而影响行业投资结构的决策；同时，一个国家或地区经济发展战略的选择和实施，也是影响行业投资结构变动的重要因素。另一方面，行业投资结构的变动将影响国民经济的行业结构，国民经济行业结构如果不合理，可以通过调整投资结构来加以改善。

3. 投资区域结构分析

投资的区域结构是指一国各地区投资量之间的比例关系。评价区域结构合理与否，可根据投资和经济的区位理论、产业地区布局原则，既要有利于本地区的发展，又要符合中国经济发展长远利益。投资在各区域完全平均的分布并不一定是经济的，但是如果出现对一个地区投资过度倾斜，则是违反经济规律的现象，会造成投资结构的扭曲。

4. 民间投资与政府投资结构分析

政府投资是指政府为了实现其管理社会的职能，满足社会公共需要，实现经济和社会发展战略，投入资金用以转化为实物资产的行为和过程。政府投资可以调节地区经济发展的不平衡，保证公共物品的有效供给，基础设施建设。民间投资目前还没有一个统一的经济学定义，相对主流的观点将其定义为根据投资项目资本总额构成中出资人的资金来源性质对投资进行一种分类，是来自民营经济所涵盖的各类主体的投资。虽然政府投资在短时间内可以扩大总需求，拉动经济增长，但这种作用只是暂时的，民间投资才是促进经济持续增长的原动力。

5. 中央投资与地方投资结构分析

政府投资按照投资的主体，还可以细分为中央政府投资与地方政府投资。中央政府投资主要集中在公共事业、基础设施、基础工业、极少数大型骨干企业和国防、航天、高技术等战略产业；地方政府投资主要投向区域性公共事业、基础设施、教育、卫生、社会福利等。地方政府投资与中央政府投资相比，更能根据本地区的发展特点与发展目标，制定适合本地区的投资政策，发展本地区经济。

（四）投资效果分析

投资效果指标有两类：一个是在宏观层面分析的投资弹性系数、投资贡献率等指标，另一个是投资效率分析。

1. 投资宏观效果分析

投资弹性系数是指投资增长率与 GDP 增长率之比，说明 GDP 每增长 1%，相应的固定资产投资需求能增长百分之几。投资弹性系数等于 1，说明投资与 GDP 同步增长；小于 1，投资增长慢于 GDP 增长；大于 1，投资增长快于 GDP

增长。计算公式为：

投资弹性系数 = 投资增长率 /GDP 增长率

投资贡献率是指一定时期内投资增量与同期 GDP 增量之比，反映 GDP 增量中投资增量所起的贡献作用。投资贡献率越大，对 GDP 增长的贡献越大。其计算公式为：

投资贡献率 = 投资增量 /GDP 增量

与投资贡献率相关的另一个指标是投资拉动率，是指一定时期内资本形成总额对当期 GDP 增量的比率，反映经济增长中投资需求增长的拉动作用程度。投资的拉动率越大，对 GDP 的拉动越大。

投资拉动率 = 资本形成总额增量 /GDP 增量

需要说明的是，由于固定资产投资形成产品的生产能力需要一定的时间，因此根据同期的固定资产投资增量与 GDP 增量计算的投资对 GDP 的弹性系数、投资对 GDP 增长的贡献率和拉动率，只能说明当期固定资产增长对 GDP 增长的贡献作用和拉动作用，却不能反映固定资产投资增长对 GDP 增长的动态推动作用。

2. 宏观投资效率分析

投资效率研究可以有两个角度：一是总量层面的效率，从"投资总量"的角度分析是否存在过度投资或投资不足的问题；二是从"投资结构"的角度，研究资本在不同地区、不同行业之间的配置是否合理，投资流向是否正确。

就第一个角度而言，最常用的判断方法是新古典经济增长的"动态效率"理论的 AMSZ 准则。根据"动态效率"的定义，判断投资是否有效最直接的标准是看资本的边际收益率是否高于"黄金律"或"修正的黄金律"所规定的水平。但是在实际运用中，由于无法准确估算资本的边际收益率，因此 Abel 提出了 AMSZ 准则，即如果一个国家每年的总资本收益"始终大于"当年总投资，那么这个国家的投资就是有效率的；反之，若一个国家每年的总资本收益"始终小于"当年总投资，则是没有效率的。AMSZ 主要有以下结论：由于在所有经济中，企业的总价值通常都是正的，所以 AMSZ 准则表明，如果经济体中商品从企业到投资者是净流出的，那么均衡是动态有效的；相反，均衡就是动态无效的。在此基础之上，Abel 提出了检验现实经济的动态效率的净现金流准则，即 AMSZ 准则。在所有市场出清的配置满足经济总体的资源约束以及经济中每个代理人满足标准的跨期约束时，对每个时期而言，如果投资产生的现金流超过总投资，则经济是动态且有效率的；反之，则是无效的。我们发现，AMSZ 准则其实是黄金律规则在不确定性情形下的一般化，因此，AMSZ 准则与传统的判断经济动态效率的标准是一致的；而且由于该准则不严格依赖对折旧或通货膨胀环境下利润的测量等会计判断，因此运用起来更加方便。另外，由于在均衡稳态时市场投资组合价值的增长率等于经济增长率，可以用资本回报率和经济增长率来判断经济是不是动态有效率的。如果总消费大于总的劳动收入，则超过部分必然是来自资本提供的净收益，也就是来自 AMSZ 准则中利润超过投资的部分。因为只有在利润用于投资之后仍有剩余时，总消费才会大于总的劳动收入，均衡动态有效；反之，则无效。

3. 投资结构效率分析

投资结构效率评价方法主要有以下以下两种：

（1）资本边际收益率均一化标准

根据标准的新古典一般均衡理论，当且仅当要素价格等于边际生产率时，资本的配置才会有效，经济才会达到帕累托最优。由此可以得到一个判断标准——资本配置的有效性条件是各个生产要素的边际生产率相等，一般来说，如果生产要素的边际生产率差异变小就表明资源配置的有效性得到改善。然而在实际中，我们是无法观测资本的边际收益率的，所以在实践中，需要估算资本的边际收益率，主要有以下两种方法：

一是"调整推算"法，利用各种财务统计数据进行调整推算，得到"平均资本收益率"之类的替代指标。选取的替代指标不同，得到的结论也会有所差别，会造成研究结果的随意性，缺乏可比性。该方法侧重的是描述资本的收益水平，以及在不同行业和不同所有制之间的差别等，但是该方法无法解决出现这种结果的原因，其背后的因素。要想解决该问题，需要依靠第二种方法——"函数估计"法。

二是"函数估计"法，即假定总量生产函数，并对其进行估计，利用估计得到的参数值计算资本边际收益率。在一般发展中国家的研究中，并不要求资本收益均一化，而是检验各部门边际收益率的方差是否持续下降，或某项重大的改革是否使资本收益率的方差显著下降，由此判定一国的资源配置是否有效。该方法虽然对数据的要求不高，但是需要假定特定生产函数形式，对于生产函数的性质和结构的假定不同，也会造成结果的差异。一种改进的办法是假定性质非常一般的函数，或者用几种函数分别测算，以增强结论的稳健性。

（2）资本流动方向方法

资本流动方向方法是更为直接、更为有效的方法。若一个国家可以做到在相对高成长的行业追加投资，从相对衰退的行业撤走资金，则这个国家的资金配置就是有效率的，否则就是低效或无效的。

第三节　经济周期统计分析

一、经济周期波动的概念及特点

经济周期波动是经济波动的最主要表现形式。大多数经济波动都可以分为扩张、收缩、衰退、复苏四个阶段，四个阶段交替出现，使经济运行过程呈现周期性。这种周期性的波动模式是超越体制和发展阶段的普遍现象，它通过国内生产总值、工业生产、就业人数、物价水平等综合性经济指标表现出来、通常用经济周期波动来定义。

很多学者都曾经提出各种不同的经济周期波动定义，归纳起来，这些定义可分为两大类：一类是从逻辑和理论分析的角度，把经济周期波动定义为经济运行偏离均衡状态的反复出现。另一类是从统计描述和分析的角度进行定义，这类定义可分为两种：第一种把经济周期波动定义为累积性扩张和收缩的反复出现；第二种把经济周期波动定义为宏观经济活动对经济增长的一般趋势或长期趋势的偏离。

尽管对经济周期波动的定义表述存在着差异，但经济学界都认为经济周期波动具有以下三个特点：第一，经济周期波动是市场经济的必然产物和基本特征之一。这就是说，当经济由市场自发调节时，经济周期波动就不可避免。第二，经济周期波动是总体经济的波动。这就是说，这种波动不是局部的波动，不是发生在一个或几个经济部门，而是几乎覆盖所有的经济部门。其中心是产出的波动，并由此而引起就业、物价水平、利率和对外贸易等方面的波动。第三，经济周期波动的若干阶段在经济中反复出现，时间长短不一，具有随机性，在很大程度上难以预测。

二、景气指数法

NBER 的多指标分析法，也叫景气指数法，是利用一系列经济指标建立起来的总体经济活动"晴雨表"或"报警器"。它之所以能发挥经济周期波动监测和预警的作用，原因在于：总体经济活动是一个具有多个侧面、多个过程的经济活动的综合体，总体经济活动的复杂性又决定了总体经济活动的各个部分的表现形式和各个宏观经济指标常常不一致。经济周期波动是通过一系列经济活动、历经多个经济过程来传递和扩散的，任何一个经济变量本身的波动过程都不足以代表总体经济活动的波动过程。我们很难用单个宏观经济指标来全面地说明总体经济活动，必须利用一系列指标构建景气指数（主要是扩散指数和合成指数）来综合反映。理想的做法是：首先选择一组主要的宏观经济指标，这组指标通常要反映总体经济活动的不同侧面，且与经济周期波动大体一致。然后根据这些宏观经济指标转折点的一致性，推断总体经济活动的周期波动模式。

编制景气指数最主要的目的就是预测经济周期波动的转折点，如果超前指数走出谷底出现回升，预示着同步指数在若干个月后也会回升，也就是总体经济将出现复苏，而滞后指标则是对同步指数的确认，也就是再过几个月以后滞后指标也会出现回升。从各国成熟景气指数的实践应用看，运用景气指数法进行经济周期波动监测预警需要以下三个实施阶段：

（一）景气指数周期性指标的选取

运用景气指数法进行经济周期波动监测预警的首要工作就是从为数众多的宏观经济指标中找出能够反映经济周期波动状态的指标。一般地，选择周期性指标要全面谨慎地考虑多方面的因素。这些因素不是固定的，而是随着研究者研究重点的不同而发生变化。很多研究都提出过周期性指标的选择标准。其中比较权威的是 NBER 给出的标准，它由以下六个准则构成：

1. 经济重要性（Economic Significance）

经济重要性主要是指从经济意义上看指标在经济周期波动中是否具有重要的作用。评价指标的经济重要性可以从两个方面来反映：一是从经济过程或变量的重要性来判断；二是序列所代表经济活动范围的深度。经济过程可以分为九类，分别是就业和失业，产出和收入，消费、储蓄和分配，固定资产投资，库存和库存投资，价格、成本和利润，货币和信贷，对外贸易和支付，政府活动。每一类别都包括若干个指标，经济过程重要性的比较主要是基于类别而不是单个指标，从指标的反映范围上考察经济上的重要性，单个类别中的指标可分为由强到弱的三个层次。第一层次是总产出和总投入的实际和名义指标。这些指标恰当地界定了总体经济活动，在经济决策中十分重要。第二层次是上述总量指标的主要分量指标以及其他一些引致经济周期波动发生的指标，如投资、利润等。第三层次是反映经济周期波动主要特征的指标。经济上的重要性准则将指标分析与反映周期波动的本质、起因和影响的经济理论联系起来，增加了指标分析的科学性。

2. 统计充分性（Statistical Adequacy）

统计充分性是指经济指标从统计上是否能够充分反映经济周期波动过程和特征。这一特性可以从八个方面考察：一是统计报告制度质量，主要指有无稳定健全、可靠的统计报告制度；二是统计调查过程范围，主要有普查、抽样调查、其他典型调查等三种情形；三是统计时间期限范围，主要有全月或全季的统计数，每周一次或每月一次的统计数或更少等情形；四是抽样误差、汇报误差等调查误差的可估计性；五是统计结果修订的频率，是从不修订，还是定期修订；六是指标序列长度；七是跨时可比性；八是其他考虑，如主观判断分析等。在具体评判时，可以先对上述八个方面的情况分别计算，然后再进行综合评判。

3. 时间匹配性（Timing）

时间匹配性是指单项经济指标周期波动的具体周期波动转折点与基准周期波动转折点在时间上的匹配情况。要反映这一特性须经过四个步骤。第一步是识别和确定经济指标的具体周期波动转折点。第二步是确定总体经济活动的基准周期波动转折点，这里可以使用官方公布的时点来替代。第三步是对比前两步的结果，计算指标的顶峰和波谷与基准周期波动的顶峰和波谷匹配的概率以及指标领先与滞后其平均水平的离散程度。第四步是根据顶峰时间匹配的概率、顶峰的离散程度、波谷时间匹配的概率、波谷的离散程度四个方面结果，评价指标总体上的时间匹配性。

4. 一致性（Conformity）

一致性是指单项经济指标与总体经济波动在方向上的一致情况。如果一个经济指标在总体经济活动的扩张阶段上升，在收缩阶段下降，那么这个指标与经济周期波动正向一致；反之，这个指标与经济周期波动反向一致。指标的一致性可以通过三个方面来衡量。一是指标具体周期波动中与经济周期波动相一致的阶段所占的比重。二是指标具体周期波动中反常的周期波动数。所谓的反常周期波动是指那些波动与经济周期波动的扩张与收缩不一致的、容易引起错误信号的周期波动。三是经济指标波动幅度上的一致性。

5. 平滑性（Smoothness）

平滑性是指经济时间序列的平滑程度。如果一个经济指标序列的一致性和时间匹配性表现都非常好，但由于频繁的不规则波动使其不够平滑，则这个指标不能有效反映经济周期波动。事实上，很多经济指标序列都不够平滑。因此，需要对经济指标进行移动平均等统计变换，使其平滑性得以提高。反映序。列平滑性一个主要指标是 MCD（Months for Cyclical Dominance）值。MCD 值是指从绝对平均值上看，序列中趋势周期成分变化率大于不规则成分变化率的最短月（季）数。

MCD 值越小，则序列越平滑。

6. 及时性（Currency）

及时性是经济指标数据是否能够及时获取并及时更新。判断指标数据的及时性主要考虑两个方面：一是指标数据汇编的周期波动，二是汇编数据发布的滞后时间。与季度数据和年度数据相比，月度数据统计的及时性较好，如果能够及时获取经济指标的数据，对及时监测经济周期波动非常必要。

上述六项准则要求是对景气指数分析中周期性指标的理想要求，而现实指标并不完全满足这六项准则。因此，实际分析中，首先，需要对众多可供选择的指标各项要求的满足情况进行评分；其次，再按照各项要求的权重，通过加权平均的办法得到一个综合评分值；最后，按照各个指标综合评分的高低，参考各项指标之间的互补和替代关系，最终选择出一组能够测度经济周期波动的指标。

（二）景气指数周期性指标的统计处理

周期性指标的统计处理包括以下两项工作：

1. 转折点的确定

对周期性指标统计处理的首要工作是识别和确定指标序列的转折点—顶峰和波谷，然后确定周期的扩张阶段和收缩阶段，进而确定具体周期波动。这一工作有时可以通过肉眼观察完成，但更科学的是根据一些经验法则和程序化操作来确定。常用的方法是基于月度数据提出的 BB 法。BB 法分三个步骤。第一步，确定指标序列中一些潜在可能的转折点—顶峰和波谷，一般把指标序列中反向变化至少在 5 个月的时点作为潜在的转折点。第二步，剔除掉一些连续的顶峰和波谷，确保这些转折点中的顶峰和波谷排列相间。如果同时存在几个连续的顶峰(波谷)，选择相对较大（小）的；如果几个连续的相等，选择最后的。第三步，根据一些审查规则剔除转折点，确保余下转折点满足持续期和波幅要求。这些审查规则是：相邻两个转折点间持续时间必须在 6 个月以上；完整周期的持续时间必须在 15 个月以上；周期幅度必须在一定标准以上（一般为一个标准差以上）。

2. 先行指标同步指标和滞后指标的归类

在确定周期性指标及其具体周期的基础上，依据指标同基准指标周期的关系，可分为先行指标、同步指标和滞后指标三类。先行指标、同步指标和滞后指标的选择和确定没有明确的经济理论基础作为支持，其过程更多的是基于经验和定量分析结果的判断。通常使用的方法有以下两类：

一类是主观经验判断法，代表性的方法是峰谷对应法（也叫图示法）。峰谷对应法通过比较周期性指标时间序列具体周期的统计图与经济基准周期的统计图来确定。

另一类方法是数理分析法，主要有时差相关分析法、K–L 信息量法、HDI 法、聚类分析法、马场法等。其中，比较常用的是时差相关分析法和 K–L 信息量法。

（三）景气指数的编制

对周期性指标进行过统计处理后，便进入编制景气指数阶段。编制景气指数的方法有扩散指数和合成指数两种。

扩散指数（Diffusion Index，DI）的基本思想是把保持上升（或下降）的指标占上风的动向，看作经济周期波动波及、渗透的过程，综合这些指标的情况用来把握整个经济周期波动。简单地说，扩散指数定义是在一组周期性指标的范围内，扩张状态的指标数占全部指标数的百分比。

中国 PMI 指数计算采用国际通行的方法，即单个指数采用扩散指数编制方法，综合指数采用加权综合指数计算方法。具体来看，单个指数的计算涉及生产量、产品订货、出口订货、现有订货、产成品库存、采购量、进口、购进价格、主要原材料库存、生产经营人员、供应商配送时间 11 个问题。得到企业调查数据后，首先需要对调查数据进行汇总计算，即计算各选项所占百分比。若采用加权方法进行汇总，则以每个企业上年营业收入作为权重，加权计算各企业选择增加、基本持平或减少分别占被调查企业总数的百分比；相对地，若采用不加权的方法进行汇总，则直接计算使用选择增加、持平或减少的企业数占比。计算各选项百分比时要注意从总体中剔除。

三、经济景气监测预警与预警信号法

（一）经济景气监测预警

1.经济景气监测预警的概念

监测最初是指对事物及时地连续追踪，以时间为单位进行测量。预警有提醒、警告的意思，事先提醒、警告被告知人注意和警惕。所谓预警就是指对某一警素的现状和未来进行测度，预报不正常状态的时空范围和危害程度，以及提出防范措施。把监测和预警的概念应用到经济周期波动领域就是经济景气监测预警。

经济景气监测预警是为满足宏观经济管理的需要，依据经济周期波动的规律性，利用一系列经济指标和分析方法对经济周期波动轨迹和状态的测量、分析、评价和警度预报。经济景气监测预警包括经济景气监测和经济景气预警两个方面内容。前者侧重于经济周期波动轨迹和过程的分析，旨在揭示经济周期波动轨迹和过程中各种因素的关系和变化的内在规律，是现实经济周期波动运行轨迹的实证展现；后者则侧重于经济周期波动过程和发展方向的险情预报，旨在预报经济周期波动过程中的各种不正常现象，是未来发展趋势的科学推断。二者的区别表现在四个方面：（1）从对象上看，经济景气监测的对象是一定时空范围内的经济周期波动轨迹和状态；而经济景气预警的对象是经济周期波动的某一警素即经济周期波动已有或即将出现的问题。（2）从方法上看，经济景气监测的方法则是对经济周期波动的状态进行量测和分析；而经济景气预警的方法是对某一警素的现状和未来进行测度，即对经济周期波动的现状和未来做出评价。（3）从结果上看，经济景气监测的结果是经济周期波动运行轨迹和运行规律；而经济景气预警的结果是预报不正常状态的范围和危害程度即警度，以及提出防范措施即排除警患。（4）从研究重点上看，经济景气监测的研究重点是如何改进经济周期波动测度方法和手段以提高精度和降低费用；而经济景气预警的研究重点是如何确定预警指标的阈值区间，并判断景气处在什么状态。

2.经济景气监测预警的作用和意义

经济景气监测预警作为国民经济统计分析的有效方法，其作用和意义主要表现在以下三个方面。

（1）准确把握和正确评价宏观经济运行中的周期波动状态

宏观经济运行是一个多层次、多方面、错综复杂而又十分庞大的动态系统。对整个宏观经济运行状态给出综合性测度，说明经济运行所处的冷热状态和周期波动阶段以及相应的特点。这是经济景气监测预警的基本任务。

（2）准确预测未来经济周期波动的发展趋势

根据经济周期波动的运行轨迹和先行特征，对宏观经济运行的未来趋势做出提前判断，在经济运行发生重大的转折之前，及时发出信息，提供早期预警信号，起到预警作用。这是经济景气监测预警的重点。

（3）及时反映宏观经济调控政策的效果

如何正确识别经济周期波动的幅度和频率，并采取适时和适度的调控措施和经济政策，以熨平经济周期波动的幅度，降低经济周期波动的频率，避免波动的大起大落对经济造成的损害，取得经济长期稳定、协调、健康的增长，是宏观经济调控的一项重要任务。经济景气监测预警通过对经济周期波动轨迹和过程的刻画，可以判断宏观经济调控政策的实施效果，可以为宏观经济管理部门决定政策存续区间提供决策信息。宏观经济政策从实施到产生影响存在时滞，这种时滞的存在不仅影响宏观经济政策发挥作用的时间，而且在特殊情况下会使政策逆向调节产生负面效果。

（二）预警信号法

通过景气指数仅仅掌握经济周期波动轨迹和过程方面的信息，难以满足宏观经济管理的需要。为了提高宏观经济调控的有效性，在监测预警经济周期波动时引入评价指标，对经济周期波动的不同状态做出评价，编制具有评价功能的预警信号指数，不失为经济景气监测预警一种新的思路。

预警信号法是根据宏观经济周期波动的状态性质，采用类似交通管制信号的方法来反映宏观经济运行的综合变化状况与变化趋势。其方法原理就是对一组反映经济发展状况的敏感性指标，运用有关的数据处理方法将一组指标合并为一个综合性的指标，然后通过用一组类似交通管制的红灯、黄灯、绿灯、浅蓝灯、蓝灯的信号标志系统给这组指标和综合指标所代表的经济周期波动状况发出预警信号，通过观察信号灯的变化情况来判断未来经济发展的趋势。

预警信号法通过单个综合性指标作为判断宏观经济景气状况的依据，可以减少仅靠单项指标进行决策的风险。同时，景气状况的判断和宏观决策取向融合在一起。综合景气状况分为五种状态，每种状态既表示当前的景气状况，又表示针对这种状况应采取的宏观政策取向。其中，红灯表示经济景气过热，此时政府及财政金融机构应采取紧缩措施，使经济恢复正常状况。黄灯表示经济景气尚稳，经济增长稍热，在短期内有转热和趋稳的可能，由红灯转为黄灯时，不宜继续紧缩；由绿灯转为黄灯时，在绿灯时期所采取的措施虽可继续维持，但不宜进一步采取促进经济增长的措施，并且应关注今后景气的变化，以便及时采取调控措施避免经济过热。绿灯表示当时的经济发展很稳定，政府可在稳定中采取促进经济增长的调控措施。浅蓝灯表示经济短期内有转稳和萎缩的可能，由浅蓝灯转为绿灯时，表示经济发展速度趋稳，可继续采取促进经济增长的措施；由绿灯转为浅蓝灯时，表示经济增长率下降，此时应关注今后景气的动向，适当采取调控措施，以使经济趋稳。蓝灯表示经济景气衰退，处于过冷状态，若信号由浅蓝灯转为蓝灯时，表示经济增长率开始跌入谷底，此时政府应采取强有力的措施来刺激经济增长。

预警信号法实施是通过预警信号系统来实现的，从各个国家的应用实践看，预警信号系统的编制过程包括以下四个步骤：

第一步，确定预警信号指标体系。确定预警信号指标体系是建立预警信号系统的重要组成部分。预警信号指标体系应是一系列反映国民经济运行状况的敏感性指标。在选择预警信号指标时，要考虑的原则是：灵敏性原则，即所选指标应能够灵敏反映经济运行的主要方面；超前性原则，即所选指标的变化应超前于实际经济周期波动；稳定性原则，即对所选指标变化幅度进行不同状态划分后，划分的标准能够保持相对的稳定。

第二步，确定单个指标的预警界限。建立预警信号系统最关键的技术工作是预警信号界限值的确定，包括单个指标景气状态界限值的确定和经济运行综合景气状态界限值的确定两个方面。界限值是判断各监测指标及综合景气状态落在不同景气状态区域的数量标准。单个指标四个界限值的确定是景气预警信号系统建立的重要环节，是一件很复杂、很细致的工作。确定界限值的方法一般有两种：一种是依据经济数学方法来确定；另一种是传统方法，即依据监测和预警者的经验，通过分析历史资料，制定出各指标的变动率数值。当然，不能把界限值简单理解为一个固定不变的数值，而是一个随着本身的制约因素变化而变化的数值。

第三步，计算确定各个指标得分和灯色信号。将各项警告指标的动态指数同所确定的该项指标各个区间的界限值进行比较，落入哪个区间就记上相应的得分，判断各指标的灯号显示。这里需要对各色灯号分别赋予不同的分数，便于计算汇总。

第四步，汇总确定景气预警总分数与灯色信号。确定全部指标的预警界限，并将各个指标得分加总得到经济景气预警总分数，判断综合灯号的显示状况。若全部 N 个指标都打 5 分时的总分为 5N，则可按比例确定全部指标的预警界限。比如，以满分的 85% 为红灯区与黄灯区的界线值，满分的 73% 为绿灯区与黄灯区的界线值，满分的 50% 为浅蓝灯区与绿灯区之间的界线值，满分的 36% 为浅蓝灯区与蓝灯区的界线值。

四、经济周期波动典型化事实分析

（一）经济周期波动典型化事实分析的内涵和意义

在现代宏观经济学中，经济理论与模型主要致力于解释现实经济运行中的一些重要现象，因此需要对大多数经济中存在的一些具有规律性的经济事实进行分析和归纳。所谓经济运行的典型化事实，即经济运行中经过大量统计验证后确认普遍存在的能够反映经济运行的真实和基本特征的具有代表性的关键性事实。一般地，经济运行的典型化事实是根据宏观经济变量的时间序列性质得出，主要与短期经济波动和长期经济增长有关。其中与短期波动中周期性波动相联系的事实就是经济周期波动的典型化事实。

经济周期波动的典型化事实是在宏观时间序列经验特征的基础上，通过统计分析、推断和检验而确认的经济周期波动中普遍存在的事实。概括经济周期波动的典型化事实是对宏观经济学研究的一项挑战。然而，从差别的表象中抽象出内在一致的规律，这种一般化努力恰恰是经济学研究最重要的课题之一。正因为如此，关于经济周期波动典型化事实的研究始终属于宏观经济学进展的一部分。目前，被广泛认同的经济周期波动的典型化事实一般包括波动性、协动性、持久性和非对称性四个方面：（1）波动性，即包括总产量（出）在内的各宏观经济变量的波动大小；（2）协动性，即各宏观经济变量与总产量（出）之间的协动关系；（3）持久性，即包括总产量（出）在内的各宏观经济变量周期性波动的持久程度；（4）非对称性，即包括总产量（出）在内的各宏观经济变量波动在持续时间、转换速度，以及发展深度方面所表现出的明显差异性。

经济周期波动典型化事实分析具有十分重要的意义。它为理解经济周期波动提供了一个事实视角和总体描述，任何关于中国经济周期波动的分析和探讨都应该以这些事实为基础。换句话说，通过总结经济周期波动的典型化事实，可以为相关理论、观点和模型的检验提供一个参照标准。现代宏观经济学的发展越来越强调这种理论与经验的互动。现在，评价一个周期波动理论是否成功，关键在于该理论能够在多大程度上解释这些典型化事实；同时，理论的扩展和推进也往往致力于同尽可能多的事实相一致，而这正是国内以前的很多研究所欠缺的。它为判断宏观经济形势提供了参考依据，例如，通过对宏观经济变量之间复杂的协动关系进行分析，确认其领先、同步或滞后关系，可以为监测和预警宏观经济运行提供帮助，对于政府执行宏观调控、稳定经济运行也是必要的。

（二）一个有代表性的经济周期波动典型化事实研究

从工资和价格领域看，与总需求变动相比，名义工资总体水平和价格总体水平的敏感度较小，而且随着经济中生产服务业成分的增加，这种敏感程度还在降低，当然，这种降低还和经济中工资的黏性变化有关。产成品的价格变动要小于单位生产成本（主要是工资成本）；劳动生产率沿着长期增长趋势顺周期波动，一般也领先于整个周期波动；复苏阶段的货币工资的增长常常慢于物价的上涨，而扩张阶段又超过物价的增幅；劳动生产率的特性与货币工资的黏性变化一起又使单位生产成本滞后于总体经济周期波动。在这种情况下，总利润指标领先于整个周期波动，而且这种领先时间要少于单位生产成本的滞后时间。与完全竞争不同，不完全竞争意味着加成定价，这种加成定价是顺周期的，而且领先总体经济活动时间较长。与零售物价和工资相比，工业品价格水平对经济周期波动更加敏感，工业品价格水平的波动大于零售物价和工资的波动。

从产出、投资、存货和就业领域角度看，私人投资支出占GDP的比重要远小于私人消费支出，但其波动性要比私人消费支出大得多。总产量的波动一般大于总销售额的波动，意味着存货投资是顺周期的。耐用品的生产在很大程度上受订单左右，因订单具有较大的波动性而波动较大。合同投资下降很久以后，实际投资仍在增长，这种增长是由订单的累积性积压造成的。整体经济开始收缩后一段时间，新企业的扩张支出才达到顶点。存货投资对持续期较短的或较为温和的经济周期波动有重要影响；固定投资波动则对萧条或衰退阶段持续时间较长的或深度较大的经济周期波动产生影响。企业存货变动是顺周期的，且变动更剧烈、更频繁。制造业和商业存货的总体水平存在一个趋势，且滞后于周期波动。

从消费领域看，分期付款的消费信贷和抵押贷款余额是顺周期的，并且领先于周期波动。银行贷款的净变动也是顺周期的，只不过领先时间相对较短。

从金融变量领域看，利润率是高度顺周期的，而且领先时间较长；与工资、红利、净利息和租金相比，利润的波动幅度更大。在总利润下降前很久，单位销售利润（由于存在存货，这里的单位并非产成品单位）开始下降；总利润的下降也发生在总销售额下降之前，但领先时间较短。

从货币变量领域看，短期利率与周期波动同向变动，并在其平均水平上下做大幅变动。如果利率水平较低，则用基点表示的短期利率对周期波动的敏感反应较小。长期利率与周期波动高度同向变动，但在平均水平附近小幅波动。在周期波动的顶峰附近，短期债券利率趋向于或超过长期利率；在周期波动的谷底附近，它大大低于长期利率。债券价格下降领先于股票价格下降，而股票价格下降又领先于总销售额下降。货币的流通速度是顺周期的。在温和的衰退阶段，货币总量的增长速度放缓，而在严重的衰退阶段，则停止增长。

参考文献

[1] 毛蕴诗. 工商管理前沿专题 [M]. 北京：清华大学出版社,2018.

[2] 环球网校经济师考试研究院. 工商管理专业知识与实务 [M]. 北京：北京理工大学出版社,2018.

[3] 师慧丽. 工商管理专业教学论 [M]. 北京：教育科学出版社,2018.

[4] 理查德·达夫特；王蔷译. 工商管理经典译丛·管理学 [M]. 北京：中国人民大学出版社,2018.

[5] 马新建, 李庆华. 工商管理案例教学与学习方法 [M]. 北京：北京师范大学出版社,2018.

[6] 陈富荣, 王大睿. 甘肃平凉经济社会发展报告 [M]. 兰州：甘肃人民出版社,2018.

[7] 韩保江. 中国经济体制改革发展史 [M]. 石家庄：河北人民出版社,2018.

[8] 都伟, 孙占鳌, 李有发. 甘肃酒泉经济社会发展报告 [M]. 兰州：甘肃人民出版社,2018.

[9] 王大发. 三峡生态经济合作区经济社会发展报告·2018绿色发展 [M]. 武汉：华中科技大学出版社,2018.

[10] 刘中艳, 肖遗规. 工商管理论丛·高技术服务业创新机理与绩效研究 [M]. 武汉：武汉大学出版社,2019.

[11] 李毅, 东珠加, 冯琳琳. 工商管理学科创新人才培养模式探索与实践 [M]. 北京：经济日报出版社,2019.

[12] 张虎, 肖磊编. 湖北省民营经济发展调研报告 2018[M]. 武汉：武汉大学出版社,2020.

[13] 雷辉. 我国经济发展方式转型中的投资效率的测度及国际比较研究 [M]. 北京：中国经济出版社,2020.

[14] 秦尊文, 杨慧, 张宁. 长江经济带农业转型发展研究 [M]. 武汉：武汉大学出版社,2020.

[15] 欧丽慧. 工商管理硕士案例教学模式研究·建构主义视角 [M]. 上海：上海财经大学出版社,2021.

[16] 李晶 , 杨轶然 , 刘威达 . 市场营销渠道建设与工商管理 [M]. 长春 : 吉林人民出版社 ,2021.

[17] 李贝贝 , 周莎莎 . 工商管理与经济统计分析研究 [M]. 长春 : 吉林科学技术出版社 ,2021.

[18] 蔡继明 , 杨子铭 . 国家无障碍战略研究与应用丛书 · 无障碍与高质量经济发展 [M]. 沈阳 : 辽宁人民出版社 ,2021.

[19] 张琳琳 , 郭璟坤 . 效能航空城 · 面向全球竞争的中国临空经济发展新模式 [M]. 北京 : 航空工业出版社 ,2021.

[20] 任玉珊 . 冰雪经济融合发展研究 [M]. 长春 : 吉林大学出版社 ,2021.

[21] 田欣 , 刘冬 , 邹长新 . 长江经济带绿色发展模式研究 [M]. 中国环境出版集团 ,2021.

[22] 谭利 . 工商管理硕士 MBA 系列教材 · 财务管理 [M]. 重庆 : 重庆大学出版社 ,2022.

[23] 岳志春 , 张晓蕊 , 郭彩云 . 工商管理导论 [M]. 北京 : 北京理工大学出版社 ,2022.

[24] 马岳 , 辉宇 . 工商管理专业课程实践教学案例集 [M]. 北京 : 北京理工大学出版社 ,2022.

[25] 王娟 , 李巧玲 , 杨倩 . 经济结构发展与实践研究 [M]. 北京 : 中国商务出版社 ,2023.

[26] 关兴鹏 , 李娜 , 周晶石 . 新经济时代财务管理与创新发展 [M]. 北京 : 中国商务出版社 ,2023.

[27] 李健 . 经济高质量发展的数字金融驱动机制与路径研究 [M]. 武汉 : 武汉大学出版社 ,2023.

[28] 陆铭 , 杨汝岱 . 大国经济学 · 面向长期全局多维的中国发展 [M]. 上海 : 上海人民出版社 ,2023.

[29] 周荻楠 . 双碳理念与经济高质量发展研究 [M]. 北京 : 中国商务出版社 ,2023.

[30] 丁俊苗 . 应用型高校支撑和引领区域经济社会发展的思考与实践 [M]. 青岛 : 中国海洋大学出版社 ,2023.

[31] 徐川淇 . 经济法的发展与实践研究 [M]. 北京 : 中国商务出版社 ,2023.

[32] 崔美龄 , 倪荣娜 , 徐丽贞 . 经济发展与区域差异研究 [M]. 北京 : 中国商务出版社 ,2023.

[33] 孙伟立 . 生态文明建设与经济发展研究 [M]. 北京 : 中国商务出版社 ,2023.